D1747460

VOLKER RAUCH   MOTORRAD WM '85

VOLKER RAUCH

MOTORRAD WM '85

Die Rennen zur Straßen-Weltmeisterschaft

MOTORBUCH VERLAG STUTTGART

Umschlaggestaltung: Siegfried Horn

Fotos: Titelbild Leica-Foto Volker Rauch
Farbseiten: 32 Leica-Fotos Volker Rauch
Schwarz-weiß-Seiten: 109 Leica-Fotos Volker Rauch / 1 Franco Villani

ISBN 3-613-01078-X

1. Auflage 1985
Copyright © by Motorbuch Verlag, Postfach 1370, 7000 Stuttgart 1
Eine Abteilung des Buch- und Verlagshauses Paul Pietsch GmbH & Co. KG
Sämtliche Rechte der Verbreitung, in jeglicher Form und Technik, sind vorbehalten
Satz und Druck: Verlagsdruckerei Carle, 7143 Vaihingen/Enz
Bindung: Verlagsbuchbinderei Karl Dieringer, 7000 Stuttgart 1
Printed in Germany

Inhalt

Vorwort	6
Grand Prix-Technik	7
Weltmeister im Straßen-Rennsport	18
Grand Prix Südafrika	20
Grand Prix Spanien	41
Grand Prix Deutschland	50
Grand Prix Italien	60
Grand Prix Österreich	70
Grand Prix Jugoslawien	78
Grand Prix Niederlande	86
Grand Prix Belgien	104
Grand Prix Frankreich	112
Grand Prix Großbritannien	120
Grand Prix Schweden	127
Grand Prix San Marino	134
Endstand der WM-Punktewertung	143

Vorwort

Nach über einem Vierteljahrhundert wechselvoller Grand Prix-Geschichte mit glänzenden Erfolgen, aber auch empfindlichen Enttäuschungen, sah sich der Welt größter Motorradhersteller, Honda, veranlaßt, die sportlichen Aktivitäten künftig gemeinsam mit dem Zigaretten-Multi Rothmans als Sonsor zu betreiben.

Honda folgte damit dem Beispiel der beiden anderen großen japanischen Werke Yamaha und Suzuki, die ihre Rennställe längst von der Tabakindustrie finanzieren lassen: Ohne Sponsor geht heute im Rennsport (fast) nichts mehr.

Das wissen am besten die Privatfahrer, deren Chancengleichkeit umso mehr sinkt, je knapper ihr Budget ist.

Bleibt zu hoffen, daß sich noch mehr Sponsoren durch die Aussagekraft sportlicher Erfolge und Höchstleistungen gerade im Motorradrennsport zu verstärktem Engagement animieren lassen. Es bleibt aber auch zu hoffen, daß der Zweiradsport davon verschont bleibt, wie die Automobil-Formel 1 zum Spielball von Finanzstrategen degradiert zu werden, die mit Geld alles regieren.

Die Niederlage in der Weltmeisterschaft der 500 cm³-Klasse, wo der Titel 1984 an Yamaha fiel, nagte so stark an Honda, daß der Mammutkonzern entschied, diese Scharte mit einem Paukenschlag auszuwetzen und Freddie Spencer 1985 in zwei Klassen, der bis 250 und der bis 500 cm³, einzusetzen. Ein Risiko, dem vor allem Freddie Spencer zunächst mit äußester Skepsis gegenüberstand. Erst als Honda versprach, ihm für die 250 cm³-Klasse eine Superwaffe zur Verfügung zu stellen, willigte er in den Plan ein. Die Saison '85 gestaltete der Amerikaner zum größten Triumph seiner Laufbahn: Freddie Spencer wurde Weltmeister der Klassen 250 und 500 cm³. Eine Doppelweltmeisterschaft, die Geschichte machen wird, denn nie zuvor war es einem Fahrer gelungen, den Titel dieser beiden Klassen in einer Saison zu erringen.

Volker Rauch

Grand Prix-Technik

Honda NSR 500 V4

Tank und Auspuffanlage der neuen Honda NSR 500 V4 wurden wieder an die allgemein übliche Stelle gesetzt. Insgesamt wurde die »Neue« graziler. Deutlich sichtbar der steife Aluminium-Rahmen mit Schwinge und der Pro-Link-Hebelei mit zentralem Federbein, sowie das ATAC-System und das Carbonfiber-Hinterrad mit Carbonfiber-Bremsscheibe. Um die V4 schmaler zu halten, wurde der Kühler V-förmig nach hinten gezogen.

Honda NSR 500

Motor:	Vierzylinder-Zweitakt-Motor in V-Form (90°), wassergekühlt	Zündung:	ACG C.D.I., Mitsuba-Oki
		Zündfolge:	1 – 4 – 3 – 2
Hubraum:	499 cm^3	Zündkerzen:	NGK 9,5 mm
Bohrung/Hub:	54 mm × 54,5 mm	Primärantrieb:	Zahnräder
Leistung:	über 140 PS bei 11 500/min	Getriebe:	Sechs Gänge mit verschiedenen Übersetzungs-
Einlaßsystem:	Case Reed Valve (Membransteuerung direkt in das Kurbelgehäuse)		möglichkeiten der einzelnen Gänge; Mehrscheiben-Trockenkupplung (acht Scheiben)
Vergaser:	4 Keihin 34, 36, 38 mm ∅ (je nach Streckencharakter)	Schmierung:	Mischung 1:30
		Hinterradkette:	Takasago 520
Auslaßsystem:	Honda-ATAC-System (Automatically Torque Amplification Chamber), dadurch Vergrößerung des Drehmoments im unteren Drehzahlbereich um 15–20%; nutzbare Leistung ab 6000/min	Rahmen:	Aluminium
		Federung:	Teleskop/Pro-Link
		Radstand:	1370 mm
		Räder:	CAFRP (Carbonfiber-Felge) 16/16; 16/17; 16/18 (je nach Streckencharakter)
Zylinder:	Nikasil-beschichtet	Scheibenbremsen:	HRCFC
Kolben:	Aluminium-Guß, ein Kolbenring	Bremssattel:	Kolbentyp, vier
Kurbelwelle:	eine	Treibstofftank:	30 Liter
Kurbelgehäuse:	Magnesium	Gesamtgewicht:	116 kg (fahrfertig, mit Öl und Wasser)

Yamaha YZR 500

Motor:	Vierzylinder-Zweitakt-Motor in V-Form (90°), wassergekühlt
Hubraum:	499,6 cm³
Bohrung/Hub:	56 mm × 50,7 mm
Leistung:	über 140 PS bei 12 000/min
Einlaßsystem:	Case Reed Valve (Membransteuerung direkt in das Kurbelgehäuse)
Vergaser:	4 Mikuni 34, 36, 38 mm Ø (je nach Einsatz) mit Flach- bzw. auch mit Rundschieber
Auslaßsystem:	Elektronisch gesteuert durch Yamaha Power Valve System (YPVS) = Veränderung des Auslaßquerschnitts
Kurbelwelle:	zwei
Zündung:	C.D.I.
Getriebe:	Sechs Gänge mit verschiedenen Übersetzungsmöglichkeiten; Mehrscheiben-Trockenkupplung
Schmierung:	Mischung 1:30
Rahmen:	Aluminium Delta-Kasten
Federung:	Teleskop/Monocross
Räder:	vorn 16/17, hinten 16/17 (je nach Einsatz)
Bremsen:	Doppelscheiben vorn, Einscheiben hinten
Gewicht:	unter 120 kg

Die Yamaha YZR 500 V4 erfuhr eine Menge Detailverbesserungen: Reduzierung der Vibrationen, neue Motor-Charakteristik mit höherer Leistung, größerem Drehmoment und erweitertem Drehzahlband, neue Vergaser und bessere Motorkühlung. Versteifter Delta-Kastenprofil-Rahmen aus Aluminium mit Monocross-Federbein.

TOTAL
Marlboro
MICHELIN

YAMAHA
Marlboro
MICHELIN

Marlboro
radial

Suzuki 500 / Heron Bandit

Motor:	Vierzylinder-Zweitakt-Motor, quadratisch, wassergekühlt
Hubraum:	498 cm³
Bohrung/Hub:	56 mm × 50,6 mm
Leistung:	130 PS bei 11 800/min
Einlaßsystem:	Plattendrehschieber
Vergaser:	4 Mikuni 36 bzw. 38 mm Ø (je nach Einsatz)
Auslaßsystem:	Power Valve Chamber
Zündung:	Nippon Denso
Getriebe:	Sechs Gänge mit verschiedenen Übersetzungsmöglichkeiten; Mehrscheiben-Trockenkupplung
Rahmen:	Ciba Geigy Carbon Fiber
Federung:	Kayaba Teleskop/White Power-Monoshock
Gewicht:	unter 120 kg

Hochinteressantes Fahrgestell der Suzuki-Heron-Bandit mit dem Carbonfiber-Rahmen von Ciba-Geigy und Aluminium-Schwingarm.

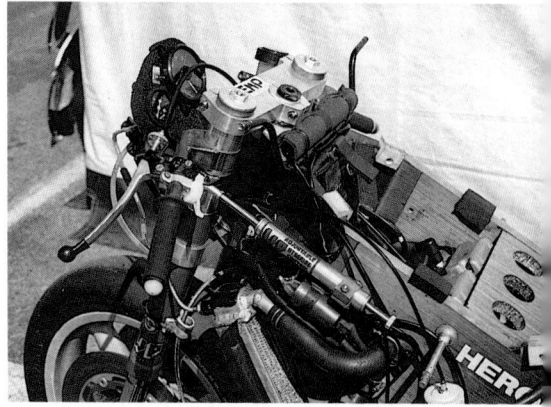

Wimmer-Yamaha mit Membransteuerung direkt in das Kurbelgehäuse. Darunter der neue Aluminium-Delta-Kastenprofil-Rahmen, noch mit dem Parallel-Zweizylinder.

Yamaha TZ 250 N

Motor:	Zweizylinder-Zweitakt-Motor, parallel, wassergekühlt
Hubraum:	249,6 cm³
Bohrung/Hub:	56 mm × 50,7 mm
Leistung:	70 PS bei 12 800/min
Einlaßsystem:	Case Reed Valve (Membransteuerung direkt in das Kurbelgehäuse)
Vergaser:	2 Mikuni 36 mm ⌀
Auslaßsystem:	YPVS (Yamaha Power Valve System) mit Flachschieber; vier Überström-, ein Auslaßkanal
Getriebe:	Sechs Gänge mit verschiedenen Stufen; Mehrscheiben-Trockenkupplung (fünf Scheiben)
Zündung:	Magnet C.D.I.
Rahmen:	Yamaha-Chrommolybdän-Doppelschleife, Monocross-Federung
Räder:	17/18 Zoll (wahlweise vorn und hinten)
Treibstofftank:	23,4 Liter
Gewicht:	103 kg

19
HONDA
MICHELIN
MICHELIN radial
SHOWA

5
HONDA
Rallye Sport
DUNLOP
CHAMPION
HONDA RACING

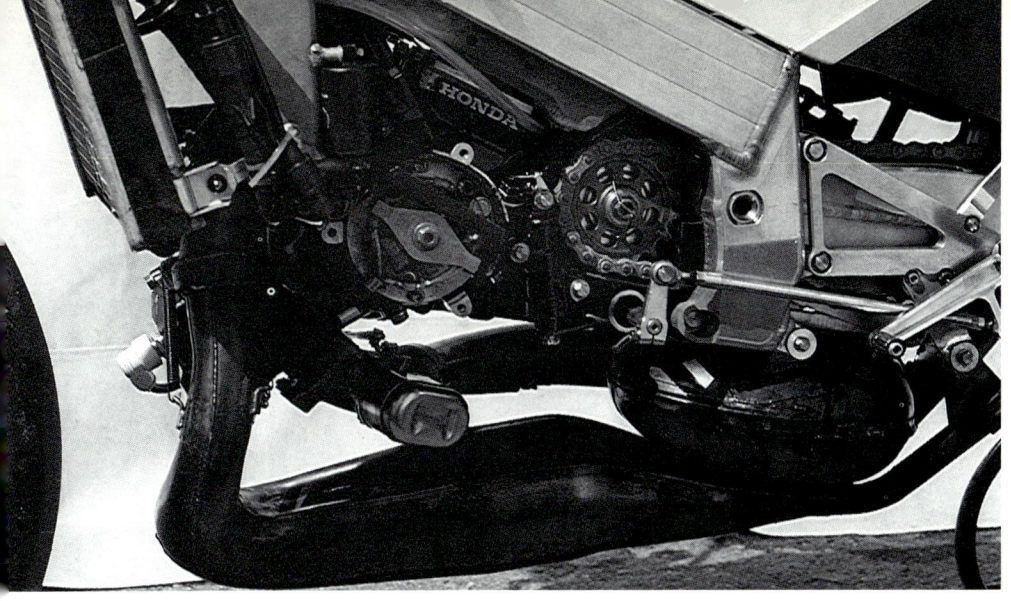

Freddie Spencers RS 250 R-W, darunter die von Toni Mang eingesetzte Version. Deutlich sichtbar die Unterschiede: der grazilere Werks-Motor mit Membransteuerung direkt in das Kurbelgehäuse (in den Zylinder bei Mang), die unterschiedlichen Auspuffanlagen und Carbonfiber-Felgen.

Honda RS 250 R-W

Motor:	Zweizylinder-Zweitakt-Motor in V-Form (90°), wassergekühlt
Hubraum:	248,5 cm³
Bohrung/Hub:	54 mm × 54,5 mm
Leistung:	über 70 PS bei 12 000/min
Einlaßsystem:	Case Reed Valve (Membransteuerung direkt in das Kurbelgehäuse)
Vergaser:	2 Keihin 34, 36, 38 mm ⌀ (je nach Streckencharakter)
Auslaßsystem:	Honda-ATAC-System (Automatically Torque Amplification Chamber), dadurch Vergrößerung des Drehmoments im unteren Drehzahlbereich um 15–20%
Zylinder:	Nikasil-beschichtet
Kolben:	Aluminium-Guß, ein Kolbenring
Kurbelgehäuse:	Magnesium
Zündung:	ACG C.D.I., Mitsuba-Oki
Zündkerzen:	NGK 9,5 mm
Primärantrieb:	Zahnräder
Getriebe:	Sechs Gänge mit verschiedenen Übersetzungsmöglichkeiten der einzelnen Gänge; Mehrscheiben-Trockenkupplung (acht Scheiben)
Schmierung:	Mischung 30:1
Rahmen	Aluminium
Federung:	Teleskop/Pro-Link
Radstand:	1330 mm
Räder:	CAFRP (Carbonfiber-Felge) 16/17 Zoll, je nach Streckencharakter
Scheibenbremsen:	HRCFC
Treibstofftank:	23 Liter
Gesamtgewicht:	94 kg (fahrfertig mit Öl und Wasser, ohne Treibstoff)

Oben links: Aprilia 250, darunter Krauser 80.
Rechts oben: Parisienne 250, darunter Armstrong 250.

Aprilia AF 1 250 / Rotax

Motor:	Zweizylinder-Zweitakt-Motor, Tandem-Bauweise, wassergekühlt
Hubraum:	249,8 cm³
Bohrung/Hub:	54 mm × 54,5 mm
Leistung:	68–70 PS bei 12 500/min
Einlaßsystem:	Plattendrehschieber; fünf Überström-, ein Zentral-Auslaßkanal mit Seitenkanal (zwei seitliche Fenster)
Auslaßsystem:	Powervalve mit Flachschieber
Vergaser:	2 Dell'Orto 38 mm Ø (Magnesium)
Zündung:	Elektronisch
Getriebe:	Sechs Gänge mit verschiedenen Abstufungsmöglichkeiten
Kupplung:	Fünf Scheiben mit Sinterbelag (trocken)
Rahmen:	Aprilia Aluminium-Kasten-Profil
Federung:	Aprilia Progressive System mit Gas-Monoshock-Zentralfederbein
Bremsen:	Brembo-Doppelscheibenbremsen vorn 260 mm Ø, hinten einfach, 210 mm Ø
Treibstofftank:	23 Liter
Gewicht:	92 kg

Parisienne 250

Motor:	Zweizylinder-Zweitakt-Motor, parallel, wassergekühlt
Hubraum:	249 cm³
Bohrung/Hub:	56 mm × 50,6 mm
Leistung:	72 PS bei 11 700/min
Einlaßsystem:	Drehschieber
Vergaser:	36 mm Ø Dell'Orto (Magnesium)
Getriebe:	Sechs Gänge mit verschiedenen Abstufungsmöglichkeiten; Mehrscheiben-Trockenkupplung
Zündung:	Elektronisch
Rahmen:	Aluminium-Doppelschleifen-Rahmen mit Zentralfederbein
Räder:	Marvic 17/18 Zoll
Radstand:	1340 mm
Gesamtgewicht:	96 kg

Oben: Aro 500. **Darunter links:** Vorderradaufhängung des Streuer-Gespanns. **Daneben** der Krauser-Motor.

Krauser 80

Motor:	Einzylinder-Zweitakt-Motor, wassergekühlt
Hubraum:	79,6 cm³
Bohrung/Hub:	49 mm × 42,2 mm
Leistung:	32 PS bei 14 500/min
Max. Drehmoment:	1,57 mkp bei 13 700/min
Einlaßsystem:	Plattendrehschieber, sechs Überströmkanäle, ein dreiteiliger Auslaßkanal
Vergaser:	Bing, 32 mm ⌀
Zündung:	Kröber/Batterie
Getriebe:	Sechs Gänge mit 21 Abstufungsmöglichkeiten
Kupplung:	Fünfscheiben-Trockenkupplung
Schmierung:	Mischung 25:1
Motor-Gewicht:	15 kg
Rahmen:	Louis Christen-Monocoque, Luftfederbein ATZ, Marzocchi-Telegabel
Räder:	Campagnolo 16/18 Zoll
Bremsen:	Brembo, vorn 230 mm, hinten 210 mm
Radstand:	1250 mm
Gesamt-Gewicht:	57 kg

Krauser 500 L 4

Motor:	Krauser Reihen-Vierzylinder-Zweitakt-Motor, wassergekühlt
Hubraum:	498 cm³
Bohrung/Hub:	56 mm × 50,7 mm
Leistung:	130 PS bei 12 000/min
Einlaßsystem:	Membransteuerung in das Kurbelgehäuse
Auslaßsystem:	Power-Valve
Zylinder:	Keramikbeschichtet
Kolben:	Aluminium-Guß, ein Kolbenring
Kurbelgehäuse:	Magnesium
Zündung:	Elektronisch
Primärantrieb:	Zahnräder
Getriebe:	Sechs Gänge mit verschiedenen Abstimmungs-Möglichkeiten
Schmierung:	Mischung 1:40
Chassis:	Moncoque-Aluminium (Louis Christen)
Radaufhängung:	vorn Trapezschwingarm mit Gabel (Patent LCR); hinten seitlich durch Querlenker und Achsschenkel
Räder:	vorn 13×9,5, hinten 13×12, Seite 13×12 Zoll, Zentralverschluß

Weltmeister im Straßen-Rennsport

Klasse 50 cm³

1962	Ernst Degner	Suzuki
1963	Hugh Anderson	Suzuki
1964	Hugh Anderson	Suzuki
1965	Ralph Bryans	Honda
1966	H.-G. Anscheidt	Suzuki
1967	H.-G. Anscheidt	Suzuki
1968	H.-G. Anscheidt	Suzuki
1969	Angel Nieto	Derbi
1970	Angel Nieto	Derbi
1971	Jan de Vries	Kreidler
1972	Angel Nieto	Derbi
1973	Jan de Vries	Kreidler
1974	Henk van Kessel	Kreidler
1975	Angel Nieto	Kreidler
1976	Angel Nieto	Bultaco
1977	Angel Nieto	Bultaco
1978	Ricardo Tormo	Bultaco
1979	Eugenio Lazzarini	Kreidler
1980	Eugenio Lazzarini	Iprem
1981	Ricardo Tormo	Bultaco
1982	Stefan Dörflinger	Kreidler
1983	Stefan Dörflinger	Kreidler

Klasse 80 cm³

1984	Stefan Dörflinger	Zündapp
1985	Stefan Dörflinger	Krauser

Klasse 125 cm³

1949	Nello Pagani	Mondial
1950	Bruno Ruffo	Mondial
1951	Carlo Ubbiali	Mondial
1952	Cecil Sandfort	MV Agusta
1953	Werner Haas	NSU
1954	Rupert Hollaus	NSU
1955	Carlo Ubbiali	MV Agusta
1956	Carlo Ubbiali	MV Agusta
1957	Tarquinio Provini	Mondial
1958	Carlo Ubbiali	MV Agusta
1959	Carlo Ubbiali	MV Agusta
1960	Carlo Ubbiali	MV Agusta
1961	Tom Phillis	Honda
1962	Luigi Taveri	Honda
1963	Hugh Anderson	Suzuki
1964	Luigi Taveri	Honda
1965	Hugh Anderson	Suzuki
1966	Luigi Taveri	Honda
1967	Bill Ivy	Yamaha
1968	Phil Read	Yamaha
1969	Dave Simmonds	Kawasaki
1970	Dieter Braun	Suzuki
1971	Angel Nieto	Derbi
1972	Angel Nieto	Derbi
1973	Kent Andersson	Yamaha
1974	Kent Andersson	Yamaha
1975	Pier-Paolo Pileri	Morbidelli
1976	Pier Paolo Bianchi	Morbidelli
1977	Pier Paolo Bianchi	Morbidelli
1978	Eugenio Lazzarini	MBA
1979	Angel Nieto	Minarelli
1980	Pier Paolo Bianchi	MBA
1981	Angel Nieto	Minarelli
1982	Angel Nieto	Garelli
1983	Angel Nieto	Garelli
1984	Angel Nieto	Garelli
1985	Fausto Gresini	Garelli

Klasse 250 cm³

1949	Bruno Ruffo	Moto Guzzi
1950	Dario Ambrosini	Benelli
1951	Bruno Ruffo	Moto Guzzi
1952	Enrico Lorenzetti	Moto Guzzi
1953	Werner Haas	NSU
1954	Werner Haas	NSU
1955	H.-P. Müller	NSU
1956	Carlo Ubbiali	MV Agusta
1957	Cecil Sandford	Mondial
1958	Tarquinio Provini	MV Agusta
1959	Carlo Ubbiali	MV Agusta
1960	Carlo Ubbiali	MV Agusta
1961	Mike Hailwood	Honda
1962	Jim Redmann	Honda
1963	Jim Redmann	Honda
1964	Phil Read	Yamaha
1965	Phil Read	Yamaha
1966	Mike Hailwood	Honda
1967	Mike Hailwood	Honda
1968	Phil Read	Yamaha
1969	Kel Carruthers	Benelli
1970	Rod Gould	Yamaha
1971	Phil Read	Yamaha
1972	Jarno Saarinen	Yamaha
1973	Dieter Braun	Yamaha
1974	Walter Villa	Harl.-Dav.
1975	Walter Villa	Harl.-Dav.
1976	Walter Villa	Harl.-Dav.
1977	Mario Lega	Morbidelli
1978	Kork Ballington	Kawasaki
1979	Kork Ballington	Kawasaki
1980	Anton Mang	Kawasaki
1981	Anton Mang	Kawasaki
1982	J.-L. Tournadre	Yamaha
1983	Carlos Lavado	Yamaha
1984	Christian Sarron	Yamaha
1985	Freddie Spencer	Honda

Klasse 350 cm³

1949	Freddy Frith	Velocette
1950	Bob Forster	Velocette
1951	Geoff Duke	Norton
1952	Geoff Duke	Norton
1953	Fergus Anderson	Moto Guzzi
1954	Fergus Anderson	Moto Guzzi
1955	Bill Lomas	Moto Guzzi
1956	Bill Lomas	Moto Guzzi
1957	Keith Campbell	Moto Guzzi
1958	John Surtees	MV Agusta
1959	John Surtees	MV Agusta
1960	John Surtees	MV Agusta
1961	Gary Hocking	MV Agusta
1962	Jim Redmann	Honda
1963	Jim Redmann	Honda
1964	Jim Redmann	Honda
1965	Jim Redmann	Honda
1966	Mike Hailwood	Honda
1967	Mike Hailwood	Honda
1968	Giacomo Agostini	MV Agusta
1969	Giacomo Agostini	MV Agusta
1970	Giacomo Agostini	MV Agusta
1971	Giacomo Agostini	MV Agusta
1972	Giacomo Agostini	MV Agusta
1973	Giacomo Agostini	MV Agusta
1974	Giacomo Agostini	Yamaha
1975	Johnny Cecotto	Yamaha
1976	Walter Villa	Harl.-Dav.
1977	Takazumi Katayama	Yamaha
1978	Kork Ballington	Kawasaki
1979	Kork Ballington	Kawasaki
1980	Jon Ekerold	Yamaha
1981	Anton Mang	Kawasaki
1982	Anton Mang	Kawasaki

Klasse 500 cm³

1949	Leslie Graham	AJS
1950	Umberto Masetti	Gilera
1951	Geoff Duke	Norton
1952	Umberto Masetti	Gilera
1953	Geoff Duke	Gilera
1954	Geoff Duke	Gilera
1955	Geoff Duke	Gilera
1956	John Surtees	MV Agusta
1957	Libero Liberati	Gilera
1958	John Surtees	MV Agusta
1959	John Surtees	MV Agusta
1960	John Surtees	MV Agusta
1961	Gary Hocking	MV Agusta
1962	Mike Hailwood	MV Agusta
1963	Mike Hailwood	MV Agusta
1964	Mike Hailwood	MV Agusta
1965	Mike Hailwood	MV Agusta
1966	Giacomo Agostini	MV Agusta
1967	Giacomo Agostini	MV Agusta
1968	Giacomo Agostini	MV Agusta
1969	Giacomo Agostini	MV Agusta
1970	Giacomo Agostini	MV Agusta
1971	Giacomo Agostini	MV Agusta
1972	Giacomo Agostini	MV Agusta
1973	Phil Read	MV Agusta
1974	Phil Read	MV Agusta
1975	Giacomo Agostini	Yamaha
1976	Barry Sheene	Suzuki
1977	Barry Sheene	Suzuki
1978	Kenny Roberts	Yamaha
1979	Kenny Roberts	Yamaha
1980	Kenny Roberts	Yamaha
1981	Marco Lucchinelli	Suzuki
1982	Franco Uncini	Suzuki
1983	Freddie Spencer	Honda
1984	Eddie Lawson	Yamaha
1985	Freddie Spencer	Honda

Klasse Gespanne

1949	Oliver/Jenkinson	Norton
1950	Oliver/Dobelli	Norton
1951	Oliver/Dobelli	Norton
1952	Smith/Clements	Norton
1953	Oliver/Dibben	Norton
1954	Noll/Cron	BMW
1955	Faust/Remmert	BMW
1956	Noll/Cron	BMW
1957	Hillebrand/Grunwald	BMW
1958	Schneider/Strauss	BMW
1959	Schneider/Strauss	BMW
1960	Fath/Wohlgemut	BMW
1961	Deubel/Hörner	BMW
1962	Deubel/Hörner	BMW
1963	Deubel/Hörner	BMW
1964	Deubel/Hörner	BMW
1965	Scheidegger/Robinson	BMW
1966	Scheidegger/Robinson	BMW
1967	Enders/Engelhardt	BMW
1968	Fath/Kalauch	URS
1969	Enders/Engelhardt	BMW
1970	Enders/Engelhardt/Kalauch	BMW
1971	Owesle/Rutterford	Münch URS
1972	Enders/Engelhardt	BMW
1973	Enders/Engelhardt	BMW
1974	Enders/Engelhardt	HBM
1975	Steinhausen/Huber	König
1976	Steinhausen/Huber	Busch/König
1977	O'Dell/Holland/Arthur	Yamaha
1978	Biland/Williams	BEO
1979	B2 A Biland/Waltisperg	SCR
	B2 B Holzer/Meierhans	LCR
1980	Taylor/Johansson	Fowler-Yamaha
1981	Biland/Waltisperg	LCR-Yamaha
1982	Schwärzel/Huber	Yamaha
1983	Biland/Waltisperg	LCR-Yamaha
1984	Streuer/Schnieders	LCR-Yamaha
1985	Streuer/Schnieders	LCR-Yamaha

Klasse 750 cm³

1977	Steve Baker	Yamaha
1978	Johnny Cecotto	Yamaha
1979	Patrick Pons	Yamaha

Tourist Trophy

	Formel I	*Formel II*	*Formel III*
1978	Mike Hailwood, Ducati	Alan Jackson, Honda	Bill Smith, Honda
1979	Ron Haslam, Honda	Alan Jackson, Honda	Barry Smith, Yamaha
1980	Graeme Crosby, Suzuki	Charly Williams, Yamaha	Ron Haslam, Honda
1981	Graeme Crosby, Suzuki	Tony Rutter, Ducati	Barry Smith, Yamaha
1982	Joey Dunlop, Honda	Tony Rutter, Ducati	
1983	Joey Dunlop, Honda	Tony Rutter, Ducati	
1984	Joey Dunlop, Honda	Tony Rutter, Ducati	
1985	Joey Dunlop, Honda	Brian Reid, Yamaha	

Grand Prix Südafrika
Kyalami, 23. März

Zuschauer: 50 000
Wetter: 25°, sonnig
Streckenlänge: 4,104 km

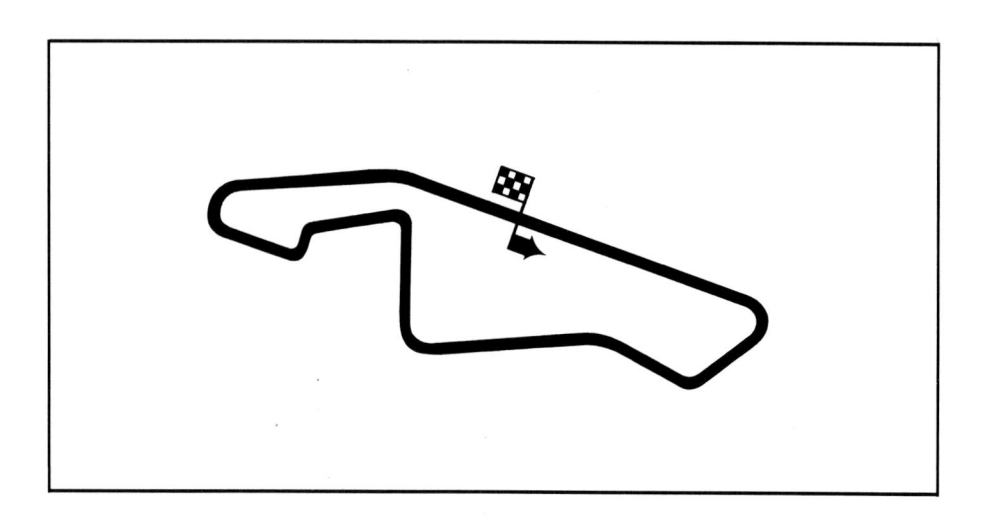

Als frischgekürter Weltmeister kehrte Eddie Lawson nach Saisonschluß nach Kalifornien zurück und genoß unbeschwert und voll Behagen seine neue Publicity. Keinen Gedanken verschwendete Lawson daran, sich etwa Sorgen um seinen Vertrag zu machen: »Weshalb sollte ich? Ich habe eine mündliche Absprache mit Agostini, die nur noch fixiert werden muß.«

Seit Yamaha-Japan auch die Vertragsverhandlungen Teamchef Giacomo Agostini überließ, hat er auch hier völlig freie Hand. Und er war längst eifrig dabei, »sein« Team neu zu gestalten. Er entließ Virginio Farrari und rekrutierte an dessen Stelle den dritten der Weltmeisterschaft '84, Raymond Roche. Der Franzose hatte zwar auch eine Offerte von Honda-France, aber wieder nur für eine Dreizylindermaschine: »Damit können die mich nicht mehr locken. Ich will nächstes Jahr ein richtiges Weltmeister-Motorrad fahren und nicht wieder nur so eine lahme Ente. Spencer bekommt eine neue V4 – wenn ich das gleiche Material bekomme, bleibe ich, andernfalls gehe ich zu Agostini.« Der clevere Italiener köderte Roche mit dem Versprechen, daß er ihm das gleiche Modell wie Lawson zur Verfügung stellen würde, also unterschrieb Roche bereits im Oktober einen Vorvertrag mit Agostini.

Inzwischen hatte Honda, der Welt größter Motorradproduzent, seine Primadonnenhaltung abgelegt und sich zur Finanzierung der immensen Kosten des Rennstalls einen Sponsor gesucht. Gefunden wurde dieser Geldgeber in dem Zigarettenkonzern Rothmans, der bereits im Automobil-Langstreckenrennsport mit Porsche liiert ist.

Sponsor Rothmans – daran interessiert, die Geldausgabe durch verstärkten Zigarettenabsatz in den europäischen Ländern wieder einzubringen – insistierte bei Honda auf einem guten europäischen Piloten als Nummer zwei neben Freddie Spencer. Ursprünglich hatte man bei Honda nämlich vorgehabt, 1985 nur noch Spencer als reinen Fabrikfahrer ins Feld zu schicken und sonst niemandem werksseitige Unterstützung zu gewähren. Nun aber drang Rothmans darauf, zusätzlich einen Europäer (vorzugsweise einen Franzosen, weil der französische Markt für Rothmans besonders wichtig ist) zu ver-

500er Weltmeister Eddie Lawson, sein Teamkollege Raymond Roche und die komplette Marlboro-Mannschaft.

pflichten. Roche schien die einzige Alternative, da Christian Sarron mit der Konkurrenz Gauloises »verheiratet« ist. Also versuchte Honda, Roche doch noch für sich gewinnen zu können und machte ihm eine neuerliche Offerte. Aber auch diesmal mochte man ihm nicht versprechen, daß er die gleiche Maschine wie Spencer bekäme – daraufhin unterschrieb Roche endgültig bei Agostini.

Der hatte unterdessen auch dem Weltmeister einen neuen Vertrag zur Unterzeichnung nach Kalifornien geschickt. Er enthielt allerdings einen neu eingefügten Passus, den Lawson »wie eine Ohrfeige« empfand: sein Fixum lag erheblich unter dem, das ihm Yamaha bezahlt hatte, und er sollte sich verpflichten, die Hälfte seines Preisgeldes an Agostini abzuführen. Außerdem mußte er darauf verzichten, selbst entscheiden zu dürfen, welche Rennen er neben den Grand Prix-Läufen fahren wollte. Lawson: »Dieses Papier ist die reine Unverschämtheit!« Trotzdem unterschrieb Lawson eine Woche vor seiner Abreise nach Südafrika doch: »Leider habe ich keine andere Wahl. Ich will meinen Titel verteidigen, also muß ich akzeptieren. Sonst steh ich plötzlich ohne Maschine da.«

Wie das ist, davon kann Vize-Weltmeister Randy Mamola ein Lied singen: »Gegen härteste Konkurrenz habe ich in der vergangenen Saison für Honda den zweiten Platz in der Weltmeisterschaft geholt und dann sagt man mir, daß 1985 Freddie Spencer der alleinige Fabrikfahrer sein wird.«

Mamola hatte fast schon resigniert und sich damit abgefunden, eine käufliche Produktionsrennmaschine einsetzen zu müssen und den Einsatz auch noch privat zu finanzieren – da profitierte er

Teams in der 250 cm³-Klasse

Werks-Teams

GARELLI	Angel Nieto	Garelli
	Maurizio Vitali	Garelli
ROTHMANS HONDA	Freddie Spencer	Honda RS R-W

Werksunterstützte Teams

Aprilia	Loris Reggiani	Aprilia Rotax
Malanca	Guy Bertin¹⁾	Malanca Rotax
MBA	Guy Bertin²⁾	MBA
	Davide Tardozzi	MBA
MITSUI	Martin Wimmer	Yamaha TZ
VENEMOTOS	Carlos Lavado	Yamaha TZ
	Ivan Palazzese³⁾	Yamaha TZ

Sponsor-Teams

JJ Cobas	Carlos Cardus	Cobas Rotax
	Juan Garriga	Cobas Rotax
MARLBORO	Toni Mang	Honda RS
MASSA REAL	Manfred Herweh	Real Rotax
PARISIENNE ELF	Pierre Bolle	Parisienne
	Jacques Cornu	Honda RS
PERNOD	Jean-François Baldé	Pernod Yamaha⁴⁾
RÖMER	Reinhold Roth	Römer Juchem
	Harald Eckl	Römer Juchem
ROTHMANS FRANCE	Dominique Sarron	Honda RS
ROTHMANS ITALIA	Fausto Ricci	Honda RS

Privat-Teams mit Sponsor

Borg Warner	Mario Rademeyer	Yamaha
Dieter Braun PVM	Hans Becker	Yamaha
Castrol Beko Austria	August Auinger	Beko-Bartol
Ehrlich Automotive	Andy Watts	EMC Rotax
HOSTETTLER CH	Roland Freymond	Yamaha
Promoto	Patrick Fernandez	Cobas Rotax
Silverstone Armstrong	Donnie McLeod	Armstrong-Rotax
	Niall Mackenzie	Armstrong-Rotax
TOTAL	Stephane Mertens	Yamaha
Wernberger Konservenfabrik	Herbert Besendörfer	Yamaha

¹⁾ ab GP Jugoslawien
²⁾ bis GP Deutschland
³⁾ bis GP Österreich
⁴⁾ ab GP Belgien

---

ganz unverhofft von dem Umstand, daß Rothmans unbedingt einen zweiten Fahrer im Team haben wollte. Rothmans eiste in Japan eine Werksmaschine für ihn los (das gleiche Modell, das auch Ron Haslam und Wayne Gardner über Honda-England bekamen) und gewährte ihm auch finanzielle Unterstützung. In den Genuß des Rothmans-Geldregens kam darüberhinaus auch noch Takazumi Katayama (den Honda – wie Mamola – ursprünglich ebenfalls nicht mehr unterstützen wollte), weil auch der japanische Markt für Rothmans von großer Bedeutung und Katayama dort eine renommierte Identifikations-Figur ist: der in Korea geborene Katayama schuf sich inzwischen als Popsänger und Gitarrist in Japan eine zweite Karriere.

Katayama mußte allerdings auf den Start in Kyalami verzichten, weil ihm die japanische Federation die Starterlaubnis verweigerte: Japan protestiert scharf gegen die südafrikanische Apartheid-Politik. Seine Laufbahn als Motorrad-Rennfahrer beendete im Winter Barry Sheene »mit großem Bedauern und nicht unbedingt aus eigenem Antrieb.« Zu sehr hing der 35jährige, der im November Vater einer Tochter geworden war, noch am Rennsport – hätte er eine Werksmaschine angeboten bekommen, wäre er sicher auch 1985 noch einmal um die Weltmeisterschaft gefahren: »Denn fahrerisch bin ich noch immer konkurrenzfähig.« Doch die Offerten blieben aus. Zwar war Sheene bei Cagiva und bei Elf im Gespräch, doch waren beide Angebote nicht nach seinem Geschmack. So hängte der Weltmeister der Jahre 1976 und 1977 und 23malige Grand Prix-Sieger nach einer glanzvollen Karriere den Helm an den berühmten Nagel – 16 Jahre hatte er den Rennsport mitgeprägt, hatte Höhen und Tiefen erlebt,

Eddie Lawson begann die Saison in Kyalami recht vielversprechend, als er die Marlboro-Yamaha zum Sieg fuhr.

schwerste Stürze und Verletzungen überlebt und sich dank seiner liebenswerten, charmanten Art in aller Welt Freunde geschaffen. Nicht nur seine unzähligen Fans bedauern, daß sein Helm mit der Donald Duck-Figur nun nicht mehr auftaucht – schließlich ging mit Sheene die Ära der »volkstümlichen« Rennfahrer zu Ende: die heutigen Super-Profis lieben es, sich konsequent abzuschotten. Wirksamstes Requisit dazu sind die immer zahlreicher werdenden Mobilhomes, die die Fahrerlager in gigantische Wagenburgen verwandeln. Die Star-Fahrer verschanzen sich darin und verlassen ihre »Burg« nur, um sich mit geschlossenem Visier zum Training oder zum Start zu begeben.

Unbekannt sind solche Allüren bei Suzuki. Die Mannschaft um Teamchef Roberto Gallina – seit Jahren als Tuner-As respektiert – hat allerdings auch wenig Grund, ihre Maschinen (wie zum Beispiel bei Honda mit unerschütterlicher Ausdauer praktiziert) unter Planen vor neugierigen Blicken zu verstecken: die Suzuki '85 ist im Grunde noch immer das Modell, mit dem Franco Uncini 1982 Weltmeister wurde und dessen Konzept noch aus dem Jahr 1974 stammt. Zwar hatte die Rennabteilung in Japan ein neues Fahrwerk gebaut, aber das erwies sich während der Trainingstage als so problematisch, daß Uncini zum Rennen wieder auf das alte umstieg. Und die Triebwerke wurden von Gallina den Winter über zwar überarbeitet, aber – so Gallina – »ihr

Zuversicht am Start zum ersten Grand Prix: Weltmeister Eddie Lawson.

Potential ist ausgereizt, ihr Konzept überaltert, ich kann nicht mehr rausholen.«

Mit der Verpflichtung des jungen Spaniers Alfonso »Sito« Pons hatte Gallina gehofft, Uncinis Ehrgeiz anzustacheln und neues Leben ins Team zu bringen; er war sich aber auch bewußt: »Wie soll ich meine Fahrer motivieren, wenn sie mit altem Material ins Rennen gehen müssen?« Inzwischen ist es ein offenes Geheimnis, daß die Rennabteilung ein neues Triebwerk im Versuch hat, nicht bekannt ist lediglich, wann es einsatzbereit sein wird. Gallina: »Hoffentlich, ehe uns unser Sponsor HB die Treue bricht...«

Die Ankündigung von Freddie Spencer, in diesem Jahr nicht nur die 500er Klasse zu bestreiten, sondern auch in der 250er Kategorie um die Weltmeisterschaft fahren zu wollen, nahmen seine Konkurrenten anfänglich wenig ernst. Die Halbliterpiloten belächelten das Vorhaben des Amerikaners als ›unnötigen Kräfteverschleiß‹ (Raymond Roche: »Er wird wohl in der großen Klasse alle Hände voll zu tun haben«) und die der kleineren Klasse streuten sich mit Argumenten wie »die Doppelbelastung schafft auch ein Spencer auf Dauer nicht«, »die kleine Honda hat letztes Jahr nichts getaugt, sie wird auch 1985 kaum sehr schnell sein« und »Honda wird Spencer bald auf sein Hauptziel – den 500er Titel – einschwören und ihm die 250er Kapriolen verbieten« Sand in die Augen.

In Wirklichkeit basierte die Sache aber auf dem Wunsch der Honda-Direktoren, die mit einem grandiosen Doppel-Erfolg die Scharte von 1984 auswetzen wollten. Spencer war von dem Vorschlag, in die 250er Klasse einzusteigen, anfänglich gar nicht angetan, »erst«, so Rennleiter Oguma, »erst, als ich ihm versprach, ihm eine überlegene Maschine zur Verfügung zu stellen, war Spencer einverstanden.« Und daß Honda daran gelegen war, seinen Fahrer Nummer eins mit dem absolut schlagkräftigsten Material auszurüsten, wurde erstmals in Daytona deutlich: klar überlegen heimste Spencer mit seiner neuen RS 250 R-W V-Zweizylindermaschine im Formel 2-Rennen (über 100 Meilen) den Sieg ein (vor dem Österreicher Siegfried Minich) und er gewann auch die Formel 1 (über 100 Meilen) mit der neuen NSR 500 V-Vierzylinder-Grand Prix-Maschine sowie das Superbike-Rennen über 200 Meilen auf der VF 750-Serienmaschine.

In den letzten Jahren galt die Viertelliterklasse in Bezug auf Markenvielfalt und purer Action der Königsklasse als überlegen: konzentrierte sich der Wettbewerb in den ›großen‹ Klassen auf höchstens eine Handvoll (streng genommen sogar nur zwei) Fahrer, die für den Sieg in Frage kamen, so präsentierte sich die 250er Klasse mit einem Potential von mindestens zehn gleichstarken Fahrern auf etwa gleichschnellen Maschinen.

Diese Konkurrenzdichte wurde auch für die Saison 1985 erwartet, beteiligten sich an der Weltmeisterschaft doch neun verschiedene Motorenfabrikate: Aprilia, Armstrong, EMC, Cobas; Malanca und Real mit Rotax-Triebwerk; Bartol, Garelli, MBA, Parisienne, Pernod und Römer mit Eigenkonstruktionen; Yamaha und Honda mit werksunterstützten Maschinen und Honda zusätzlich mit der einzigen Werksmaschine des Feldes, der von Freddie Spencer.

Daß die Werks-Honda sich von der Produktions-Honda schon äußerlich ganz erheblich unterschied (Membraneinlaß direkt ins Kurbelgehäuse – in der Serie, wie bei Mang, dagegen in den Zylinder –, sowie eine abgeänderte Auspuffanlage, wodurch ein wesentlich größeres Drehmoment schon bei weitaus niedrigeren Drehzahlen als beim Serienmotor erreicht wird, Räder aus Carbon-Fiber und die Verwendung von Spezialmaterialien, die ein Gewicht der 250er von nur 90 kg ermög-

JNB
MR. A. HAYES
HRC-JNB-50306-A101-02
JOHANNESBURG
C/No. 8
MADE IN JAPAN

Von seinem Wechsel zu Honda versprach sich Toni Mang die Chance, noch einmal Weltmeister werden zu können. Sein Material unterschied sich allerdings stark von der offiziellen Werksmaschine (links), mit der Honda Freddie Spencer ausrüstete. Kleines Bild: Versandkisten der Werks-Honda.

25

Teams in der 500 cm³-Klasse

Werks-Teams

CAGIVA	Marco Lucchinelli	Cagiva C 10/V
GAULOISES YAMAHA	Christian Sarron	Yamaha OW 81
MARLBORO YAMAHA	Eddie Lawson	Yamaha OW 81
	Raymond Roche	Yamaha OW 81
ROTHMANS HONDA	Freddie Spencer	Honda NSR

Sponsor-Teams

elf-Johnson	Didier De Radigues	Honda NS
Honda Benelux	Christian LeLiard	Honda NS/Elf 2[1]
	Pierre-Etienne Samin[2]	Honda NS
HB-SUZUKI	Franco Uncini	Suzuki XR 70
	Alfonso Pons	Suzuki XR 70
ROTHMANS Mamola	Randy Mamola	Honda NS
ROTHMANS HONDA BRITAIN	Ron Haslam	Honda NS
	Wayne Gardner	Honda NS
ROTHMANS KATAYAMA	Takazumi Katayama[3]	Honda NS
SKOAL BANDIT-HERON SUZUKI GB	Rob McElnea	Suzuki XR 70

Privat-Teams mit Sponsoren

Dieter Braun PVM Team	Gerold Fischer	Suzuki RGB
ES Motorradzubehör	Manfred Fischer	Honda NS
Frankonia Suzuki	Wolfgang von Muralt	Suzuki RGB
Moto Club Condor	Fabio Biliotti	Honda NS
Kreepy Krauly	Dave Petersen	Honda NS
RS Rallye Sport	Klaus Klein	Bakker PVM
Team Italia	Armando Errico	Honda NS
	Massimo Messere	Honda NS
Toshiba Shell NL	Boet Van Dulmen	Honda NS
Zwafink & Wilberg	Gustav Reiner	Honda NS

[1] ab GP Frankreich
[2] ab GP Niederlande
[3] bis GP Frankreich

lichten), trug keineswegs zur Freude Toni Mangs bei. Der Bayer hatte letzten Herbst von Honda-Offenbach die den jeweiligen Länderimporteuren überlassene Produktionsrennmaschine angeboten bekommen und die Offerte gern akzeptiert: »Hätte ich allerdings gewußt, daß Spencer ein echtes Werks-Motorrad bekommt, hätte ich es mir vielleicht anders überlegt. Ich fahr' nämlich nicht gern mit zweitklassigem Material hinterher.« Dafür konnte Mang – der erst vor kurzem seine Freundin Colette Dingli geheiratet hatte – wenigstens finanziell aus dem vollen schöpfen: Marlboro verlängerte den Sponsorvertrag mit Kenny Roberts und dessen Fahrer Alan Carter und Wayne Rainey nicht und stellte ihm das nicht unerhebliche Budget zur Verfügung.

Zwei Neukonstruktionen hatten in Kyalami ihr Debut: die Parisienne und die Garelli. Die Italienerin litt im Training unter starken Überhitzungsproblemen, schlechtem Handling und unfahrbarer Hinterradfederung und weil Angel Nieto auch noch durch seine Verletzung (schwerer Sturz beim Grand Prix von San Marino 1984) gehandicapt war, verpaßte er die Qualifikation; sein Teamkollege Maurizio Vitali erreichte immerhin die 20. Zeit.

Auch Jacques Cornu litt noch unter den Verletzungen, die er sich vor Monaten bei einem schweren Autounfall in Italien zugezogen hatte, stellte jedoch die neueste Möller-Kreation auf den zwölften Startplatz. Im Parisienne-Team herrschte eitel Zuversicht und Teamchef Michel Métraux war sich sicher: »Maschine und Fahrer haben noch Reserven in petto.« Auf seinen zweiten Fahrer Sergio Pellandini (der die Honda pilotieren sollte) mußte das Parisienne-Team allerdings verzichten, denn der Tessiner war nach einer Knö-

Martin Wimmer gehörte bei Saisonbeginn zum Favoritenkreis der Anwärter auf die Weltmeisterschaft der 250 cm³-Klasse.

cheloperation nicht mehr einsatzfähig. Auf den vakanten Platz bei Parisienne spekulierte übrigens Kork Ballington, der schon letztes Jahr ein Comeback erwog. Allerdings legte er keinen Wert darauf, die Produktions-Honda zu fahren (Ballington: »Ich schätze sie nicht schnell genug ein«) und so wird Métraux wohl den jungen Jacques Bolle engagieren.

Mit zwei völlig neuen Fahrwerken – das eine von Alain Chevallier entwickelt, das andere von den Pernod-Technikern – und einem komplett überarbeiteten Motor erschien Pernod. Jean-François Baldé hatte die neuen Maschinen bereits ausgiebig getestet und zeigte sich besonders vom Chevallier-Chassis sehr angetan.

Das Gegenteil war bei Manfred Herweh der Fall – er laborierte während der Trainingstage verzweifelt an seinem neuen Bakker-Fahrwerk herum: »Es ist zum wahnsinnigwerden – das Ding stempelt wie verrückt, mit den neuen Radial-Michelins ist es einfach nicht zu fahren.« Erst im Abschlußtraining fand der Vizeweltmeister eine akzeptable Stoßdämpfereinstellung und ging dann eingermaßen zuversichtlich ins Rennen – obwohl er im Warm-up noch zu Boden gegangen war, weil ihm das Vorderrad wegschmierte. Messungen in der Marlboro-Gerade hatten übrigens für die Real (deren Aerodynamik Herweh vor seinem Abflug noch im Mercedes-Windkanal überprüfen konnte) den besten Wert ergeben: mit 248,58 km/h rangierte sie vor der Cobas von Fernandez mit 247,35 und den Hondas von Mang mit 246,91 und Spencer mit 245,03 km/h.

Mit den Fahrern Reinhold Roth und dem jungen Harald Eckl konzentrierte

27

das Römer-Team in diesem Jahr seinen Einsatz auf die 250er Klasse. Tuner Helmut Fath präparierte auf der Basis des schlitzgesteuerten Yamaha-Motors und mit dem Juchem-Fahrwerk wieder Maschinen, die die Konkurrenz »als nicht zu unterschätzend« einstufte, die Roth und Eckl dagegen aber noch für »stark verbesserungswürdig« hielten. Nicht zu verbergen war in Kyalami, daß Fath mit seiner Teamleitung im Clinch lag und daß ein Eklat ganz offenbar in der Luft lag. Roth schaffte übrigens nur die 15. Trainingszeit (hinter Becker und Herweh) und Harald Eckl fand sich gar erst an 25. Stelle.
Nicht qualifizieren konnten sich die beiden MBA-Werksfahrer Bertin und Tardozzi, während Reggiani auf der neuen Aprilia (mit Rotax-Triebwerk) den 17. Startplatz erreichte.
Für ihre beiden werksunterstützten Fahrer Martin Wimmer und Carlos Lavado hatte Yamaha neue Motoren mit neuen verbesserten Zylindern und modifizierten Auspuffanlagen geschickt. Außerdem sind in der Versuchsabteilung neue Fahrwerke (wohl auf der Basis der 500er) in der Entwicklung, die Mitte der Saison zur Verfügung stehen sollen. An Martin Wimmers Verkleidung stach übrigens ein neuer Sticker ins Auge: groß prangte da der Name LUI des Herrenmagazin, das den Münchner zukünftig sponsorn wird.

250 cm³: Kriegserklärung

Mit einem perfekten Start setzt sich Freddie Spencer sofort an die Spitze des Feldes, dicht hinter ihm Toni Mang und Carlos Lavado vor Stephane Mertens, Fausto Ricci, Martin Wimmer, Baldé und Mattioli. Mang und Lavado bedrängen Spencer fünf Runden lang so ungestüm, daß der Amerikaner sich veranlaßt sieht, »ein bischen mehr aufzudrehen« – und die beiden Verfolger um etliche Sekunden distanziert.
Inzwischen reißt der südafrikanische Lokalmatador Mario Rademeyer das Publikum zu Begeisterungsstürmen hin: nach völlig mißlungenem Start geht er als Schlußlicht ins Rennen, jagt »wie ein vergifteter Affe« (so Rademeyer im Ziel) hinter dem Feld her und passiert nach drei Runden an achter Stelle, nach fünf Runden an sechster und eingangs der neunten Runde an vierter Stelle.
Drei Runden später schiebt sich der Südafrikaner an Lavado vorbei und attackiert kurz darauf sogar Toni Mang! Rademeyer trumpft in der 15. Runde mit einem neuen Rundenrekord auf und danach hat er Spitzenreiter Spencer in Blickweite. Doch der bleibt für ihn unerreichbar: ›Springbock‹ Rademeyer hat bei seiner Aufholjagd die Reifen seiner Yamaha so überstrapaziert, daß er das Tempo nicht bis zum Ende durchhalten kann.
Toni Mang gelingt es, endlich Lavado hinter sich zu lassen, dem Wimmer, Baldé, Ricci und Mertens auf den Fersen sind. Nach schlechtem Start hat Manfred Herweh den neunten Platz erobert, als ihn ein Kolbenschaden aus dem Rennen wirft. Enttäuscht resumiert Herweh: »Das war nicht der Auftakt, den ich mir erhofft hatte!«
Seine Position übernimmt der Spanier Carlos Cardus mit der Cobas; dahinter rangieren Mattioli, der beherzt kämpfende Reinhold Roth, Jacques Cornu und Herbert Besendörfer, der allerdings einige Runden später schwer stürzt und mit dem Helicopter in die

Zu Beginn des 250 cm³-Laufs führte Toni Mang vor Freddie Spencer, Lavado, Ricci und Wimmer.

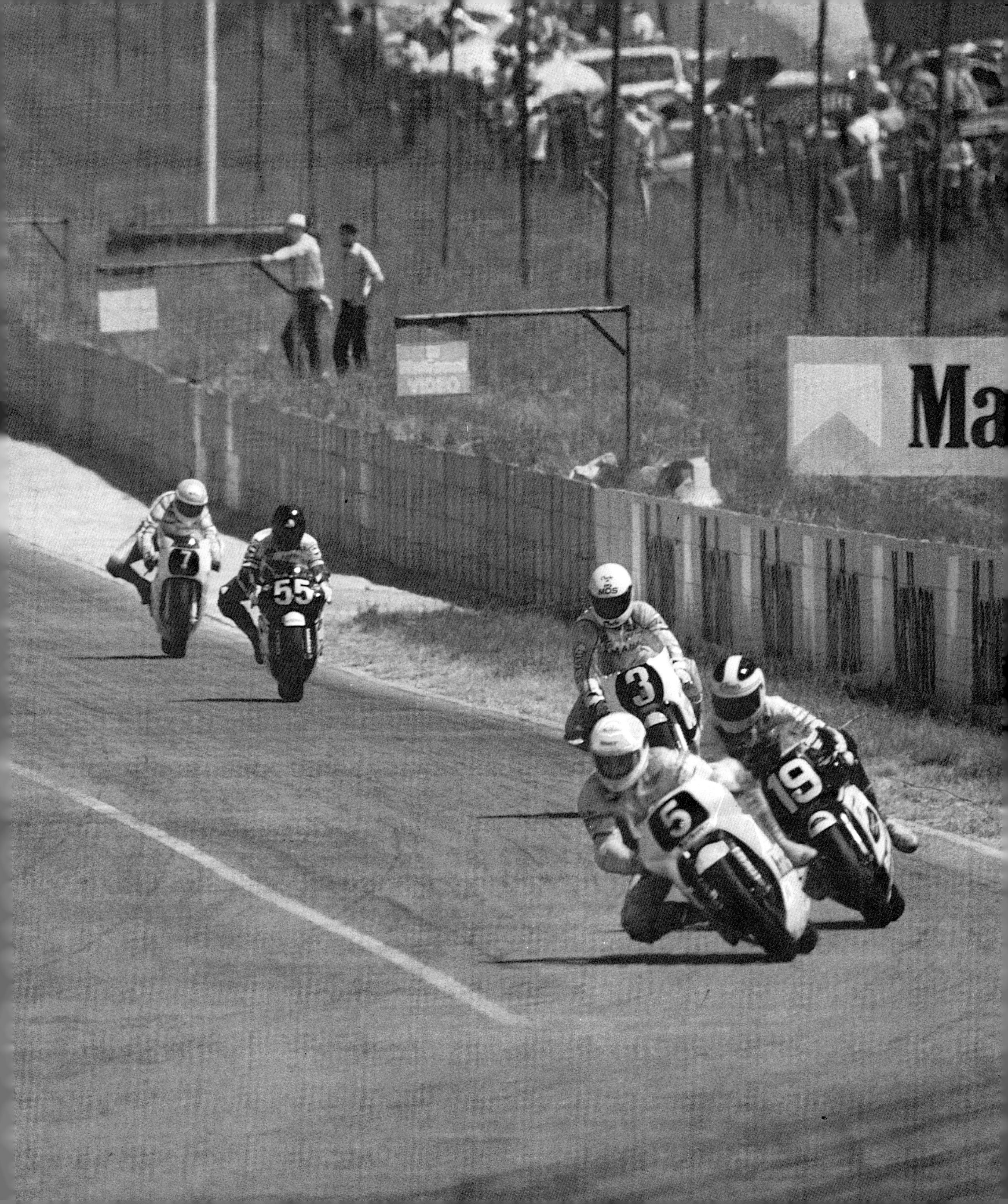
Ma

In Kyalami holte Freddie Spencer mit der 250 cm³-Werks-Honda den ersten Sieg – weitere sechs folgten.

Klinik geflogen werden muß.
Ein Auspuffschaden kostet Reinhold Roth seine gute Plazierung, er landet nur an 22. Stelle. Ausgeschieden sind inzwischen Gustl Auinger (Defekt an der Zündung), Sigi Minich (Motorschaden), Andy Watts (Schmerzen nach Trainingssturz) und Jacques Onda (Motordefekt).

Mit seinem Vorsprung von zuletzt sieben Sekunden signalisiert Freddie Spencer in führender Position, daß es nach zwei Jahren mit der Chancengleichheit in dieser Klasse zu Ende ist. Und mit dem ersten Sieg auf der neuen Werks-Honda unterstreicht der Amerikaner, daß es ihm mit dem Gewinn der Weltmeisterschaft »hundertprozentig ernst« ist.

Toni Mang münzt das Nachlassen Rademeyers in eine Schlußoffensive um und verweist den Südafrikaner wieder hinter sich auf Platz drei. Der Bayer ist zwar nicht unzufrieden mit dem zweiten Rang in seinem ersten Rennen mit der Honda, moniert aber den Leistungsunterschied zwischen seiner und der Spencer-Maschine: »Das paßt mir gar nicht. Die hat einen Haufen PS mehr.«

Alles andere als freudig überrascht zeigt sich im Ziel auch Carlos Lavado: »Nach meiner Trainingsbestzeit habe ich mehr erwartet. Aber Freddie hat uns im Training schlau über das wahre Potential seiner Maschine getäuscht – der hat bestimmt noch mehr in Reserve!«

Mit großem Abstand zu seinem Markengefährten läuft Wimmer als vierter ein und freut sich über die sechs WM-Punkte: »Mehr war heute einfach nicht drin.« Hinter Cardus und Baldé duellieren sich Mertens (auf einer privaten Yamaha) und Ricci (auf der von Rothmans-Italia gesponsorten Produktions-Rennmaschine von Honda-Italien) bis ins Ziel um Platz acht, den der Belgier schließlich für sich okkupieren kann.

Stolz sind die Schweizer über den WM-Punkt, den Jacques Cornu auf der Parisienne bei ihrem Debut-Rennen ergattert. Tief enttäuscht ist Vorjahres-Sieger Patrick Fernandez auf Rang 15: »Comme une limacon!« (Wie eine Schnecke!)

500 cm³: Sieger Eddie Lawson

Nach kurzer Verschnaufpause steht Freddie Spencer wieder am Start, diesmal mit der großen Honda auf der Pole-Position. Er kommt auch als erster los – aber von Anfang an sitzt ihm Eddie Lawson im Nacken, gefolgt von Haslam, Gardner, Sarron, Roche, de Radigues und Massimo Messere. Einen haarsträubenden Start erlebt Randy Mamola. Sein Motor springt als einer der ersten an, da gerät ihm Christian Sarron in die Quere, der nach einem schweren Trainingssturz kaum laufen kann. Um nicht mit ihm zusammenzuprallen, bremst Mamola abrupt ab. Dadurch verschluckt sich der Honda-Motor so, daß Mamola erst als einer der letzten loskommt und mühevoll Mann um Mann überholen muß, ehe er nach 20 Runden in die Spitzenränge vordringen kann.

Spencer führt sieben Runden lang; vermag aber Lawson nicht abzuschütteln. Der Weltmeister hatte sich vor dem Rennen überlegt, daß seine beste Chance sei, »eisern zu versuchen, bei Spencer dranzubleiben.« Plötzlich realisiert er, daß Spencer das Tempo nicht mehr forciert »und da bin ich vorbei«. Natürlich glaubt er nicht daran, bis ins Ziel unbehelligt zu bleiben und auch in der Yamaha-Box argwöhnt man eine Gegenoffensive im Endspurt. Kel Carruthers: »Spencer will vielleicht nur seine Kräfte einteilen.«

In der großen Hitze verpufft die erwartete Vierfrontenschlacht zu einer Reihe Mini-Kriege. Um die Spitze duellieren sich Lawson und Spencer, dahinter streiten sich Gardner und Haslam um Platz drei und um Platz fünf rangeln Sarron und Roche. Beide Franzosen sind stark blessiert: im Abschlußtraining flogen sie – unabhängig voneinander – aus dem Sattel und zogen sich

Die 250 cm³-Garelli litt unter Kinderkrankheiten, die Fahrer Angel Nieto große Probleme machten.

Links: die EMC mit Rotax-Motor, rechts die Cobas von Garriga, ebenfalls mit Rotax-Triebwerk.

Prellungen und Stauchungen zu. Derart gehandicapt und zusätzlich durch den forsch vorrückenden Mamola in seiner Position gefährdet, agiert Roche so unbeherrscht, daß er erneut mit der südafrikanischen Erde Bekanntschaft machen muß. Sarron kann Mamola nicht aufhalten, der den fünften Rang belegt und unangefochten bis ins Ziel hält.

Der erwartete Gegenschlag der Honda im Endspurt bleibt aus: jubelnd gewinnt Eddie Lawson mit fünf Sekunden Vorsprung vor Freddie Spencer, der nach der Zieldurchfahrt völlig ausgepumpt wirkt. Und während der Weltmeister seinen Erfolg noch gar nicht fassen kann und nur stereotyp »I beat him« japst, übergibt der Geschlagene die Honda seinem Chefmechaniker: »Sie hat gestempelt wie verrückt und die Reifen haben zu früh Haftung verloren.« Wenig später glaubte man die Ursache für die starke Stempelneigung gefunden zu haben: »Die vordere Federung war zu hart eingestellt, was den enorm starken Reifenabrieb zur Folge hatte«, so ein Honda-Sprecher.

Ungeklärt blieb, weshalb Spencer die gleichen Probleme bereits im Training beanstandet hatte, und wegen eben dieser Ursache zu Trainingsbeginn beinahe von der Strecke abgekommen war. Temperamentvoll wird um die Plätze sieben bis zehn gefochten: de Radigues plaziert sich vor Pons, Mike Baldwin und Thierry Espié. Franco Uncini beendet desillusioniert auf Rang elf, während der Brite Rob McElnea auf der Heron-Suzuki wegen Zündungsdefekt ausscheidet.

KLASSE 250 cm³

28 Runden = 114,912 km

1.	Freddie Spencer	USA	Honda	41.56,3 = 164,401 km/h
2.	Anton Mang	Deutschland	Honda	42.03,4
3.	Mario Rademeyer	Südafrika	Yamaha	42.03,8
4.	Carlos Lavado	Venezuela	Yamaha	42.10,9
5.	Martin Wimmer	Deutschland	Yamaha	42.29,0
6.	Carlos Cardus	Spanien	JJ Cobas	42.37,7
7.	Jean-François Baldé	Frankreich	Pernod	42.43,6
8.	Stephane Mertens	Belgien	Yamaha	42.49,1
9.	Fausto Ricci	Italien	Honda	42.49,1
10.	Jacques Cornu	Schweiz	Parisienne	42.56,6

11. Jean-Michel Mattioli (I) Yamaha 42.57,2; 12. Loris Reggiani (I) Aprilia 43.18,7; 13. Maurizio Vitali (I) Garelli 43.19,3; 14. Yvan Palazzese (Ven) Yamaha 43.19,4; 15. Patrick Fernandes (F) JJ Cobas 43.21,2; 16. Alan Carter (GB) Honda 43.29,2. 1 Runde zurück: **17. Harald Eckl (D)** R-Juchem; **22. Reinhold Roth (D)** Römer; **26. Hans Becker (D)** Yamaha.

Schnellste Runde: Mario Rademeyer (SA) Yamaha in 1.29, 14 = 167,624 km/h (neuer Rekord)

Stand der Weltmeisterschaft Pkt.

Spencer	Honda	15
Mang	Honda	12
Rademeyer	Yamaha	10
Lavado	Yamaha	8
Wimmer	Yamaha	6
Cardus	Cobas	5
Baldé	Pernod	4
Mertens	Yamaha	3
Ricci	Honda	2
Cornu	Parisienne	1

Trainingszeiten

Lavado 1.29,13; Spencer 1.29,48; Rademeyer 1.29,49; Wimmer 1.29,64; Mang 1.29,89; Baldé 1.30,31; Fernandez 1.30,58; Cardus 1.30,58; Reyes 1.30,70; Auinger 1.30,72.

KLASSE 500 cm³

30 Runden = 123,120 km

1.	Eddie Lawson	USA	Yamaha	42.58,0 = 171,940 km/h
2.	Freddie Spencer	USA	Honda	43.02,9
3.	Wayne Gardner	Australien	Honda	43.20,8
4.	Ron Haslam	England	Honda	43.23,4
5.	Randy Mamola	USA	Honda	43.41,8
6.	Christian Sarron	Frankreich	Yamaha	43.49,6
7.	Didier De Radigues	Belgien	Honda	44.23,6
8.	Alfonso Pons	Spanien	Suzuki	44.23,9
9.	Mike Baldwin	USA	Honda	44.24,8
10.	Thierry Espié	Frankreich	Chevallier	44.25,2

1 Runde zurück: 11. Franco Uncini (I) Suzuki; 12. Dave Petersen (SA) Honda; 13. Massimo Messere (I) Honda; **14. Gustav Reiner (D)** Honda; 15. Wolfgang von Muralt (CH) Suzuki; 16. Fabio Biliotti (I) Honda; 17. Alessandro Valesi (I) Honda; 18. Boet Van Dulmen (NL) Honda; 19. Keith Huewen (GB) Honda; 20. Paolo Ferretti (I) Honda; 20. Dimitrios Papandreu (GR) Yamaha.

Schnellste Runde: Freddie Spencer (Honda) in 1.24,91 = 174,000 km/h (neuer Rekord)

Stand der Weltmeisterschaft Pkt.

Lawson	Yamaha	15
Spencer	Honda	12
Gardner	Honda	10
Haslam	Honda	8
Mamola	Honda	6
Sarron	Yamaha	5
De Radigues	Honda	4
Pons	Suzuki	3
Baldwin	Honda	2
Espié	Chevallier	1

Trainingszeiten

Spencer 1.24,20; Lawson 1.25,50; Sarron 1.25,57; Haslam 1.25,67; Gardner 1.25,71; Roche 1.25,78; Mamola 1.26,24; Pons 1.26,69; De Radigues 1.27,11; Baldwin 1.27,14.

Den Gegner im Nacken: Yamaha-As Eddie Lawson im Duell mit Honda-Star Freddie Spencer.

Toni Mang (5), Martin Wimmer (7) und Manfred Herweh (2)

prägten die Kämpfe in der 250 cm³-Klasse mit. Oben: Der Fighter aus Venezuela, Carlos Lavado.

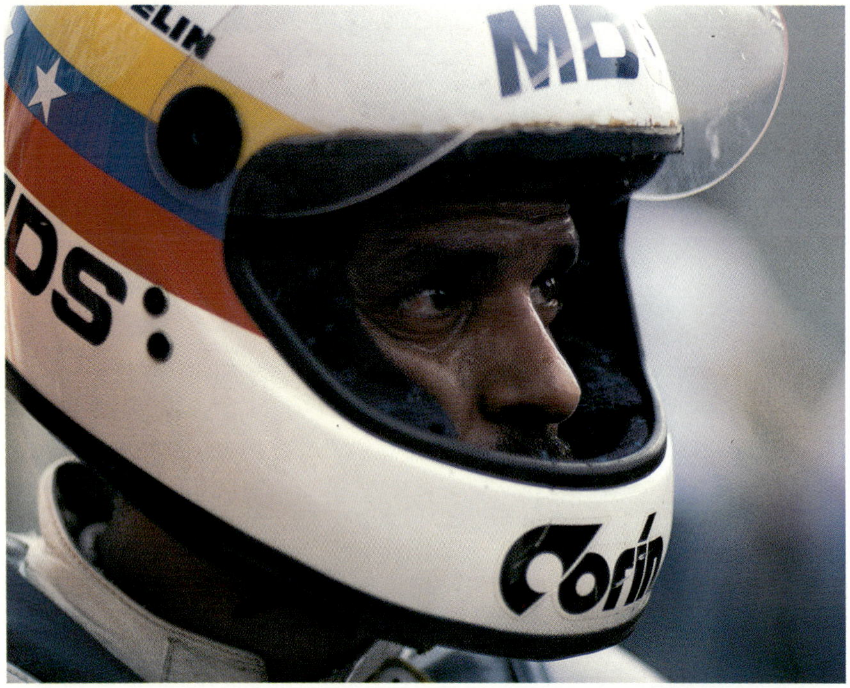

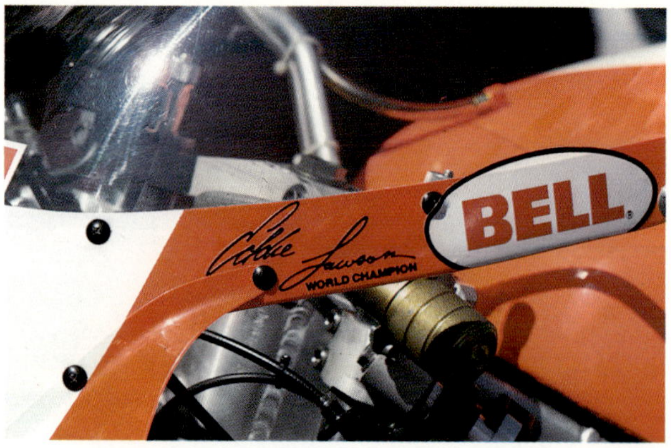
BELL
WORLD CHAMPION

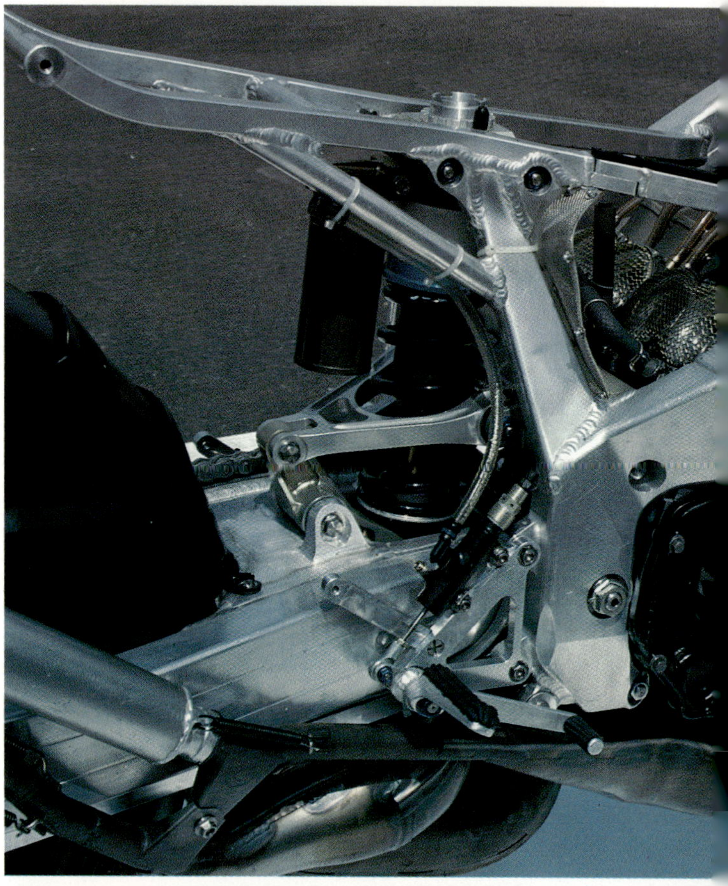

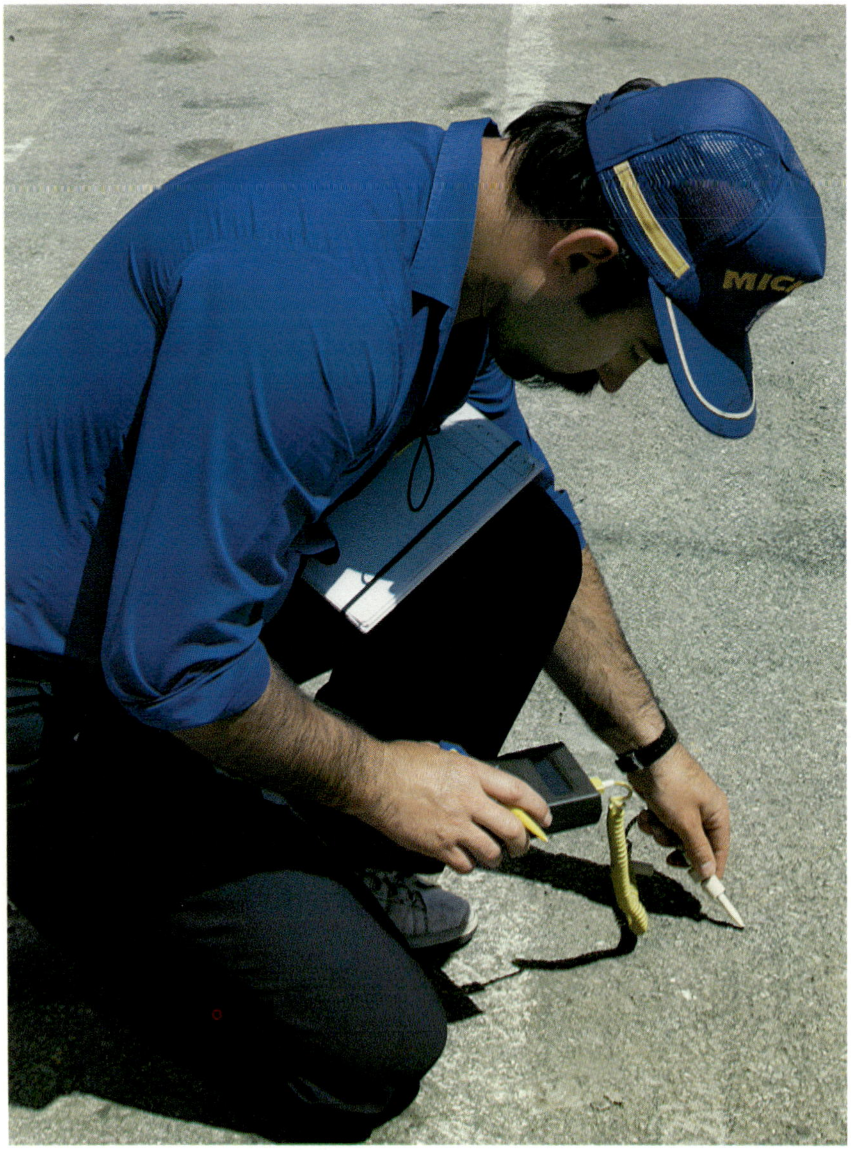

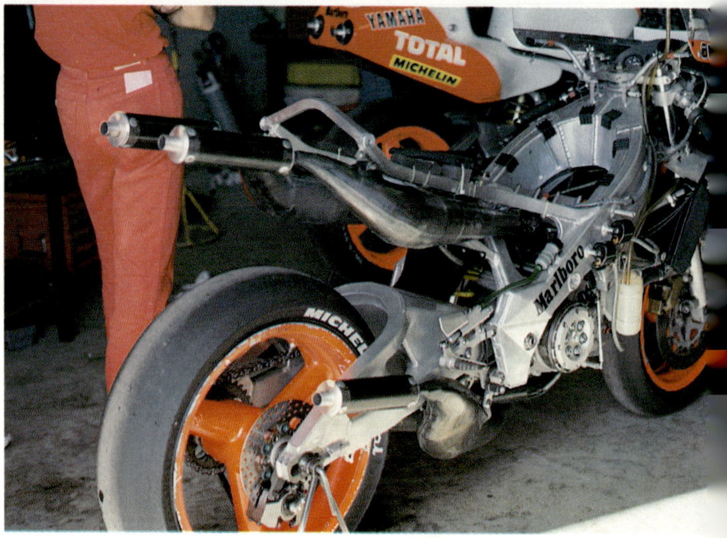
YAMAHA
TOTAL
MICHELIN
Marlboro

Carlos Lavado (ganz links). Darunter: Ein Michelin-Techniker mißt die Temperatur des Belags. Unten mitte: Die neue Honda V-Vierzylinder von Freddie Spencer. Darunter: Die Yamaha 500 cm³; daneben der Knieschutz eines Zweiradakrobaten – Martin Wimmer.
Fahrerfrauen: Alicia Lavado (oben); Colette Mang mit Stopuhren während des Trainings.

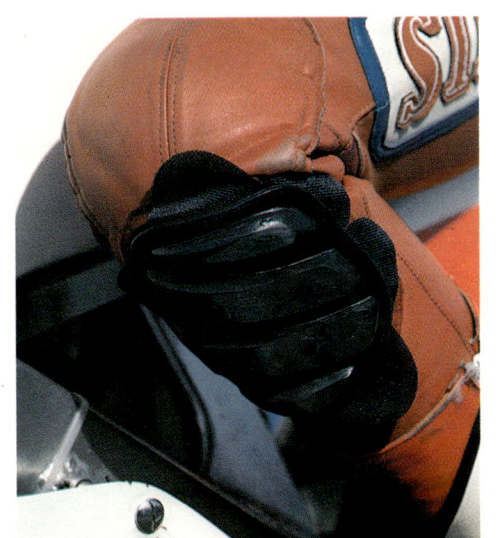

Fausto Gresini mit der 125er Garelli war der Favorit seiner Klasse, ebenso wie Freddie Spencer mit der 250er Honda.

Optisch wirkungsvoll: die elf 2. Christian Sarron, der 250er Weltmeister 1984, behauptete sich tapfer im Feld der 500er Piloten.

Randy Mamola im Kampf gegen den Belgier Didier de Radigues (9) und den Franzosen Raymond Roche.

Grand Prix Spanien
Jarama, 5. Mai

Zuschauer: 100 000
Wetter: 18 Grad, Nordwind
Streckenlänge: 3,312 km

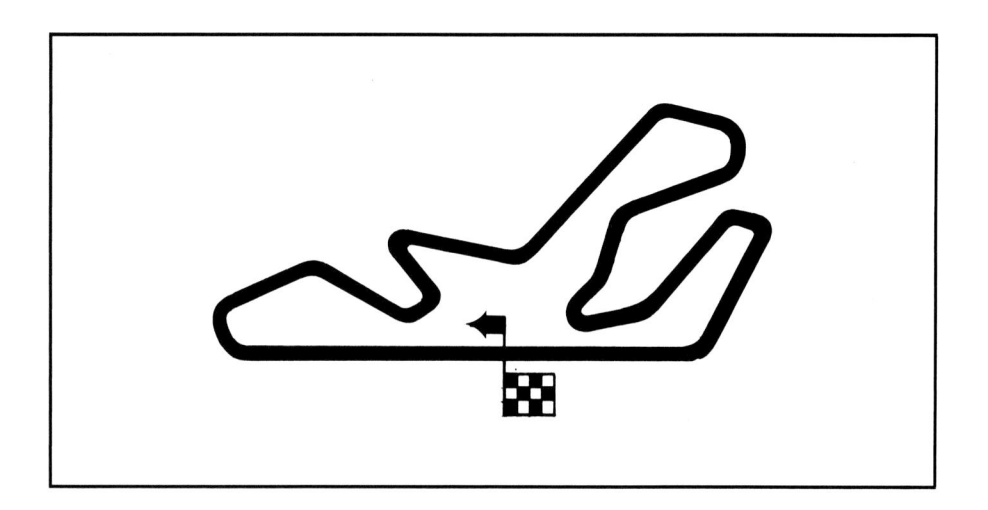

Der Circuito Jarama ist bekannterweise eine der langsamsten Rennstrecken und besteht aus wenigen, sehr kurzen Geraden und vielen Kurven und Biegungen. Daß Freddie Spencer ausgerechnet hier schon im Training den vorjährigen Rundenrekord mit der 250er Honda um mehr als drei Sekunden unterbot, sorgte bei den Viertelliterpiloten für Frustration. Nicht nur die Spitzenfahrer fühlten sich deklassiert; besonders bitter war die Überlegenheit der Honda-Werksmaschine für Leute wie den südafrikanischen Landesmeister Mario Rademeyer, den zweiten Pernod-Mann Jacky Onda, Karl-Thomas Grässel und Hans Bekker, Jacques Bolle auf der Parisienne-Honda oder Patrick Fernandez (letztes Jahr Sieger in Kyalami) – sie alle konnten sich nicht qualifizieren. Nicht nur bei Parisienne sprach man von einer »nicht vorhersehbaren Leistungs-Explosion« und Konstrukteur Jörg Möller mußte unfroh konstatieren, daß Jacques Cornu hinter Harald Eckl auf der Römer nur die 25. Zeit erreicht hatte. Ganz offen kreidete man Honda bei der gesamten Konkurrenz an, die so offensichtliche »Überlegenheit der Werksmaschine mache die Klasse kaputt«.

Speziell frustrierend empfand Toni Mang die für ihn unerquickliche Situation: »Ich kann machen, was ich will – die Werksmaschine hat einfach mehr Leistung, vor allem ›unten drin‹, und ist auch sonst mit allen nur möglichen Raffinessen versehen, während mein Motorrad halt ein normales Serienproduktionsmodell ist.« Kampflos geschlagen aber wollte sich der viermalige Weltmeister nicht geben, ebensowenig wie sich die anderen Topfahrer demoralisieren lassen wollten: Martin Wimmer (»Ich bin sehr zufrieden mit der Leistung meiner Maschine«) glänzte mit der zweitbesten Trainingszeit und Carlos Lavado reagierte auf Spencers Bestzeit (die ihm seine Frau Alicia mit auffordernden Gesten signalisierte), indem er sich in der letzten Runde des Trainings noch zur drittbesten Trainingszeit peitschte.

Nachdem sich das Römer-Team Anfang April wegen nicht behebbarer Differenzen von seinem Tuner Helmut Fath getrennt hatte, war der Motorenkonstrukteur (Erbauer der URS-Vierzylinder) wenige Wochen darauf ins

Wimmer-Camp gewechselt. Fath hatte schon für das Tuning der privaten 250 cm³-Yamaha gesorgt, mit der Phil Read gegen die Werksmaschinen von Rodney Gould und Jarno Saarinen Weltmeister wurde – nun half er der Wimmer-Yamaha auf die Sprünge: Fath fing genau am 22. April an und änderte erstmal die Kanäle und damit die Steuerzeiten (»Die anderen Feinarbeiten brauchen etwas mehr Zeit«); Wimmer konnte sich im Training mit der zweiten Zeit revanchieren. Der Münchner war dann überzeugt, daß sein Motor das schnellste Yamaha-Triebwerk des Feldes war.

Vizeweltmeister Manfred Herweh versuchte nach der Enttäuschung von Kyalami mit abgeänderter Schwinge das Handling-Problem in den Griff zu bekommen.

Im Samstags-Training aber hatte er rabenschwarzes Pech: er stürzte so unglücklich, daß er sich die Hand brach – eine Verletzung, die lange Heilungszeit braucht. Damit war für ihn die Chance dahin, den Erfolg des Vorjahres zu wiederholen.

Herweh war zwar nicht das einzige Sturzopfer, wohl aber erwies sich seine Verletzung als die schlimmste. Ebenfalls im Samstag-Training mußten Loris Reggiani (Schlüsselbein gebrochen), Fausto Gresini (kleiner Finger gebrochen) Thierry Espié (zwei Rippen gebrochen) sowie eine ganze Reihe weiterer Fahrer dem holprigen Gokart-Kurs von Jarama Tribut zollen.

Dem Beispiel ihrer großen Brüder folgen wollten in Jarama Luis Lavado und Dominique Sarron, der eine auf einer Yamaha, der andere auf einer Honda in Rothmans-Farben, mit denen er auch in der Endurance-Weltmeisterschaft an den Start geht – beide scheiterten jedoch an der Qualifikation.

Weltmeister Stefan Dörflinger rollte erstmals die nach dem Sponsor Krauser benannte Achtziger an den Start, die Herbert Rittberger wieder in bewährter Manier präpariert hatte. Mit dem LCR Aluminium-Monocoque-Fahrwerk und vor allem ihren gut 33 PS war die Maschine leistungsmäßig den Konkurrenten Derbi, Seel und HuVo Casal überlegen. Krauser verkauft eine Kleinserie der Maschine (mit ca. 29 PS) für 30000 Mark (Herstellungskosten, so Krauser, knapp 40000 Mark), konnte bisher aber erst sieben Stück absetzen. Neben dem Vierzylinder-Triebwerk für den Einsatz in Rolf Bilands Seitenwagenfahrzeug (das später ebenfalls in Kleinserie gebaut und verkauft werden soll) sind bei Krauser die Entwicklungsarbeiten an einem 125 cm³-Einzylindermotor sowie einem Motor für die 250 cm³-Klasse in Angriff genommen worden.

Während Maurizio Vitali seine neue 250 cm³-Garelli »nach erheblichen Problemen« noch auf den 15. Startplatz stellen konnte, sah sich Angel Nieto wie schon in Kyalami außerstande, die Qualifikation zu schaffen: ihm fehlten sieben Sekunden auf die Zeit von Spencer. Entnervt durch die Schmerzen seiner noch immer nicht ausgeheilten Verletzungsfolgen und seine Hilflosigkeit beim Kurieren der hartnäckigen Kinderkrankheiten seiner Maschine, wollte der 13malige Weltmeister nun das Handtuch werfen und seinen Rücktritt verkünden. Doch bis zu der einberufenen Pressekonferenz gelang es seinem Firmenchef, Daniele Agrati und Rennleiter Roberto Patrignani, Nieto wieder umzustimmen (»Du kannst uns das nicht antun!«) und so verneinte Nieto vor den versammelten Presseleuten jeden Rücktrittsgedanken. Natürlich lobten speziell die spanischen Journalisten euphorisch den »tapferen Durchhaltewillen« des Multichampions, doch Giacomo Agostini sah es realistisch: »Ich weiß aus eigener Erfahrung wie es ist, quasi als lebendes Denkmal dem Sport den Rücken zu kehren. Das ist verdammt hart – im Fall Nieto aber wäre es sicher ein gescheiter Entschluß gewesen.«

Nachdem Eugenio Lazzarini Ende letzter Saison den Helm an den Nagel gehängt hatte, vertraute ihm Garelli-Firmenchef Daniele Agrati die Leitung seines 125er Teams an. Da Garelli alle Kapazitäten in die Entwicklung der 250 cm³-Rennmaschine steckte und die 125er wegen der bevorstehenden Reglementänderung durch die FIM (die für diese Kategorie die Zylinderzahl zukünftig auf einen begrenzt) nicht mehr weiterentwickelt wurde, müssen die beiden blutjungen Piloten Ezio Gianola und Fausto Gresini nun mehr mit ihrer unerschrockenen Angriffslust agieren als mit der in den letzten Jahren durch Nieto so deutlich zur Schau gestellten motorischen Überlegenheit. Gegenspieler der beiden ›jungen Löwen‹ bei Garelli ist der ›alte Fuchs‹ Pierpaolo Bianchi, dreimal Weltmeister dieser Kategorie, dessen MBA-Werksmaschine in der Leistung der Garelli unterlegen ist, der diesen Nachteil aber durch seine schlafwandlerische Sicherheit und Erfahrung sicher zu egalisieren vermag.

Mit einem neuen LCR-Fahrwerk – das ihm Krauser generös zur Verfügung stellte – und seinem bewährten MBA-Motor beteiligte sich auch Bruno Kneubühler wieder an der 125er Weltmeisterschaft. Der 38jährige, auch er ein ›alter Hase‹, kann allerdings in dieser Saison nicht mehr auf Tuning-Tips von Jörg Möller hoffen, der mit seiner Neuschöpfung Parisienne alle Hände voll zu tun hat und so dürfte der Schweizer es schwer haben, sich in der ›italienischen Klasse‹ zu behaupten:

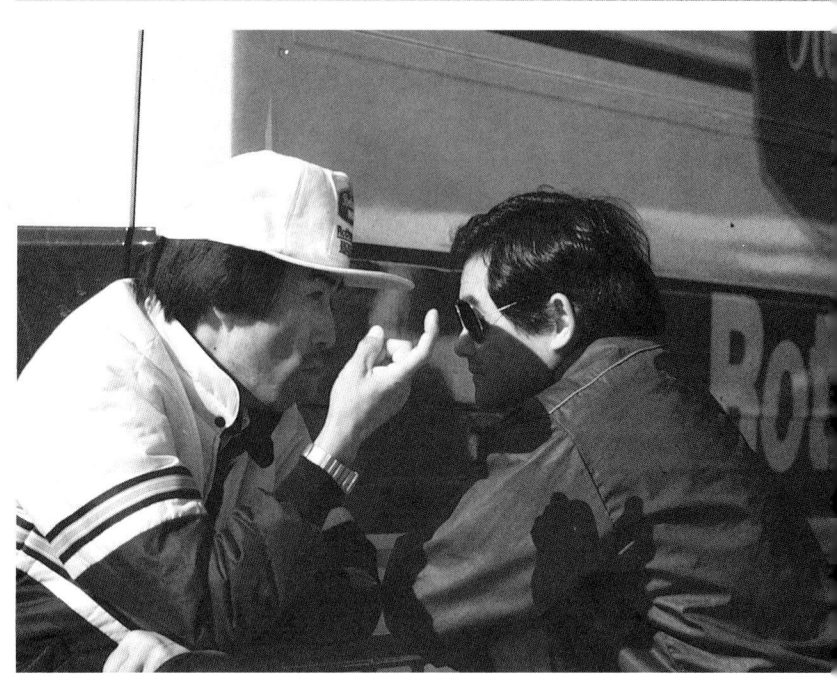

Zuschauer-Rekord in Jarama: 100 000 kamen. Prominentester Besucher war Soichiro Honda, dessen Werksmaschinen ständiger Mittelpunkt waren. Gedankenaustausch: Oguma von Honda und Maekawa von Yamaha.

schon jetzt kann man als sicher annehmen, daß der Titelträger dieser Kategorie italienisch spricht.
Honda-Rennleiter Oguma brachte eine neue Vierzylinder-Maschine aus Japan mit, bei der der Motor weiter vorn als bisher im Fahrwerk sitzt und bei der die in Kyalami zutage getretenen Handling-Probleme ausgemerzt waren. Freddie Spencer testete diese Neue im freien Training zwei Stunden lang und zeigte sich dann »ganz zufrieden«. Trotzdem trainierte er am Freitag früh auch mit der Dreizylinder: »Um sie parat zu haben, sollte ich sie brauchen.«

Mit einem einzigen kurzen Wort umschrieb indessen Randy Mamola den Zustand seiner Maschine. Enttäuscht gab der offiziell als ›Semiwerksfahrer‹ bezeichnete Vizeweltmeister zu, keineswegs das Material bekommen zu haben, das er sich erhofft hatte: »Ich bin in der gleichen Situation wie Toni

Mang. Die Leute glauben, ich fahre eine Werksmaschine – in Wirklichkeit habe ich nur eine Produktionsmaschine, die in der Leistung grausig hinterher hinkt.«

Der sommersprossige Kalifornier erlebte im ersten Training einen haarsträubenden Moment: nach einer schnellen Runde wollte er das Kerzenbild checken lassen und signalisierte sein Vorhaben mit dem herausgestreckten Bein. Im gleichen Augenblick donnerte ihm mit etwa 250 km/h Didier de Radigues ins Heck, der vorgehabt hatte, sich an Mamola zu hängen, um eine gute Zeit zu erzielen. Mamola gelang es unter Aufbietung aller Kraft, die Maschine wieder unter Kontrolle zu bringen, der Belgier jedoch stürzte und zog sich bei seiner anschließenden Rutschpartie auf der Strecke schmerzhafte Abschürfungen zu.

In den grün-weißen Farben seines neuen Sponsors Skoal Bandit trat der Brite Rob McElnea mit der Heron-Suzuki (mit neuem Karbonfiber-Monocoquechassis) auf. Der amerikanische Kautabak-Hersteller gehört zum Konzern US Tobacco und ist bereits im Automobilsport aktiv. Mit Skoal Bandit wuchs die Zahl der Tabakfirmen, die gegenwärtig im Zweiradrennsport als Sponsor agieren, auf sieben: neben Marlboro (Team Agostini und Mang), Rothmans (Honda), Gauloises (Sarron), Parisienne (Cornu und Bolle), HB (Team Gallina) und Johnson (de Radigues) schwört auch die spanische Marke Ducados (Nieto) auf die verkaufsfördernde Reklame ihrer »schnellen Raucher« – von denen die meisten allerdings privat keine Zigarette anrühren.

Daß im Agostini-Team alles andere als die reine Harmonie herrscht, ließ sich in Jarama nicht mehr verbergen. Eddie Lawson grollt seinem Teamchef wegen des Finanz-Schachzugs, mit dem Agostini ihn austrickste und vermied möglichst jedes Wort mit ihm. Und Raymond Roche – obwohl deutlich bevorzugt und in Agostinis Gunst die Nummer eins – hatte Probleme, mit der Yamaha vertraut zu werden und an seine Erfolgsserie vom letzten Jahr anzuknüpfen. Gereizt, verkrampft und unsicher mühte sich der junge Südfranzose, seiner Favoritenrolle im Team gerecht zu werden, wirkte dabei aber wie ein trotziger Junge, der nur darauf wartet, »es den anderen zu zeigen.«

Für ihre einzigen beiden verbliebenen Vertragsfahrer in der 500er Klasse (auch Lawson fährt in diesem Jahr Michelin), Ron Haslam und Wayne Gardner, brachte Dunlop neue Radialreifen (3.50×7.30) nach Spanien. Wie der Brite und der Australier vertrauen auch Toni Mang und Martin Wimmer nach wie vor auf die Dunlop-Pneus, weil – so Mang – »ich mich eigentlich immer auf meine Reifen verlassen kann und die Dunlop-Leute sich wirklich bemühen, Spitzenprodukte herzustellen.«

80 cm³: Derbi-Attacke

Am Start trägt Herbert Rittberger eine sorgenvolle Miene zur Schau: im Training wurden seine beiden besten Motoren defekt. Stefan Dörflinger gelingt ein guter Start, er läßt jedoch dem jungen Jorge Martinez auf der Werks-Derbi drei Runden den Vortritt. Hinter den beiden Spitzenreitern folgen der Holländer Hans Spaan auf einer HuVo-Casal, der 23jährige Österreicher Gerd Kafka auf einer Seel, Gerd Waibel auf der Seel-Real und Manuel Herreros auf der zweiten Werks-Derbi.

Nach einem Gegenzug Dörflingers muß Martinez den Weltmeister passieren lassen, läßt sich dadurch aber nicht den Schneid abkaufen, sondern riskiert auf seiner Hausstrecke Kopf und Kragen und attackiert Dörflinger pausenlos. Nach mehreren Positionswechseln hat Martinez auch in der Endphase wieder die Nase vorn und distanziert den Schweizer bis ins Ziel um fast fünf Sekunden.

Zu den Kämpfern, die sich um die vorderen Plätze balgen, stößt bei Halbdistanz Theo Timmer, gefolgt von Paul Rimmelzwaan. Besonders intensiv duellieren sich Spaan und Herreros um die dritte Position, während Waibel das Tempo nicht ganz halten kann und hinter Kafka und Timmer verdrängt wird. Zwei Runden vor dem Finish überreicht Spaan Herreros seinen dritten Platz auf dem Silbertablett und segelt von der Piste.

Unter dem Jubel der enthusiastischen Zuschauer gewinnt Derbi die Plätze eins und drei, während der Weltmeister sich mit dem zweiten begnügt: »Ich wollte lieber zwölf sichere Punkte holen als ein zu großes Risiko eingehen.«

125 cm³: Azurri-Triumph

Trotz der Schmerzen, die ihm die im Training verletzte Hand bereitet, übernimmt Gresini mit der Garelli sofort die Spitze, dicht gefolgt von Domenico Brigaglia, Jean-Claude Selini, seinem Teamgefährten Ezio Gianola, Bruno Kneubühler und Johnny Wickström. Pierpaolo Bianchi startet dagegen schlecht und braucht fünf Runden, ehe er mit Furioso den dritten Platz an sich reißen kann.

Wenig später rückt er auf den zweiten vor und schickt sich an, den führenden

Freddie Spencer führte die 500 cm³-Honda beim spanischen Grand Prix zu einem überlegenen Sieg.

Gresini anzugreifen, während hinter ihm Gianola, Brigaglia und der ebenfalls vorgedrungene Luca Cadalora einen erbitterten Dreierkampf ausfechten. Im Eifer des Gefechts stürzen Gianola und Cadalora, aber der Garelli-Mann ist schnell wieder im Sattel – für Cadalora jedoch ist das Rennen zu Ende.

Die Ränge sind bald vergeben: Selini hält Wickström und Kneubühler in Schach, dahinter behauptet sich der Schweizer Thierry Feuz vor dem Österreicher Mike Leitner und der Spanier Andres Sanchez versucht, Giuseppe Ascareggis Angriffe abzuwehren, was ihm schließlich im Ziel noch ganz knapp gelingt. In der letzten Runde schafft es Kneubühler dank einer beherzten Attacke, sich vor Wickström den sechsten Platz zu erobern und Leitner verweist Feuz hinter sich.

Gresini verteidigt seine führende Position tapfer bis zur 17. Runde, dann zermürben die Schmerzen seine Moral: er wirft das Handtuch. Kampflos läßt er Bianchi vorbei und rettet sich an zweiter Stelle ins Ziel. Damit belegen vier Italiener die ersten vier Plätze – wahrlich ein Triumph der Azurri.

250 cm³: Rückschlag

Als Sieger des vorangegangenen Halbliterlaufs läßt Freddie Spencer sich Zeit, am Start zu erscheinen: ziemlich außer Atem kommt er erst, nachdem das Feld bereits in der Einführungsrunde ist. Daß er gerade erst ein physisch anstrengendes Rennen hinter sich hat, merkt man ihm jedoch wenig später nicht mehr an, denn ›The Fast‹ geht nach dem Start sofort in Führung – hinter ihm ein Pulk, bestehend aus Alan Carter, Martin Wimmer, Carlos Lavado und Fausto Ricci, während Toni

Beifall für den Sieger der 80er Klasse; den Spanier Jorge Martinez auf Derbi.

Mang nach verhaltenem Start versucht, zu Carlos Cardus und Miguel Reyes aufzuschließen.

Spencer an der Spitze forciert das Tempo von Anfang an so vehement, daß ihn schon nach wenigen Runden ein gewaltiger Abstand zu seinen Verfolgern trennt. Lavado und Wimmer an zweiter und dritter Stelle haben die Honda schon bald aus den Augen verloren. Inzwischen besticht Mang wieder einmal durch die kämpferische Manier, mit der er sich in der zwölften Runde den sechsten und in der 16. Runde sogar den vierten Platz erobert und dabei Ricci hinter sich verweist. Spencer baut seinen Vorsprung ständig ganz konsequent aus, Lavado und Wimmer folgen dahinter, das Interesse aber gilt den Verfolgern Mang–Carter–Reyes, hinter denen sich wiederum Römer-Pilot Reinhold Roth, Garelli-Mann Mauro Vitali und der Österreicher Gustl Auinger auf der Bartol-Spezial belauern.

Spencers Passage in der 19. Runde signalisiert die große Wende: an der Werksmaschine bricht ein Auspuff (ein Loch brennt in den Vorschalldämpfer), sofort verliert der Motor rapide an Leistung. Binnen kurzem ist der Vorsprung des Spitzenreiters zerschmolzen; Lavado, Wimmer, Mang, Carter, Reyes, Ricci, Roth, Vitali und Auinger haben das gewiß seltene Vergnügen, an Spencer vorbeiziehen zu können. Auch Ricci ist in Bedrängnis, weil seine Bremsen defekt sind – der Italiener gibt schließlich vier Runden vor dem Ziel auf.

Einmal an der Spitze, ist Lavado der Sieg nicht mehr zu nehmen. Martin Wimmer verzichtet auf eine letzte Attacke, weil aus der Vordergabel aussprühendes Öl Visier und Frontscheibe verschmiert und ihm die Sicht erschwert. Toni Mang – der im Ziel über schlechtes Handling und Probleme mit der Federung klagt – sichert sich Platz drei. Dank seiner Schlußoffensive kann Roth hinter Carter den fünften Platz erobern, während zwischen Reyes und Vitali noch einmal ein Duell entbrennt, das der Italiener hauchdünn für sich zu entscheiden vermag. Auinger läuft als achter ein und Spencer rettet seine kranke Honda an neunter Stelle ins Ziel. Auf die erstaunte Frage eines italienischen Journalisten, warum um alles in der Welt er denn nicht längst aufgegeben habe und statt dessen »so weit hinten herumkrebse«, fertigt ihn Spencer kühl ab: »Mancher Titel wurde schon mit einem einzigen Punkt entschieden. Ich bin Profi genug, um zu wissen, daß man nicht zwei Punkte einfach sausen läßt.«

Enttäuscht zeigt sich Jean-Francois Baldé auf der Pernod über den zehnten Rang: »Ich hatte mir mehr erhofft.« Auch bei Parisienne löste Cornus elfter Platz keinen Jubel aus, das Schweizer Team ist aber realistisch genug, einzusehen, daß eine Neuentwicklung nicht auf Anhieb siegreich sein kann.

Weil er sich im Training bei einem Sturz das Schlüsselbein gebrochen hatte, verzichtete Loris Reggiani auf den Start. Auch Harald Eckl hatte sich im Training die Schulter lädiert, startete aber trotzdem.

500 cm³:
Premiere für Soichiro Honda

Per Hubschrauber hatte sich am Vormittag Soichiro Honda einfliegen lassen. Der 79jährige Firmengründer – zur Zeit auf einem Europa-Trip – wollte die Gelegenheit nutzen, ›seine‹ Rennmaschinen mit eigenen Augen siegen zu sehen. Der alte Herr, dessen Herz seit jeher für den Rennsport schlug, freute sich sehr, hier auch seinen ehemaligen Star der kleinen Hubraumklassen, Luigi Taveri, zu treffen, der mit seinen technischen Wunderwerken (die 125er Honda von 1965 besaß fünf Zylinder und drehte über 22 000/min!) drei Weltmeisterschaften

Lawson war die Betroffenheit über seine Niederlage deutlich anzusehen; Sarron freute sich mit Sieger Spencer.

errungen hatte und ebenfalls zum Zuschauen gekommen war.

Soichiro Honda ließ es sich nicht nehmen, in den Sattel von Katayamas Dreizylindermaschine zu steigen und dort für die Fotografen zu posieren – erstarrte aber sichtlich, als er erfuhr, sein Star Freddie Spencer sei im morgendlichen Warm-up von der Piste in die Strohballen gesegelt und habe sich den Daumen verletzt. Obwohl sein Daumen stark anschwoll und ihm nicht geringe Schmerzen bereitete, gab sich Freddie Spencer vor dem Start doch recht zuversichtlich: »Ich muß direkt froh sein, daß das passiert ist – ich wäre sonst mit völlig ungeeigneten Reifen ins Rennen gegangen.« Michelin hatte Spencer (und auch Lawson!) am Renntag einen Reifentyp mit extrem harter Mischung empfohlen – eine Vorsichtsmaßnahme, die bei den im Training herrschenden hohen Temperaturen in Verbindung mit dem rauhen Streckenbelag und den vielen Kurven sicherlich richtig gewesen wäre – kühle Temperaturen am Renntag aber ließen den Reifen nicht warm werden, was schließlich zu Spencers Sturz führte. Nach seinem Ausrutscher wählte Spencer sofort einen Reifentyp mit weicherer Mischung; Lawson dagegen blieb bei der Empfehlung der Michelin-Techniker.

Wegen eines Wolkenbruchs verzögert sich der Start um über eine halbe Stunde. Bereits an die Startlinie eliminiert sich Franco Uncini: auf dem noch feuchten Markierungsstrich rutscht das Heck der Suzuki weg, als der Exweltmeister das Gas aufreißt – Ende der Vorstellung.

Ron Haslam fabriziert einen seiner gewohnten Raketenstarts und setzt sich an die Spitze des Feldes, dicht gefolgt von Didier de Radigues, Wayne Gardner und Rob McElnea. Freddie Spencer startet schlecht, Eddie Lawson noch schlechter – beide Kontrahenten benötigen einige Runden, ehe sie sich bis zur Spitze durchgewühlt haben. Beide sind auch wenig zimperlich beim Passieren von Konkurrenten. Randy Mamola schildert: »Auf diesem Mickey-Maus-Kurs bin ich voll beschäftigt, meine siebte Position zu verbessern, als Freddie sich an mir vorbeizwängt – ich muß, um eine Karambolage zu verhindern, in die Wiese und fliege plötzlich in hohem Bogen aus dem Sattel!« Der Kalifornier war mit dem Vorderrad in ein Loch geraten.

Ron Haslam liegt nach fünf Runden noch immer an der Spitze. »Plötzlich«, so der als besonders defensiv bekannte junge Brite, »taucht Eddie im Kurveninneren neben mir auf, fetzt vorbei und drängt mich dabei in die Wiese.« Haslam stürzt, geht aber an 20. Stelle wieder ins Rennen.

Spencer hat keine Mühe mehr, die Spitze zu halten; absolut überlegen und völlig unangefochten fährt er den Sieg nach Hause und wird über 13 Sekunden vor dem zweitplazierten abgewunken.

Lawson indessen hat Probleme. Zwar gelingt es dem Weltmeister, in Runde sechs die zweite Position zu erobern, doch hat er keine Chance auf einen Angriff Spencers und muß sich klar geschlagen geben: »Ich habe einen großen Fehler gemacht und die falschen Reifen gewählt. Sie fuhren sich wie auf Glatteis!«

250er Weltmeister Christian Sarron beeindruckt durch die große Souveränität, mit der er seine Gauloises-Yamaha auf den dritten Platz steuert. Diesen dritten belegt bis zur zehnten Runde Takazumi Katayama, den die Anwesenheit seines Firmenchefs offenbar so anspornt. Soichiro Honda kann dann life miterleben, weshalb Takazumi sich den Beinamen ›Kamikaze-Katayama‹ einhandelte: spektakulär fliegt der Japaner von der Strecke.

KLASSE 80 cm³

22 Runden = 72,864 km

1. Jorge Martinez	Spanien	Derbi	37.55,93 = 115,256 km/h
2. Stefan Dörflinger	Schweiz	Krauser	38.00,83
3. Manuel Herreros	Spanien	Derbi	38.08,95
4. Gerd Kafka	Österreich	Seel	38.48,59
5. Theo Timmer	Niederlande	HuVo Casal	39.01,63
6. Gerhard Waibel	Deutschland	Seel Real	39.10,55
7. Paul Rimmelzwaan	Niederlande	Harmsen	39.34,89
8. Richard Bay	Deutschland	Rupp EB	1 Runde zurück
9. Jean Velay	Frankreich	GMV	1 Runde zurück
10. Bernd Rossbach	Deutschland	HuVo Casal	1 Runde zurück

11. Salvatore Milano (I) Casal; **12. Michael Gschwander (D)** HuVo Casal. 2 Runden zurück: 13. H. Grenwis (I) Bultaco; 14. Serge Julin (B) Casal; 15. Rainer Koster (CH) LCR; **16. Thomas Engl (D)** Esch; 17. Chris Baert (B) Eberhardt; 18. Ramiro Blanco (E) Minarelli. 12 Fahrer nicht klassifiziert.

Schnellste Runde: Jorge Martinez (Derbi) in 1.40,00 = 119,233 km/h (Rekord)

Stand der Weltmeisterschaft   Pkt.

Martinez	Derbi	15
Dörflinger	Krauser	12
Herreros	Derbi	10
Kafka	Seel	8
Timmer	HuVo Casal	6
Waibel	Seel Real	5
Rimmelzwaan	Harmsen	4
Bay	Rupp EB	3
Velay	GMV	2
Rossbach	HuVo Casal	1

Trainingszeiten

Dörflinger 1.39,19; Martinez 1.39,29; Spaan 1.40,32; Herreros 1.42,57; Timmer 1.43,39; Kafka 1.44,33; Waibel 1.45,34; Bolart 1.45,70; Rimmelzwaan 1.46,44; Van Kessel 1.47,21.

KLASSE 125 cm³

28 Runden = 92,737 km

1. Pierpaolo Bianchi	Italien	MBA	45.35,45 = 122,047 km/h
2. Fausto Gresini	Italien	Garelli	45.48,01
3. Domenico Brigaglia	Italien	MBA	46.03,13
4. Ezio Gianola	Italien	Garelli	46.22,21
5. Jean Selini	Frankreich	MBA	46.29,29
6. Bruno Kneubühler	Schweiz	LCR	46.32,21
7. Johnny Wickström	Finnland	Tunturi	46.32,73
8. Mike Leitner	Österreich	MBA	46.40,31
9. Thierry Feuz	Schweiz	MBA	46.43,25
10. Andres Sanchez	Spanien	MBA	46.51,10

11. Guiseppe Ascareggi (I) MBA 46.51,74; 12. Lucio Pietroniro (B) MBA 47.00,54; **13. Willi Hupperich (D)** Seel 47.07,99; 14. Michel Escudier (F) GMV 47.10,09; 15. Jussi Hautamieni (SF) MVA 47.16,01. 1 Runde zurück: 16. Fernando Gonzales (E) MBA; 17. Jacques Hutteau (F) MBA; 18. Robin Appleyard (GB) MBA; 19. Willi Perez (RA) Zanella; **20. Helmut Lichtenberg (D)** MBA. Weitere sechs Fahrer im Ziel. Neun Fahrer nicht klassifiziert.

Schnellste Runde: Pierpaolo Bianchi (MBA) in 1.35,55 = 124,786 km/h (Rekord)

Stand der Weltmeisterschaft   Pkt.

Bianchi	MBA	15
Gresini	Garelli	12
Brigaglia	MBA	10
Gianola	Garelli	8
Selini	MBA	6
Kneubühler	LCR	5
Wickström	Tunturi	4
Leitner	MBA	3
Feuz	MBA	2
Sanchez	MBA	1

Trainingszeiten

Cadalora 1.36,07; Gresini 1.36,27; Gianola 1.36,55; Bianchi 1.36,81; Auinger 1.37,07; Brigaglia 1.37,23; Wickström 1.38,28; Kneubühler 1.38,58; Selini 1.38,70; Pietroniro 1.39,77.

Nach einer haarsträubenden Kollission in der dritten Runde mit de Radigues findet sich Wayne Gardner an 24. Stelle wieder, während der Belgier einen Sturz vermeiden kann und nur einige Plätze einbüßt. Gardner bietet dann eine fabelhafte Aufholjagd, bei der er kein Risiko scheut (»Schließlich wollte ich mich vor Mister Honda von meiner besten Seite zeigen«) und die ihm am Ende noch den großartigen vierten Platz einbringt – nur eine Sekunde hinter Sarron!

Weit abgeschlagen bringt Raymond Roche seine Werks-Yamaha als fünfter ins Ziel. Der Franzose beklagt aber nicht etwa, auch die falschen Reifen bekommen zu haben, sondern mangelnde Dämpferwirkung an der Vordergabel. In der Endphase sieht sich de Radigues noch den Angriffen des Amerikaners Mike Baldwin ausgesetzt, vermag sich aber erfolgreich zu wehren und belegt Platz sechs.

Zwar einmal überrundet, aber kämpferisch mit seiner Leistung zufrieden, sichert sich Ron Haslam vor Sito Pons und Fabio Biliotti den achten Rang.

Unter den 15 Ausgeschiedenen ist auch McElnea, dem in der 17. Runde an fünfter Position liegend das Vorderrad wegschmiert, sowie Boet van Dulmen, den nach zehn Runden ein Motordefekt aus dem Rennen wirft.

Sieger Freddie Spencer bleibt kaum Zeit, die Gratulation von Soichiro Honda entgegenzunehmen und etwas zu verschnaufen, ehe er wieder an den Start muß. Schmerzt der Daumen, wird er gefragt. »Er tut höllisch weh – aber natürlich längst nicht so, wie wenn ich nicht gewonnen hätte.«

KLASSE 250 cm³

31 Runden = 102,673 km

1. Carlos Lavado	Venezuela	Yamaha	46.09,59	= 127,916 km/h
2. Martin Wimmer	Deutschland	Yamaha	48.13,40	
3. Anton Mang	Deutschland	Honda	48.24,95	
4. Alan Carter	England	Honda	48.35,57	
5. Reinhold Roth	Deutschland	Römer	48.39,85	
6. Maurizio Vitali	Italien	Garelli	48.40,12	
7. Luis Reyes	Spanien	JJ Cobas	48.40,61	
8. August Auinger	Österreich	Bartol	48.48,98	
9. Freddie Spencer	USA	Honda	48.52,58	
10. Jean-F. Baldé	Frankreich	Pernod	49.04,77	

11. Jacques Cornu (CH) Parisienne 49.17,04; 12. Jean Foray (F) Chevallier 49.17,22; 13. Roland Freymond (CH) Yamaha 49.20,66; 14. Michael Galbit (F) Yamaha 49.30,57; 15. Geoffrey Fowler (GB) Arbizu 49.31,13. 1 Runde zurück: 16. Jean-Louis Guignabodet (F) MIG; 17. Ivan Palazzese (Ven) Yamaha; 18. Juan Garriga (E) JJ Cobas; 19. Philippe Pagano (F) Yamaha; 20. Massimo Matteoni (I) Honda. 14 Fahrer nicht klassifiziert.

Schnellste Runde: Freddie Spencer (Honda) in 1.32,05 = 129,531 km/h (Rekord)

Stand der Weltmeisterschaft Pkt.

Lavado	Yamaha	23
Mang	Honda	22
Wimmer	Yamaha	18
Spencer	Honda	17
Rademeyer	Yamaha	10
Carter	Honda	8
Roth	Römer	6
Cardus	JJ Cobas	5
Vitali	Garelli	5
Baldé	Pernod	5

Trainingszeiten

Spencer 1.30,62; Wimmer 1.31,65; Lavado 1.31,76; Cardus 1.32,37; Roth 1.32,50; Mang 1.32,51; Mattioli 1.32,66; Auinger 1.32,85; Baldé 1.32,98; MacKenzie 1.33,03.

KLASSE 500 cm³

37 Runden = 122,545 km

1. Freddie Spencer	USA	Honda	56.04,78	= 131,112 km/h
2. Eddie Lawson	USA	Yamaha	56.18,09	
3. Christian Sarron	Frankreich	Yamaha	56.33,36	
4. Wayne Gardner	Australien	Honda	56.34,36	
5. Raymond Roche	Frankreich	Yamaha	57.16,73	
6. Didier de Radigues	Belgien	Honda	57.21,76	
7. Mike Baldwin	USA	Honda	57.23,20	
8. Ron Haslam	England	Honda	1 Runde zurück	
9. Alfonso Pons	Spanien	Suzuki	1 Runde zurück	
10. Fabio Biliotti	Italien	Honda	1 Runde zurück	

11. Henk v.d. Mark (NL) Honda; **12. Klaus Klein (D) Suzuki;** 13. Wolfgang von Muralt (CH) Suzuki; 14. Louis Maiso (F) Honda; 15. Eero Hyvarini (SF) Honda. 2 Runden zurück: 16. Andres Perez (E) Suzuki. 3 Runden zurück: 17. Simon Buckmaster (GB) Suzuki; 18. Carlos Morante (E) Suzuki. 15 Fahrer nicht klassifiziert.

Schnellste Runde: Freddie Spencer (Honda) 1.28,99 = 133,985 km/h (Rekord)

Stand der Weltmeisterschaft Pkt.

Spencer	Honda	27
Lawson	Yamaha	27
Gardner	Honda	18
Sarron	Yamaha	15
Haslam	Honda	11
De Radigues	Honda	9
Mamola	Honda	6
Roche	Yamaha	6
Pons	Suzuki	5
Espié	Chevallier	1

Trainingszeiten

Lawson 1.28,60; Spencer 1.28,63; Gardner 1.28,70; McElnea 1.30,13; Haslam 1.30,17; Mamola 1.30,39; Katayama 1.30,51; Roche 1.30,70; Sarron 1.30,85; Pons 1.31,09.

Grand Prix Deutschland
Motodrom Hockenheim, 19. Mai

Zuschauer: 140 000
Wetter: Regen
Streckenlänge: 6,788 km

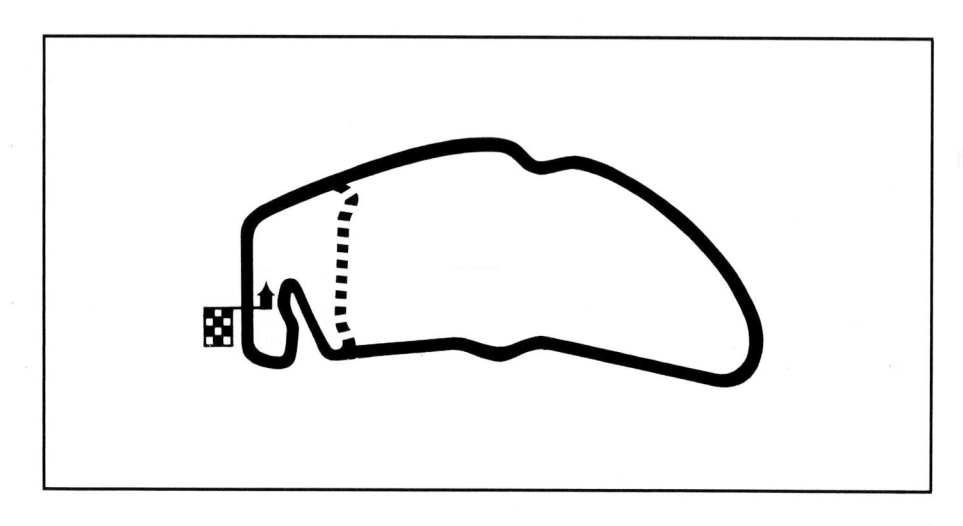

Das gebrochene rechte Handgelenk im Gipsverband, beobachtete Vize-Weltmeister Manfred Herweh das Training mit Wehmut: »Diese Saison ist für mich gelaufen.« Daß er vor heimischem Publikum und auf seiner Hausstrecke – Lampertheim ist nur 30 Kilometer entfernt – zur Untätigkeit verdammt war, schmerzte ihn umso mehr, als er gerade in Hockenheim seinen ersten Grand Prix-Sieg feiern konnte (1982 in der Klasse 350 cm^3). »Seither war ich allerdings hier vom Pech verfolgt und hätte zu gern mal wieder ein gutes Ergebnis gehabt.«

Auch Gustl Reiner konnte nur als Zuschauer dabei sein: nach seinem Sturz in Jarama war sein Schlüsselbein operativ behandelt worden, aber noch nicht so weit verheilt, daß eine Teilnahme des Schwaben möglich gewesen wäre. Zum dritten Mal hintereinander scheiterte Angel Nieto an der Qualifikationshürde. Für Teamchef Roberto Patrignani resultierte die Erfolglosigkeit des Spaniers in dessen Unlust, sich mit den Abstimmungsproblemen der neuen Garelli herumzuschlagen und so verordnete er Nieto resolut eine Zwangspause bis zur Dutch TT: »Er soll jetzt ganz konsequent seine alte Verletzung ausheilen, dann kann er hoffentlich wieder mit voller Motivation einsteigen. Bis dahin wird Vitali als unsere Nummer eins fungieren.«

»Bis in die Haarwurzeln motiviert« war der junge österreichische Nachwuchsfahrer Hans Lindner nach seinem großartigen Erfolg beim Europameisterschaftslauf eine Woche zuvor auf dem Salzburgring. Der 21jährige Salzburger wird von Michael Schafleitner hervorragend betreut, der seinen Rotax-Motor (in einem Bakker-Rahmen) tunt und das neue Talent systematisch aufbaut. Auf Grund seines Sieges auf dem Salzburgring durfte Lindner in Hockenheim an der Qualifikation teilnehmen und schaffte bei seinem Weltmeisterschaftsdebut (trotz eines spektakulären Sturzes im Abschlußtraining) die 13. Zeit.

Ebenfalls sein WM-Debut erlebte der neue Vierzylinder-Krausermotor in der Seitenwagenklasse, die in Hockenheim Saisonauftakt hatte. Rolf Biland fuhr die Neukonstruktion allerdings nur einmal im Training, weil er kein Risiko eingehen wollte – erstmals im Rennen eingesetzt werden soll das

Martin Wimmer gelang in Hockenheim ein Sieg und damit der Beweis, daß Spencer nicht immer unbezwingbar ist.

Triebwerk eventuell in Assen.
Mit einem neuen Beifahrer nahm Vize-Weltmeister Werner Schwärzel seine 13. Grand Prix-Saison in Angriff, nachdem Andreas Huber dem Sport Valet sagte. Der neue Passagier Fritz Buck passte sich erstaunlich schnell an und mit ihm eroberte sich der achtmalige Deutsche Meister Schwärzel ohne viel Aufhebens die Pole-Position, vor den Weltmeistern Streuer/Schnieders und Biland/Waltisperg, die sich für 1985 zusätzlich einen Sponsorvertrag mit Rothmans-Suisse aushandeln konnten.

Daß Freddie Spencer noch im Abschlußtraining seine Bestzeit unterbot, ließ Weltmeister Eddie Lawson (»Ich bin doch nicht darauf versessen, aus der Pole-Position zu starten«) ebenso kalt wie die Tatsache, daß Raymond Roche seine teaminterne Favoritenrolle demonstrativ ablegte, indem er Lawson bei der Abstimmung der Maschine um Rat fragte (»Ich habe eben mehr Erfahrung damit«). Als Lawson – der mit Agostini kaum noch ein Wort wechselt – aber hörte, sein Teamchef habe gegen Virginio Ferrari wegen »übler Nachrede und Verleumdung« eine Klage vor Gericht angestrengt, war der Kalifornier doch perplex. Bekanntlich hatte Agostini Ende letzter Saison Ferrari wegen Unfähigkeit gefeuert und der hatte sich dafür gerächt, indem er der italienischen Presse detailliert darüber Aufschluß gab, wieviel Geld er für den Platz im Team berappt habe und mit welch schlechtem Material er dafür abgespeist worden war. Sinnierte Lawson: »Graeme Crosby ging schon im Streit, Kenny Roberts hatte auch seine Probleme mit Ago – und nun ich. Aber an mir beißt er sich die Zähne aus.«

Nachdem Honda sämtliche Unterstützung exklusiv auf Freddie Spencer konzentriert und die anderen Fahrer ihre Probleme ziemlich auf sich allein gestellt lösen müssen, rüstete zum Beispiel Katayama seine Maschine mit einem Fahrwerk von Nico Bakker um, das die erheblichen Handling-Schwierigkeiten mit dem Originalchassis ausmerzen sollte. Didier de Radigues rüstete auf ein Chevallier-Fahrwerk um und auch Randy Mamola testete ein solches, setzte es aber im Rennen nicht ein, weil es ihm zu unerprobt war.

Nachdem er die viertbeste Trainingszeit realisiert hatte, überlegte Christian Sarron: »Die amerikanischen Fahrer sliden und driften wie Parterreakrobaten durch die Kurven – komischerweise habe ich meine schnellste Zeit ganz ohne solche Aktionen erreicht.«

80 cm³: Klare Sache

Auf dem nassen Hockenheimring will Stefan Dörflinger von Anfang an klare Verhältnisse schaffen – nur ganz kurz läßt der 36jährige Weltmeister dem Spanier Jorge Martinez auf der Derbi die Spitze, bremst ihn dann rigoros aus und behält seine führende Position bis ins Ziel ganz unangefochten.

Technische Probleme verhindern, daß die beiden Derbi-Fahrer ihren Erfolg von Jarama wiederholen können. Martinez scheidet wegen Zündkerzendefekts (Kerzenstein zerbrochen) schon nach der ersten Runde aus und Herreros wird nach neun Runden aus der Wertung genommen, weil er für eine Runde über sechs Minuten benötigte: er hatte seine defekte Kette repariert.

Über die gesamten elf Runden okkupiert Gerhard Waibel mit seiner Seel-Real den zweiten Platz, den er – neun Sekunden hinter Dörflinger, aber mit großem Vorsprung vor seinen Verfolgern – sicher bis ins Ziel hält. Erst um den dritten Platz muß gekämpft werden, denn der junge Österreicher Gerd Kafka auf einer privaten Seel wird von dem britischen Newcomer Ian McConnachie auf einer privaten Krauser hart bedrängt. In der Endphase stellte McConnachie seine Attacken allerdings ein: »Ich wollte lieber auf dem vierten Platz beenden als kurz vor dem Finish noch stürzen.«

Unangefochten erobert sich der junge Stefan Prein vor Hans Spaan und Richard Koberstein den fünften Rang; Theo Timmer, Serge Julin und Richard Bay auf den folgenden Plätzen sind bereits deutlich abgeschlagen.

125 cm²: Austria-Triumph

Der Garelli-Teamchef des 125er Rennstalls, Eugenio Lazzarini, setzt für Hockenheim einen dritten Mann ein: Luca Cadalora soll Gresini und Gianola unterstützen – hauptsächlich wohl gegen die MBA-Konkurrenz von Pierpaolo Bianchi. Doch angesichts der Nässe schrumpft die sonst so virile Risikobereitschaft der Italiener, speziell als die Ausfälle sich häufen und mehrere Konkurrenten ihre Fahrt im Aus beenden.

Bianchi führt vom Start durch die erste Runde vor dem Belgier Olivier Liegeois, Cadalora, Gresini, Kneubühler und dem Franzosen Selini, sowie Alfred Waibel und Gustl Auinger. Nach kleineren Scharmützeln an der Spitze des Feldes richten sich die Führenden auf ihren Positionen ein – durch ihren Gischt müht sich indessen Auinger nach vorn und obwohl der österreichische Privatier auf der von Harald Bartol getunten MBA oft kaum die Hand vor Augen sieht, gelingt es ihm, nach zwei Dritteln der Distanz die Spitze an sich zu reißen.

Niemand wagt es dann noch, Auinger etwa zu attackieren, der mit einem Riesenvorsprung von fast 13 Sekunden ge-

Start zum ersten Lauf des Tages im Motodrom von Hockenheim, dem Regenrennen der 250 cm³-Klasse.

winnt: ein feiner Erfolg nicht nur für den Österreicher, sondern auch für den Techniker Harald Bartol.

Knapp verläuft die Entscheidung um den zweiten Platz: nur wenige Meter vor seinem Jäger Bianchi rettet sich Gresini ins Ziel und beiden ist ihr Landsmann Domenico Brigaglia hart auf den Fersen.

Alfred Waibel erobert sich dank beherzter Fahrweise den fünften Platz, mit großem Abstand zu Liegeois und Kneubühler, dessen anlaufendes Visier ihm die Sicht und den Vormarsch verdirbt; Esa Kytola, Willi Hupperich und Johnny Wickström folgen auf den Plätzen.

Zu den vielen nicht ins Ziel gekommenen zählen auch Lucio Pietroniro und Selini (Zündschaden), Gianola (Sturz nach Gasschieberdefekt), Giuseppe Ascareggi (Zünddefekt) und Cadalora (Aufgabe wegen schlechter Sicht).

250 cm³: Wimmer immer vorn

In strömendem Regen – die Tribünen sind dennoch voll besetzt – eröffnen die 250er Maschinen das Programm.

Martin Wimmer und sein Tuner Helmut Fath.

Manfred Wimmer und Toni Mang gehen als einzige der Spitzenfahrer mit Dunlop-Reifen ins Rennen, die gerade im Regen ihre Vorzüge haben – und beide hoffen inständig, daß der Regen bleibt. Freddie Spencer dagegen ist überzeugt, daß es »bald« zu regnen aufhört und läßt deshalb vorn einen Intermediate-Reifen aufziehen.

Nach perfektem Start prescht Wimmer an die Spitze des Feldes, hinter ihm passieren Mang, Alan Carter, Carlos Lavado, Spencer, Carlos Cardus, Gary Noel, Jean Foray, Michel Mattioli und Loris Reggiani. Eingangs der zweiten Runde ist es Toni Mang, der das Feld anführt, doch Wimmer verdrängt ihn sofort wieder hinter sich. Und dann exponiert sich der Münchner an der Spitze derart, daß keiner seiner Verfolger mehr zu ihm aufschließen kann. Wimmer zischt so respektlos und absolut unbeeindruckt von den Witterungsverhältnissen über den Kurs, daß sein Vorsprung kontinuierlich wächst und er mit einem klaren elf Sekunden-Plus als Sieger abgewunken wird.

Spencer drängt sich in der zweiten Runde an dritte Stelle, belauert Mang, attackiert den Bayern aber erst in der sechstletzten Runde und passiert ihn schließlich in der Runde darauf. Spencer: »Mit dem Intermediate-Reifen habe ich die falsche Wahl getroffen – ich bin gerutscht wie auf Glatteis.« Aber auch Mang hat Probleme, weil sein Visier beschlägt; er öffnet es einmal kurz – da löst es sich zu seinem Schreck aus der Halterung und fliegt weg. »Im Blindflug« quält sich Mang über die restliche Distanz, verzichtet auf einen Angriff auf Spencer und begnügt sich mit seinem sicheren dritten Platz.

Jarama-Sieger Carlos Lavado sieht diesmal das Ziel nicht: bis zur sechsten Runde sinkt er auf Rang fünf ab, weil das Yamaha-Powervalve nicht richtig arbeitet und gibt auf, als es endgültig defekt wird.

Beeindruckend konstant hält Alan Carter ab der zweiten Runde den vierten Platz: »Ich wollte auf keinen Fall zuviel riskieren und unbedingt ins Ziel kommen, weil ich das Preisgeld notwendig dazu brauche, um die Reise nach Mugello bezahlen zu können.« Fausto Ricci, sein Markengefährte auf der Italien-Honda, ist weniger erfolgreich: sein Motor wird bereits in der Einführungsrunde defekt. Maurizio Vitali mit der Werks-Garelli hat übrigens das gleiche Pech.

Um den fünften Platz fighten Carlos Cardus, Loris Reggiani, Miguel Reyes, Jean Foray und Donnie McLeod; bis auf den Franzosen alle mit Rotax-Motoren. Cardus vermag für sich zu entscheiden; Reggiani rutscht am Ende noch an neunte Stelle, während McLeod Reyes und Foray bezwingt.

Nach völlig mißlungenem Start rangiert Reinhold Roth im Hinterfeld und benötigt die halbe Distanz, um bis auf den 15. Platz vorzudringen: couragiert erobert sich der Allgäuer doch noch den elften Platz. Sein Teamgefährte Harald Eckl fabriziert einen noch schlechteren Start und wird gar nur 26. Deprimiert konstatieren die beiden Römer-Fahrer, daß Martin Wimmer auf seiner von (ihrem abtrünnigen Tuner) Helmut Fath präparierten Maschine siegte, »während wir«, so Eckl, »in den Wind schauen.«

Jacques Cornu passiert anfangs als elfter, büßt seine Chance aber durch einen Bremsdefekt ein und landet auf Platz 19, während sein Parisienne-Teamkollege Pierre Bolle auf der Honda nach einem Duell mit Mattioli hinter dem Franzosen als Dreizehnter einläuft.

In seinem ersten Grand Prix plaziert sich Hans Lindner an 30. und letzter Stelle – sicherlich zum letzten Mal, denn er hat das Talent, um vorne mitzumischen.

Jean-Francois Baldé ist nicht nur für sein stets bereites strahlendes Lächeln bekannt, sondern auch für sein schier

Martin Wimmer führte sein Rennen vom Start bis ins Ziel.

unerschöpfliches Reservoir an Erklärungen für seine Probleme. In Hockenheim allerdings gingen ihm die Argumente aus, als er seinen ungewohnt niedrigen 22. Rang kommentieren sollte; er rang sich lediglich ein knappes »merde« ab.

500 cm³: Regen-Zauberer Sarron

»So ein Fehler passiert mir nicht noch mal« meinte Freddie Spencer nach dem 250er Rennen, ließ sich eingehend von den Michelin-Leuten beraten und vertraute dann ganz auf deren Vorschlag, übrigens ebenso wie Eddie Lawson: den neuen Radial-Regenreifen.

Hektik breitet sich kurz vor dem Start zur Einführungsrunde im Gauloise-Camp aus: Christian Sarrons Vierzylinder-Yamaha läuft nur auf zwei Zylindern. Eilig wird die Ersatzmaschine fertiggemacht und mit den Rädern bzw. Reifen bestückt, die der Franzose für dieses Rennen wählte: vorn den PR 14 (den jeder Reifenhändler im Sortiment hat) und hinten den konventionellen Regenreifen. ›Rocket‹-Ron Haslam prescht als erster in die Ostkurve, gefolgt von Freddie Spencer und belauert von Didier de Radigues, Randy Mamola, Sito Pons, Wayne Gardner und Christian Sarron. Im Regengischt ereignet sich der erste Sturz: der amerikanische Hondafahrer Mike Baldwin kariolt spektakulär von der Piste. Wenig später reißt Spencer die Führung an sich und beginnt sofort, sich von seinen Verfolgern abzusetzen. Haslam behauptet sich an zweiter Stelle, während Lawson an McElnea, Mamola und De Radigues vorbeidonnert und Platz drei übernimmt.

Sarron sondiert unterdessen das Ter-

»Regen-Zauberer« Christian Sarron (oben als jubelnder Sieger) bezwang »Fast Freddie« Spencer im 500er Lauf.

rain, schiebt sich dann unaufhaltsam nach vorn und passiert in der vierten Runde bereits an vierter Stelle. Er läßt Lawson hinter sich, der keine Gegenwehr leistet, verweist dann Haslam auf Rang drei und hat kurz darauf auch den führenden Spencer ein- und überholt. Das sieht so mühelos aus, daß man folgern muß, bei Spencer laufe nicht alles hundertprozentig.

Einmal an der Spitze, erweist sich Christian Sarron als so überlegen, daß niemand ihm mehr nahekommen kann. Der 29jährige aus Clermont-Ferrand (dem Sitz von Michelin) gewinnt seinen ersten 500er Grand Prix und stellt damit zwei Rekorde auf: nach Pierre Monneret, der 1954 in Reims auf einer Gilera gewann, steht er als erster Franzose wieder auf dem Siegerpodest und nach fast dreijähriger Dominanz der US-Fahrer beendet er deren Siegesserie – Franco Uncini war der letzte Europäer (1982 in Silverstone), der einen 500er Grand Prix siegreich beendete; acht Tage später siegte in Anderstorp Takazumi Katayama und dann standen 29 Mal hintereinander Amerikaner ganz oben auf dem Podest.

Sarron strahlt im Ziel vor Freude: »Seit ich vor acht Jahren hier – auch im Regen – meinen ersten WM-Lauf gewann, liebe ich den Hockenheimring.« Eine besondere Genugtuung ist es für den Franzosen, allen gezeigt zu haben, daß er auf nasser Strecke der Schnellste ist: »Wenn ich es einrichten könnte, würde ich es bei allen Grand Prix regnen lassen...«

Spencer beendet fast zwölf Sekunden hinter Sarron als zweiter. Nachdem er die Honda zum Stehen gebracht hat, wird deutlich, warum er an diesem Tag geschlagen wurde: sein Hinterreifen ist ohne jedes Profil: »Das flog schon nach wenigen Runden in Fetzen davon.« Trotzdem ist der Honda-Star nicht unglücklich über seinen zweiten Platz: »Ich liege jetzt in der Wertung klar vorne, das ist mir das wichtigste.«

Ron Haslam bringt seine Dunlop-bereifte Honda »ohne jedes Problem« an dritter Stelle ins Ziel; Eddie Lawson aber, der als vierter ins Ziel kommt, ist bereits deutlich distanziert. Auch bei ihm ist der Hinterreifen völlig zerfetzt – da wunderte nicht nur er sich, daß Sarron bei seiner Reifenwahl so viel mehr Glück hatte.

Randy Mamola und De Radigues duellieren sich ab der sechsten Runde um den fünften Platz – den sich jedoch der Belgier sichert, als Mamola sein immer

Die fliegenden Holländer Egbert Streuer und Bernard Schnieders in ihrer schnellen Barclay-Zigarre.

stärker beschlagendes Visier zunehmend die Sicht raubt und er deshalb den Anschluß verliert; er wird schließlich hinter Gardner und McElnea achter. Sito Pons erobert mit der Gallina-Suzuki vor Boet Van Dulmen den neunten Platz.

Weil er mit der Yamaha (die übrigens mit denselben Reifen wie die von Sarron bestückt ist) auf nasser Strecke überhaupt keinen Rhythmus findet, beschränkt sich Raymond Roche auf recht zaghafte Bewegungen des Gasdrehgriffs – deshalb muß er sich auch eine Überrundung gefallen lassen und rollt – sichtlich beschämt – als dreizehnter über die Linie.

Exweltmeister Franco Uncini gibt deprimiert nach acht Runden wegen Fahrwerksproblemen auf und der Südafrikaner Dave Peterson stürzt in der viertletzten Runde – zu dem Zeitpunkt an 13. Stelle – und poliert anschließend auf eine Länge von etwa hundert Metern den Asphalt mit seinem Hosenboden.

Gespanne: Favoriten im Abseits

Die Exweltmeister Rolf Biland/Kurt Waltisperg gehen als klare Favoriten in diesen ersten Dreirad-Lauf der Saison, aber auch die Niederländer Egbert Streuer/Bernard Schnieders gelten als amtierende Weltmeister als Sieganwärter. Beide Teams jedoch fallen falscher Reifenwahl zum Opfer: sie gehen mit weichen Regenreifen ins Rennen und weil es während des letzten Wettbewerbs des Tages aufhört zu regnen und die Bahn schnell abtrocknet, geraten sie in erhebliche Schwierigkeiten.

Um wenigstens eine gute Plazierung zu retten, drosseln die beiden Spitzenreiter, also Biland und Streuer, nach hartem Duell gegeneinander nach dem ersten Drittel das Tempo, müssen dafür aber in Kauf nehmen, daß sie sofort überholt werden.

Werner Schwärzel und sein neuer Passagier Fritz Buck nämlich sind mit einem besser geeigneten Antriebsreifen unterwegs und münzen diesen Vorteil sofort um, indem sie die Führung übernehmen, die sie dank ihres hervorragend präparierten Motors so rigoros ausbauen können, daß ihnen der Sieg nicht zu nehmen ist.

Eine kleine Sensation bedeutet die Vorstellung des 25jährigen Engländers Steve Webster mit seinem Beifahrer Tony Hewitt: in der Endphase des Rennens zwingt er sein Gefährt an Streuer vorbei, verweist den Weltmeister hinter sich und erobert sich den zweiten Platz!

Nach konstanter Fahrt beenden die Zurbrügg-Brüde an fünfter Position, sicher vor den Franzosen Alain Michel/Jean-Marc Fresc. Michel war hervorragend gestartet – so rasant, daß er um ein Haar auf Schwärzel aufprallt, überstürtzt bremsen muß, dabei den Motor abwürgt und erst als Letzter hinter dem Feld herhetzen kann. Immerhin bringt seine Aufholjagd noch fünf WM-Punkte für den sechsten Rang. Zwei weitere Schweizer Teams belegen die Plätze: Hügli/Schütz sichern sich mit Abstand den siebten Platz vor den Gebrüdern Egloff und hinter den Österreichern Stropek/Demling plaziert sich die vierte Eidgenossen-Crew in den Punkten: Christinat/Fahrni.

Die Briten Derek Jones/Brian Ayres stürzen an achter Position liegend in der vierten Runde in der Schikane und warten dort das Ende des Rennens ab. So sind sie zur Stelle, als einige Runden später dort Hein VanDrie und sein Co Jain Colquhoun spektakulär stürzen, wobei sich das Dreirad umdreht und Van Drie darunter einklemmt. Jones und Ayres befreien den Holländer, der nach kurzer Reparatur das Rennen wieder aufnimmt und noch 16. wird. Rolf Steinhausen und Bruno Hiller bringen die von Dieter Busch präparierte neue ARO bei ihrem Debut auf den 13. Rang.

KLASSE 80 cm³

11 Runden = 74,657 km

1. Stefan Dörflinger	Schweiz	Krauser	31.23,76 = 142,674 km/h
2. Gerhard Waibel	Deutschland	Seel Real	31.32,79
3. Gerd Kafka	Österreich	Seel	31.37,04
4. Ian McConnachie	England	Krauser	31.40,60
5. Stefan Prein	Deutschland	HuVo Casal	32.26,43
6. Hans Spaan	Niederlande	HuVo Casal	32.28,51
7. Reinhard Koberstein	Deutschland	Seel	32.33,83
8. Theo Timmer	Niederlande	HuVo Casal	32.47,80
9. Serge Julin	Belgien	Casal	33.00,46
10. Richard Bay	Deutschland	Rupp EB	33.01,97

11. P. Rimmelzwaan (NL) Harmsen 33.05,15; **12.** B. Rossbach (D) HuVo Casal 33.13,20; 13. J. Velay (F) GMV 33.30,49; 14. J. Van Dongen (NL) Casal 33.34,13; 15. H. Koopmann (NL) Ziegler 33.38,76; **16.** G. Schirnhofer (D) Krauser 33.40,19; **20.** J. Auer (D) Eberhardt; **23.** T. Engl (D) Esch-Seel; **24.** G. Maussner (D) HuVo Casal; jeweils eine Runde zurück. Weitere acht Fahrer im Ziel; 12 Fahrer nicht klassifiziert.

Schnellste Runde: Stefan Dörflinger (Krauser) 2.48,53 = 144,978 km/h
Rekordhalter: Stefan Dörflinger (Kreidler) 2.46,05 = 147,135 km/h (1983)

Stand der Weltmeisterschaft Pkt.

Dörflinger	Krauser	27
Kafka	Seel	18
Waibel	Seel Real	17
Martinez	Derbi	15
Herreros	Derbi	10
McConnachie	Krauser	8
Timmer	HuVo Casal	6
Prein	HuVo Casal	6
Spaan	HuVo Casal	5
Rimmelzwaan	Harmsen	4

Trainingszeiten

Dörflinger 2.32,61; Martinez 2.33,82; Spaan 2.35,68; Herreros 2.36,31; McConnachie 2.37,95; Waibel 2.39,18; Timmer 2.39,79; Kunz 2.40,99; Kafka 2.41,13; Van Kessel 2.41,33.

KLASSE 125 cm³

14 Runden = 95,018 km

1. August Auinger	Österreich	MBA	38.00,74 = 149,979 km/h
2. Fausto Gresini	Italien	Garelli	38.13,63
3. Pierpaolo Bianchi	Italien	MBA	38.13,79
4. Domenico Brigaglia	Italien	MBA	38.14,49
5. Alfred Waibel	Deutschland	Spezial	38.17,53
6. Olivier Liegeois	Belgien	MBA	38.26,84
7. Bruno Kneubühler	Schweiz	LCR	38.40,50
8. Esa Kytola	Finnland	MBA	38.45,81
9. Willi Hupperich	Deutschland	Seel	38.51,28
10. Johnny Wickström	Finnland	MBA	39.19,50

11. J. Hautaniemi (SF) MBA 39.30,96; 12. M. Leitner (A) MBA 39.33,65; 13. T. Feuz (CH) MBA 39.41,74; 14. W. Perez (RA) MBA 39.54,57; **15.** W. Lücke (D) MBA 40.26,13; **16.** H. Lichtenberg (D) Seel MBA 40.28,25. Weitere elf Fahrer im Ziel; 16 Fahrer nicht klassifiziert.

Schnellste Runde: August Auinger (MBA) 2.38,35 = 154,298 km/h
Rekordhalter: Angel Nieto (Garelli) 2.26,00 = 167,341 km/h (1983)

Stand der Weltmeisterschaft Pkt.

Bianchi	MBA	25
Gresini	Garelli	24
Brigaglia	MBA	18
Auinger	MBA	15
Kneubühler	LCR	9
Gianola	Garelli	8
Selini	MBA	6
Waibel	Waibel Sp	6
Liegeois	MBA	5
Wickström	Tunturi	5

Trainingszeiten

Bianchi 2.24,98; Kneubühler 2.25,26; Gianola 2.25,68; Gresini 2.25,78; Cadalora 2.26,91; Auinger 2.27,12; Selini 2.27,24; Liegeois 2.28,18; Feuz 2.28,60; Hafeneger 2.29,02.

KLASSE 250 cm³

16 Runden = 108,592 km

1.	Martin Wimmer	Deutschland	Yamaha	39.56,50 = 163,125 km/h
2.	Freddie Spencer	USA	Honda	40.07,53
3.	Anton Mang	Deutschland	Honda	40.15,90
4.	Alan Carter	England	Honda	40.37,78
5.	Carlos Cardus	Spanien	JJ Cobas	40.47,62
6.	Donnie McLeod	England	Armstrong	40.55,66
7.	Luis Reyes	Spanien	JJ Cobas	40.56,25
8.	Jean Foray	Frankreich	Chevallier	40.57,19
9.	Loris Reggiani	Italien	Aprilia	40.58,41
10.	Thierry Rapicault	Frankreich	Yamaha	41.14,64

11. R. Roth (D) Römer 41.22,99; 12. J.-M. Mattioli (F) Yamaha 41.27,90; 13. P. Bolle (F) Honda 41.28,37; 14. C. Pittet (CH) Yamaha 41.29,93; 15. E. Weibel (CH) Yamaha 41.35,46; **18.** K. Grässel (D) Honda 41.51,37; **20.** H. Becker (D) Yamaha 42.04,94. 1 Runde zurück: **26.** H. Eckl (D) Römer; **29.** K. Hefele (D) Yamaha. Weiter elf Fahrer im Ziel; elf Fahrer nicht klassifiziert.

Schnellste Runde: Martin Wimmer (Yamaha) 2.27,48 = 165,671 km/h
Rekordhalter: Thierry Espié (Pernod) 2.19,93 = 174,656 km/h (1982)

Stand der Weltmeisterschaft Pkt.

Wimmer	Yamaha	33
Mang	Honda	32
Spencer	Honda	29
Lavado	Yamaha	23
Carter	Honda	16
Cardus	Cobas	11
Rademeyer	Yamaha	10
Roth	Römer	8
Reyes	Cobas	8
Vitali	Garelli	5

Trainingszeiten

Spencer 2.15,66; Wimmer 2.16,01; Mang 2.16,69; Lavado 2.16,90; Roth 2.17,16; Auinger 2.17,41; Vitali 2.17,43; Ricci 2.17,45; Carter 2.17,84; Reggiani 2.17,91.

KLASSE 500 cm³

19 Runden = 128.953 km

1.	Christian Sarron	Frankreich	Yamaha	45.05,23 = 171,604 km/h
2.	Freddie Spencer	USA	Honda	45.16,83
3.	Ron Haslam	England	Honda	45.20,59
4.	Eddie Lawson	USA	Yamaha	45.45,34
5.	Didier De Radigues	Belgien	Honda	46.03,82
6.	Wayne Gardner	Australien	Honda	46.04,73
7.	Rob McElnea	England	Suzuki	46.18,29
8.	Randy Mamola	USA	Honda	46.29,90
9.	Alfonso Pons	Spanien	Suzuki	46.34,46
10.	Boet Van Dulmen	Niederlande	Honda	46.40,57

11. T. Katayama (Jap) Honda 46.58,15. 1 Runde zurück: 12. N. Robinson (Irl) Suzuki 13. R. Roche (F) Yamaha; 14. M. Gentile (CH) Yamaha; **15.** K. Klein (D) Bakker PVM; **17.** M. Fischer (D) Honda; **19.** M. Fischer (D) Honda; **20.** R. Sauter (D) Suzuki; **22.** A. Woditsch (D) Yamaha. Weitere elf Fahrer im Ziel; elf Fahrer nicht klassifiziert.

Schnellste Runde: Christian Sarron (Yamaha) 2.19,68 = 174,922 km/h
Rekordhalter: Freddie Spencer (Honda) 2.09,16 = 189,215 km/h (1982)

Stand der Weltmeisterschaft Pkt.

Spencer	Honda	39
Lawson	Yamaha	35
Sarron	Yamaha	30
Gardner	Honda	23
Haslam	Honda	21
De Radigues	Honda	15
Mamola	Honda	9
Pons	Suzuki	7
Roche	Yamaha	6
McElnea	Suzuki	4

Trainingszeiten

Spencer 2.05,35; Lawson 2.06,10; Roche 2.07,01; Sarron 2.07,59; Haslam 2.07,93; De Radigues 2.07,96; Gardner 2.08,26; Katayama 2.08,91; Mamola 2.09,05; McElnea 2.10,64.

KLASSE GESPANNE

14 Runden = 95,032 km

1.	W. Schwärzel / F. Buck	D	LCR Yam	35.10,05 = 164,124 km/h
2.	S. Webster / T. Hewitt	GB	LCR Yam	35.12,81
3.	E. Streuer / B. Schnieders	NL	LCR Yam	35.14,79
4.	R. Biland / K. Waltisperg	CH	LCR Yam	35.23,30
5.	A. Zurbrügg / M. Zurbrügg	CH	LCR Yam	35.41,82
6.	A. Michel / J.-M. Fresc	F	Krauser	35.49,71
7.	H. Hügli / J. Schütz	CH	Yamaha	35.55,35
8.	M. Egloff / U. Egloff	CH	Yamaha	36.21,60
9.	W. Stropek / H. Demling	A	Yamaha	36.56,85
10.	H. Christinat / C. Fahrni	CH	Yamaha	36.58,61

11. F. Wrathall / P. Spendlove (GB) Yamaha; 12. T. Smith / P. Brown (GB) Yamaha; **13.** R. Steinhausen / H. Hiller (D) ARO; 14. M. Boddice / C. Birks (GB) Yamaha; 15. M Kooij / M. de Groep (NL) Yamaha; **17.** H. Berger / C. Hänni (D) LCR Yam; **22.** H. Weber / R. Haggenmüller (D) LCR. Weitere vier Gespanne im Ziel.

Schnellste Runde: Steve Webster / Tony Hewitt (LCR Yamaha) 2.28,76 = 164,245 km/h
Rekordhalter: Rolf Biland / Kurt Waltisperg (LCR Yamaha) 2.21,04 = 173,28 km/h (1981)

Stand der Weltmeisterschaft Pkt.

Schwärzel/Buck	LCR Yam	15
Webster/Hewitt	LCR Yam	12
Streuer/Schnieders	LCR Yam	10
Biland/Waltisperg	LCR Yam	8
Zurbrügg/Zurbrügg	LCR Yam	6
Michel/Fresc	Krauser	5
Hügli/Schütz	Yamaha	4
Egloff/Egloff	Yamaha	3
Stropek/Demling	Yamaha	2
Christinat/Fahrni	Yamaha	1

Trainingszeiten

Schwärzel 2.16,90; Streuer 2.16,94; Biland 2.17,35; Michel 2.18,29; Webster 2.19,41; Zurbrügg 2.20,02; Bailey 2.20,20; Hügli 2.22,01; Van Drie 2.22,18; Abbott 2.22,58.

Grand Prix Italien
Autodromo Mugello, 25. und 26. Mai

Zuschauer: 65 000
Wetter: 25 Grad (25.)
28 Grad (26.)
Streckenlänge: 5,245 km

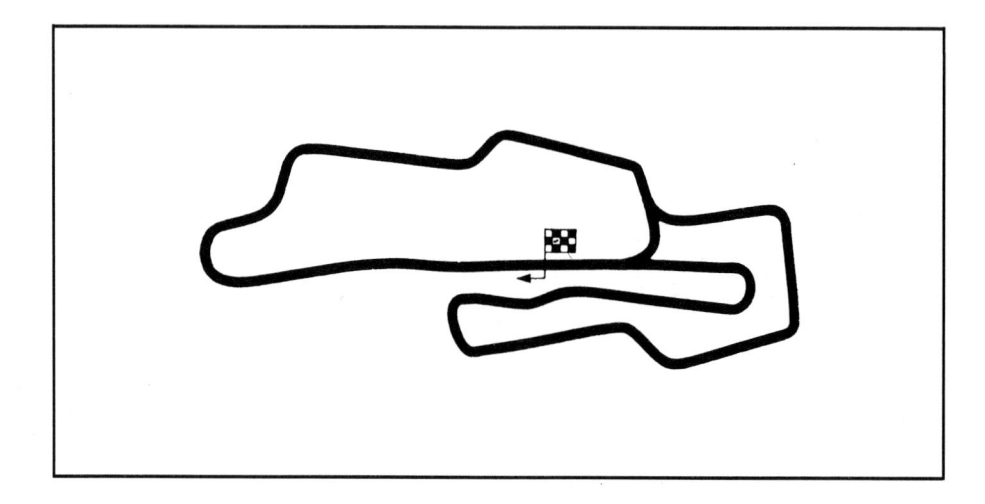

Die Niederlage im Regen von Hockenheim zwang Weltmeister Eddie Lawson zu einer realistischen Einschätzung seiner Situation – verflogen war die Euphorie nach seinem Sieg in Kyalami und als frustrierend empfand der Kalifornier die harte Landung auf dem Boden der Tatsachen: »Seit Kyalami hat Honda Spencers Maschine kontinuierlich verbessert – an meiner dagegen änderte sich nicht eine Schraube und je besser die Honda wird, desto deutlicher wird meine Unterlegenheit.«
Die manifestierte sich tatsächlich bei Messungen, die Longines auf der Ziel-Geraden vornahm: während Lawson mit 266, 267 und 270 km/h gestoppt wurde, erreichte Spencer 274, 276 und endlich gar 278 km/h. Lawson: »Wie soll ich mich motivieren, wenn ich mit der Gewißheit an den Start gehe, im besten Fall Zweiter werden zu können. Ich hoffe, Japan schickt bald besseres Material, sonst steh' ich auf verlorenem Posten.«
Sichtlich bedrückt quälte sich Lawson durch die vier Trainings-Sessions und verschwand jeweils unmittelbar danach in seinem Wohnmobil – daß er in seinem Team ziemlich isoliert war, stand außer Frage. Zunehmend enervierend war für Lawson auch sein Zerwürfnis mit Teamchef Agostini, der allerdings – nicht ohne Häme – jede Schuld daran von sich wies: »Lawson hat einen Vertrag unterschrieben. Wenn ihm dessen Bedingungen nicht zusagten, hätte er ihn nicht unterschreiben sollen. Offenbar mangelt es ihm an Geschäftstüchtigkeit – mir allerdings nicht.« Lawson hat inzwischen schon eine Entscheidung getroffen: »Für ein von Agostini gemanagtes Team fahre ich nächstes Jahr keinesfalls mehr – lieber verzichte ich auf die Teilnahme an der Weltmeisterschaft.«
Besessen von dem Wunsch, sich endlich zu profilieren, riskierte Raymond Roche im zweiten Training alles: Spencer hatte mit 2.01,48 bereits eine Fabelzeit hingelegt (die nicht mehr unterboten wurde und ihm die Pole-Position sicherte), und Roche versuchte nun, möglichst nahe an den Honda-Star heranzukommen. Tatsächlich realisierte der Franzose erst 2.01,67 und setzte in der nächsten Runde noch einmal alles auf eine Karte. Diesen Kraftakt aber nahm die Yamaha übel und brach aus; Roche verlor die Gewalt über die Ma-

Wayne Gardner profilierte sich als aggressiver Kämpfer, der mit Risiko und Mut seinen Platz in den Top Ten erfocht.

schine und stürzte, wobei er sich am rechten Fuß eine Zehe bis auf den Knochen abschrubbte.

Der als diffizil bekannte Kurs forderte schon im Training viele Stürze heraus: so rutschten Katayama, McElnea, Gardner und der Japaner Tadahiko Taira (auf einer vierten Werks-Yamaha, die er jedoch nur hier und in Österreich einsetzt und mit der er dann wieder die Läufe um die Japanische Meisterschaft bestreitet) von der Piste, aber auch Mang, Carter und Vitali, sowie mehrere andere Fahrer. Der einzige, der bei diesen Ausrutschern ernsthafte Verletzungen davontrug, war der holländische HuVo-Casal-Werksfahrer Hans Spaan, der die Hüfte und einige Rippen brach.

Eugenio Lazzarini brachte für Ezio Gianola ein neues Semi-Monoshock-Fahrwerk nach Mugello, das der 125er Garelli ein besseres Fahrverhalten bringen soll und Gianola besonders deshalb gefiel, weil bei ihm der Schwerpunkt positiv verlagert ist.

Um Jacques Cornu – der seit seinem Unfall im letzten Jahr noch sehr oft unter Kopfschmerz leidet – zu entlasten und den Druck von ihm zu nehmen, ständig genaue technische Angaben zur Weiterentwicklung bzw. Verbesserung der Parisienne zu machen, nahm Teamchef Métraux eine Umgruppierung vor: Cornu fährt ab sofort die Honda und Pierre Bolle die Parisienne.

Pernod verzichtete auf die Teilnahme und erschien nicht in Mugello. Das augenfällige Leistungsmanko ihrer Motoren (die Teamchef Christian Estrosi nach Tests im Frühjahr selbstbewußt als »wettbewerbsfähig« bezeichnet hatte) bewog die Franzosen, zwischen drei Alternativen zu wählen: entweder ganz aufzuhören, den eigenen Motor weiterzuentwickeln, oder – was wesentlich billiger wäre – Yamaha-Motoren einzusetzen. Bis zum Jugoslawien-Grand Prix in Rijeka wollen die Pernod-Leute sich Zeit für ihre Entscheidung lassen – inzwischen hat Alain Chavallier neue, spezielle Zylinder für das Pernod-Triebwerk in Arbeit.

Nach Testfahrten in der Vorwoche weigerte sich Marco Lucchinelli, die neue Cagiva schon in Mugello einzusetzen: »Wir haben soviele Probleme, daß es sinnlos ist, jetzt schon anzutreten. Eventuell ist an ein Debut in Jugoslawien zu denken.« Die neue Gagiva C10/V mit dem bulligen Aussehen des Firmenwahrzeichens, eines Elefanten, besitzt ein Fahrwerk, bei dessen Konzept man sich offenbar an der Honda orientierte, während der Motor eindeutig von der Yamaha inspiriert ist.

Die Gebrüder Castiglioni – Eigentümer von Cagiva – bestanden darauf, daß nur Teile und Zubehör italienischer Hersteller bei der Cagiva Verwendung finden dürfen: »Wir wollen eine rein italienische Rennmaschine«, für deren zukünftige Einsätze Teammanager Gilberto Milani neben Marco Lucchinelli »noch einen jungen aggressiven Fahrer« rekrutieren will.

In seiner gewohnt kühl-disziplinierten Art absolvierte Freddie Spencer das Training. Das Umsteigen von der großen auf die kleine Honda und umgekehrt bereitete ihm keine sichtbaren Probleme, er meinte jedoch: »Zwei Rennen hintereinander zu fahren ist

Randy Mamola führt vor Freddie Spencer, Rob McElnea auf der Suzuki,

Didier de Radigues und den beiden Yamaha-Piloten Raymond Roche und Eddie Lawson.

leicht. Schwieriger ist das Training, denn hier muß die eigentliche Arbeit geleistet werden: beide Maschinen – die sich in der Charakteristik ja sehr unterscheiden – so hundertprozentig abzustimmen, daß sie im Rennen tadellos laufen, das erfordert pausenlose Konzentration und die völlige Umstellung von einer Maschine auf die andere.«

80 cm³: Viva Espana!

Daß Weltmeister Stefan Dörflinger im Training zwei Sekunden schneller als die Derbi und fünf Sekunden schneller als die Seel und die HuVo-Casal war, reduziert die Zuversicht seiner Konkurrenten gewaltig.
Doch am Renntag ist die Situation umgedreht. Durch die erste halbe Runde führt Theo Timmer (HuVo-Casal) vor Gerhard Waibel (Seel-Real), Gerd Kafka (Seel), Ian McConnachie (Krauser) und Dörflinger. Aber schon drängt sich Jorge Martinez auf der Derbi vor und passiert in der zweiten Runde als Spitzenreiter vor Dörflinger, Waibel, Kafka, McConnachie, Casanova und Timmer. Dörflinger versucht in der vierten Runde eine Attacke auf Martinez, muß jedoch konstatieren, daß sein Motor nicht die gewohnte Leistung bringt und etabliert sich deshalb auf seinem zweiten Platz.
Bald trennt das Feld ein gewaltiger Abstand zu den beiden Führenden, zudem lichtet es sich zusehends: Kafka bricht in der vierten Runde das Hinterrad aus (Sturz); Van Kessel (Motordefekt) und Timmer (Sturz) scheiden in der neunten Runde aus; Reinhard Koberstein (Seel) und Waibel stürzen in der 13. Runde; Casanova in der 15.
Martinez distanziert Dörflinger bis zur 13. Runde um zwölf Sekunden; der

**Moderner Raubritter:
Honda-Star Freddie Spencer.**

Krauser-Mann gerät in der Runde darauf unter starken Beschuß: nach schlechtem Start (14. Position in der zweiten Runde) katapultiert sich Manuel Herreros auf der zweiten Derbi mit solchem Nachdruck durchs Feld, daß er zwei Runden vor dem Ende des Rennens Dörflinger in Blickweite hat. Herreros attackiert und passiert den Schweizer in der vorletzten Runde und beschert Derbi damit einen beachtlichen Doppelerfolg.
Mit großem Abstand vor Paul Rimmelzwaan sichert sich der 20jährige Brite McConnachie den vierten Platz; der Spanier Juan Bolart auf seinem ›Autisa‹ genannten Fahrzeug profitiert von den Ausfällen und rückt durch sie auf Rang sechs vor. Der Franzose Velay und der Italiener Tabanelli duellieren sich bis ins Ziel um Rang sieben; die beiden letzten in den Punkten einlaufenden Fahrer – Jamie Lodge und Günther Schirnhofer – sind bereits überrundet.

125 cm³: Italiener vorn

Bereits am Samstag steht die Achtelliterklasse auf dem Programm. Hockenheim-Sieger Gustl Auinger startet zwar aus der Pole-Position, ist aber von einem ganzen Rudel Italiener (Gresini, Bianchi, Gianola, Ascareggi) umzingelt, zwischen die sich noch Kneubühler, Pietroniro, Gerd Waibel und Selini mischen.
Bereits nach der ersten Runde vergibt Fausto Gresini seine Chancen, indem er im Eifer des Gefechts von der Piste kariolt. Um sich aus dem Schußfeld der überzogen risikobereiten jungen Draufgänger zu entfernen, übernimmt Pierpaolo Bianchi die Führung, kann seine Verfolger aber nicht abschütteln. Im dichten Pulk jagen Auinger, Kneubühler, Ascareggi, Pietroniro, Selini, Waibel und Gianola hinter Bianchi her und in der vierten Runde gelingt es Auinger sogar einmal, sich vor Bianchi in Führung zu schieben. Als der Österreicher in der Runde darauf eine weitere Attacke gegen Bianchi versucht, überfordert er ausgangs der Kurve Correntaio das Fahrverhalten seiner MBA, die sich querstellt und ihn aus dem Sattel schleudert.
Kneubühler reagiert clever und rückt auf die zweite Position vor, hinter ihm folgen Pietroniro, Gianola, Ascareggi, Cadalora und Selini. Wenig später passiert Kneubühler erst an 13. Stelle: der Vergaser seiner MBA hat sich gelockert und zwingt den Schweizer zur Reparatur. Kneubühler nimmt das Rennen wieder auf und erkämpft sich noch den vierten Platz.
Kneubühlers Mißgeschick ermöglicht es Gianola, den zweiten Platz zu übernehmen und der junge Garelli-Fahrer behauptet diese Position sehr souverän über die zweite Hälfte der Distanz. Inzwischen hat sich der führende Bian-

August Auinger auf der Bartol-MBA wurde dritter der Weltmeisterschaft (oben).
Jacques Cornu auf der Parisienne Honda (unten).

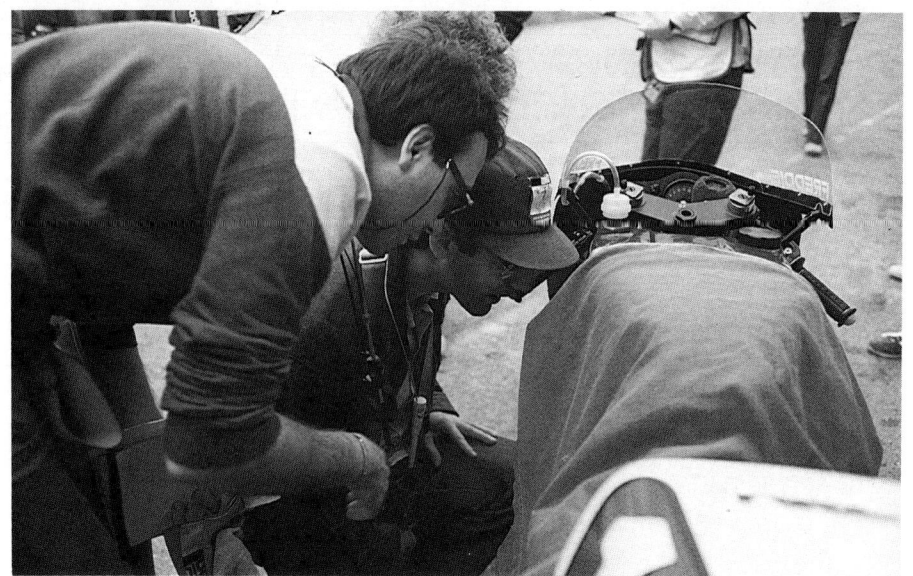

Die Honda-Verhüllungstaktik stachelte die Neugier der Journalisten an.

chi dank seiner überlegenen Fahrweise so weit abgesetzt, daß Gianola ihn nicht mehr im Blickfeld hat; fast 17 Sekunden nach dem MBA-Werksfahrer überquert die Garelli die Ziellinie. Über die Hälfte der Gestarteten sieht das Ziel nicht; die meisten stürzen: so auch Cadalora (fünfter in Runde acht), Waibel (sechster in Runde zwölf) und Mike Leitner (fünfter in Runde 15). Noch in der letzten Runde muß Ascareggi seinen dritten Platz räumen, als er unterwegs ohne Benzin liegenbleibt.
So ist der dritte Mann auf dem Siegerpodest, Lucio Pietroniro, zwar kein ›echter‹ Azzurro, doch kann sich der Belgier immerhin auf italienische Eltern berufen. Nur 10/100 Sekunden hinter Kneubühler läuft Selini als fünfter ein; Wickström, Hautaniemi, Sanchez, Hutteau und Escudier belegen die weiteren Punkteränge.

250 cm³: Spencer unantastbar

Knapp eine halbe Stunde, nachdem er als Sieger der 500 cm³-Klasse den Zielstrich überquerte, steht Freddie Spencer wieder mit der 250er am Start: die Anstrengung des vorangegangenen Rennens ist ihm kaum anzusehen, obwohl er zugibt: »Mit der großen Maschine verbrauche ich viel Energie, weil das Sliden ziemlich Kraft kostet – nicht zu reden von der hohen psychischen Belastung, die der Einsatz in der Halbliterklasse fordert. Die 250er fahre ich dagegen mit links.« Sein Nachbar, Martin Wimmer auf der Pole-Position, der sich zuvor den 500er-Lauf in der Correntaio-Kurve anschaute, strahlt wie der Amerikaner gelassen-profimäßige Zuversicht aus, doch steht dem Hockenheim-Sieger eine herbe Enttäuschung bevor: am Start zur Einführungsrunde läßt er seine Kupplung verbrennen – der Münchner scheidet bereits nach der ersten Runde aus.
Auch Mauro Vitali und Miguel Reyes kommen nicht weit: der Garelli-Pilot gerät schon in der ersten Kurve von der Piste und kurz darauf wirft auch der Spanier seine Cobas weg.
Freddie Spencer absolviert einen recht ›schaumgebremsten‹ Start und passiert in der ersten Runde erst an zwölfter Stelle, während Carlos Lavado, Fausto Ricci und Roland Freymond einen Bilderbuchstart hinlegen und sich an die Spitze setzen. Lavado forciert das Tempo, als sei er von Furien gehetzt: »Ich wußte ja Spencer hinter mir und wollte soviel Abstand zu ihm herausholen wie nur möglich.«
Toni Mang okkupiert den vierten Platz, vor Bolle, Reinhold Roth, Cornu, Loris Reggiani – und Spencer, der nach zwei Runden schon auf Platz neun vorgerückt ist. Und obwohl die acht Fahrer vor ihm alles andere als

Loris Reggiani bewies sich mit der schnellen Aprilia und viel kämpferischem Einsatz als gefährlicher Gegner.

Zurückhaltung üben und bolzen, was das Zeug hält, hat keiner eine Chance gegen Freddie Spencer. Unbeschreiblich souverän donnert er über den tükkischen Toskana-Kurs und während eine ganze Reihe Piloten ihre Courage mit einem Sturz bezahlen müssen, kombiniert Spencer seinen überlegenen Fahrstil mit der konkurrenzlosen Beschleunigung seiner Honda (Mang: »Die hat unten ungeheuer viel mehr drin als meine«) und dringt so innerhalb von wenigen Runden an dritte Stelle vor. Die Führung hat noch immer Lavado vor Ricci – der sich in Runde neun plötzlich auf den dritten Platz verdrängt sieht: Spencer passiert ihn, als ob er stünde.

Spitzenreiter Lavado kämpft brillant, sein Vorsprung schmilzt dennoch zusehends: fünf Runden später hat Spencer ihn eingeholt und passiert ihn so rasant, daß der Venezolaner – der am Vortag seinen 29. Geburtstag feierte und sich »noch ein paar Grand Prix-Siege in dieser Saison« wünschte – keine Gegenwehr mehr versucht.

Lavado fährt seinen zweiten Platz sicher nach Hause; mit sehr großem Abstand folgt Ricci auf Platz drei.

Ab halber Distanz gerät Toni Mang hart unter Beschuß von Loris Reggiani auf der Aprilia mit dem Rotax-Motor. Der junge Italiener war 1980 und 1981 Werksfahrer bei Minarelli, holte in Silverstone seinen ersten Grand Prix-Sieg in der 125er Klasse und wurde 1982 von Roberto Gallina für das Suzuki-Team angeheuert. Mit der schweren Maschine aber war Reggiani überfordert und stürzte nach mehreren Enttäuschungen schwer, wobei er Knochenbrüche am ganzen Körper erlitt. Zwei Jahre brauchte seine Heilung – aber nun präsentiert er sich wieder in Topform. Toni Mang kämpft wie ein Löwe gegen den jungen Angreifer, der aber nicht locker läßt und mit seinen Attacken das Publikum zu Begeisterungsstürmen hinreißt. Am Ende muß Toni Mang einsehen, daß die Rotax an diesem Tag überlegen ist und ihm mit 26/100 Sekunden den vierten Platz wegschnappt.

Der Schweizer Roland Freymond besticht nach einem perfekten Start durch seinen kämpferischen Einsatz, mit dem er sich vor Reinhold Roth, Jacques Cornu, Alan Carter und Pierre Bolle behauptet und sich vor ihnen den sechsten Platz sichert.

Freddie Spencer aber setzt mit seinem Doppelsieg neue Maßstäbe: seit dem

Großen Preis von Österreich 1973 war es keinem Fahrer mehr gelungen, an einem Tag einen 250 cm^3- und einen 500 cm^3-WM-Lauf zu gewinnen – damals war es der unvergessene Finne Jarno Saarinen, der die Hand nach den Titeln beider Klassen ausstreckte; beim übernächsten Grand Prix in Monza verunglückte er tödlich.

500 cm^3: Spencer überlegen

Bereits in der Einführungsrunde kommt Takazumi Katayama zu Fall und gibt auf: der Japaner hat offenbar keinen Spaß mehr am Rennfahren.
Seinen gewohnten Raketenstart fabriziert Ron Haslam, gefolgt von Randy Mamola, Freddie Spencer, Rob McElnea, Didier DeRadigues, Christian Sarron, Wayne Gardner und Raymond Roche. Am Ende der ersten Runde stürzt Neil Robinson, als ihn ein Konkurrent abdrängt, bricht sich den Knöchel und verstaucht sich das Knie und muß hilflos zusehen, wie seine Maschine Feuer fängt und lichterloh brennt, ehe Streckenposten herbeieilen und die Flammen löschen.
Ab der zweiten Runde führt Freddie Spencer und daran ändert sich bis ins Ziel nichts mehr – lediglich sein Vorsprung wird immer größer. Niemand hat eine Chance auf eine Attacke auf den Spitzenreiter, da kann auch Eddie Lawson so verbissen kämpfen wie er will, die Honda bleibt außerhalb seiner Reichweite; im Ziel fehlen dem Weltmeister fast zehn Sekunden.
Heftig gekämpft wird um Platz drei. Mamola, Gardner und Sarron entfesseln einen aufsehenerregenden und en-

---

KLASSE 80 cm^3 — 16 Runden = 83,920 km

1. Jorge Martinez	Spanien	Derbi	36.46,81	= 136,900 km/h
2. Miguel Herreros	Spanien	Derbi	37.13,70	
3. Stefan Dörflinger	Schweiz	Krauser	37.20,23	
4. Ian McConnachie	England	Krauser	37.25,42	
5. Paul Rimmelzwaan	Niederlande	Harmsen	38.16,26	
6. Jorge Bolart	Spanien	Autisa	38.55,89	
7. Jean Velay	Frankreich	GMV	39.05,35	
8. Gianni Tabanelli	Italien	BBFT	39.05,35	
9. Jim Lodge	England	Krauser	1 Runde zurück	
10. Günter Schirnhofer	Deutschland	Krauser	1 Runde zurück	

11. S. Julin (B) HuVo Casal; 12. V. Sblendorio (I) HuVo Faccioli; 13. S. Milano (I) HuVo Casal; 14. S. Mason (GB) HuVo Casal; **15. J. Auer (D)** Eberhardt; **17. B. Rossbach (D)** HuVo Casal; **20. R. Bay (D)** Rupp EB; **21. T. Engl (D)** Esch. Weitere sechs Fahrer im Ziel; elf Fahrer nicht klassifiziert.

Schnellste Runde: Jorge Martinez (Derbi) 2.15,86 = 138,981 km/h (Rekord)

Stand der Weltmeisterschaft

		Pkt.
Dörflinger	Krauser	37
Martinez	Derbi	30
Herreros	Derbi	22
Kafka	Seel	18
Waibel	Seel Real	17
McConnachie	Krauser	16
Rimmelzwaan	HuVo Casal	10
Timmer	HuVo Casal	9
Prein	HuVo Casal	6
Velay	GMV	6

Trainingszeiten

Dörflinger 2.14,98; Martinez 2.16,66; Herreros 2.17,96; Kafka 2.19,23; McConnachie 2.19,50; Casanova 2.19,61; Timmer 2.19,88; Bolart 2.20,65; Waibel 2.21,10; Spaan 2.21,27.

KLASSE 125 cm^3 — 20 Runden = 104,900 km

1. Pierpaolo Bianchi	Italien	MBA	44.18,17	= 142,068 km/h
2. Ezio Gianola	Italien	Garelli	44.34,90	
3. Lucio Pietroniro	Belgien	MBA	44.45,86	
4. Bruno Kneubühler	Schweiz	LCR	45.07,57	
5. Jean Selini	Frankreich	ABF	45.07,65	
6. Johnny Wickström	Finnland	Tunturi	45.11,43	
7. Jussi Hautaniemi	Finnland	MBA	45.27,46	
8. Miguel Sanchez	Spanien	MBA	45.33,47	
9. Jacques Hutteau	Frankreich	MBA	46.01,42	
10. Marc Escudier	Frankreich	GNV	46.15,83	

11. W. Perez (RA) Zanella 46.31,74; 1 Runde zurück: 12. B. Van Erp (NL) MBA; **13. W. Hupperich (D)** Seel; 14. P. Balaz (CSSR) MBA. 18 Fahrer nicht klassifiziert.

Schnellste Runde: Luca Cadalora (MBA) 2.10,70 = 144,468 km/h.
Rekordhalter: Angel Nieto (Garelli) 2.09,66 = 145,627 km/h (1983)

Stand der Weltmeisterschaft

		Pkt.
Bianchi	MBA	40
Gresini	Garelli	24
Gianola	Garelli	20
Brigaglia	MBA	18
Kneubühler	LCR	17
Auinger	MBA	15
Selini	ABF	12
Pietroniro	MBA	10
Wickström	Tunturi	10
Waibel	Spezial	6

Trainingszeiten

Auinger 2.09,86; Gresini 2.10,66; Cadalora 2.10,89; Bianchi 2.11,07; Gianola 2.11,75; Kneubühler 2.12,51; Brigaglia 2.12,99; Selini 2.13,68; Pietroniro 2.13,78; Ascareggi 2.14,11.

gagierten Dreifrontenkampf, bei dem sich speziell Gardner durch erhöhte Risikobereitschaft hervorhebt. Sarron ist der erste, der die Flagge einzieht und sich hinter Mamola auf Platz fünf in Sicherheit bringt; aber auch Mamola resigniert schließlich: »In jeder Kurve rechnete ich damit, daß Wayne aus dem Sattel fliegt – das wurde mir einfach zu gefährlich.« Ob Gardner so sehr daran gelegen war, sich unbedingt v o r Mamola zu profilieren, weil einige Honda-Direktoren aus Japan unter den Zuschauern waren?

Eine einsame Figur ist Ron Haslam auf Rang sechs, während Roche und Uncini in ein Duell um den siebten Platz verstrickt sind. Uncini setzt dem Franzosen auf der zweiten Werks-Yamaha erbarmungslos zu: »Aber mit meinem Oldtimer hatte ich keine Chance gegen ihn.« Der Italiener ist trotzdem froh über die drei Punkte für den achten Platz – seine ersten in dieser Saison. Gallinas Nummer zwei, der Spanier Sito Pons, scheidet nach zwölf Runden aus, als ihm das Vorderrad wegrutscht (»Das Fahrwerk ist einfach Mist!«) –

sicher sehnt er sich wieder in die 250 cm^3-Klasse zurück, die ihn nicht so überfordert haben dürfte wie die 500er mit der veralteten Suzuki.

Mit seinem modernen Monocoque-Fahrwerk, das ihm Fahrwerk-Spezialist Nigel Leaper aus Carbonfiber-Material zimmerte, hat der dritte Suzuki-Fahrer, Rob McElnea, keinen Ärger, dafür umso mehr mit seinem Triebwerk: »Es hinkt in der Leistung meilenweit hinterher.« Dennoch gelingt es dem Briten, vor DeRadigues den neunten Platz zu belegen.

KLASSE 250 cm³

22 Runden = 115,390 km

1. Freddie Spencer	USA	Honda	46.29,96 = 148,892 km/h
2. Carlos Lavado	Venezuela	Yamaha	46.32,76
3. Fausto Ricci	Italien	Honda	47.02,86
4. Loris Reggiani	Italien	Aprilia	47.05,99
5. Anton Mang	Deutschland	Honda	47.06,25
6. Roland Freymond	Schweiz	Yamaha	47.29,63
7. Jacques Cornu	Schweiz	Honda	47.29,87
8. Reinhold Roth	Deutschland	Römer	47.30,00
9. Alan Carter	England	Honda	47.31,70
10. Pierre Bolle	Frankreich	Parisienne	47.37,63

11. J. Garriga (E) JJ Cobas 47.49,77; **12. H. Eckl (D)** Römer 47.57,68; 13. M. Matteoni (I) Honda 47.57,68; 14. T. Rapicault (F) Yamaha 47.58,68; 15. D. Sarron (Honda) 47.59,54; **19. K. Grässel (D)** Honda 48.21,25. Weitere sieben Fahrer im Ziel; elf Fahrer nicht klassifiziert.
Schnellste Runde: Freddie Spencer (Honda) 2.05,57 = 150,370 km/h (Rekord)

Stand der Weltmeisterschaft Pkt.

Spencer	Honda	44
Mang	Honda	38
Lavado	Yamaha	35
Wimmer	Yamaha	33
Carter	Honda	18
Ricci	Honda	12
Cardus	JJ Cobas	11
Rademeyer	Yamaha	10
Reggiani	Aprilia	10
Roth	Römer	9

Trainingszeiten

Wimmer 2.04,60; Spencer 2.04,96; Lavado 2.05,05; Ricci 2.05,58; Auinger 2.05,76; Mang 2.06,21; Vitali 2.06,32; Reggiani 2.06,58; Reyes 2.06,90; Klein 2.06,94;

KLASSE 500 cm³

27 Runden = 141,615 km

1. Freddie Spencer	USA	Honda	55.42,72 = 152,515 km/h
2. Eddie Lawson	USA	Yamaha	55.51,97
3. Wayne Gardner	Australien	Honda	56.30,66
4. Randy Mamola	USA	Honda	56.37,06
5. Christian Sarron	Frankreich	Yamaha	56.44,17
6. Ron Haslam	England	Honda	56.56,14
7. Raymond Roche	Frankreich	Yamaha	57.00,71
8. Franco Uncini	Italien	Suzuki	57.03,54
9. Rob McElnea	England	Suzuki	57.33,38
10. Didier De Radigues	Belgien	Honda	57.55,36

1 Runde zurück: 11. M. Baldwin (USA) Honda; 12. F. Biliotti (I) Honda; 13. B. Van Dulmen (NL) Honda; 14. D. Petersen (SA) Honda; 15. T. Taira (Jap) Yamaha. Weitere acht Fahrer im Ziel; acht Fahrer nicht klassifiziert.
Schnellste Runde: Freddie Spencer (Honda) 2.02,22 = 154,492 km/h (Rekord)

Stand der Weltmeisterschaft Pkt.

Spencer	Honda	54
Lawson	Yamaha	47
Sarron	Yamaha	36
Gardner	Honda	33
Haslam	Honda	26
Mamola	Honda	17
De Radigues	Honda	16
Roche	Yamaha	10
Pons	Suzuki	7
McElnea	Suzuki	6

Trainingszeiten

Spencer 2.01,48; Roche 2.01,67; Lawson 2.02,11; Sarron 2.02,85; Gardner 2.03,14; Mamola 2.03,61; Haslam 2.04,14; McElnea 2.04,26; De Radigues 2.04,32; Uncini 2.04,34.

Grand Prix Österreich
Salzburgring, 2. Juni

Zuschauer: 100 000
Wetter: sonnig (125 und 250)
          Regen (500 und Gespanne)
Rundenlänge: 4,238 km

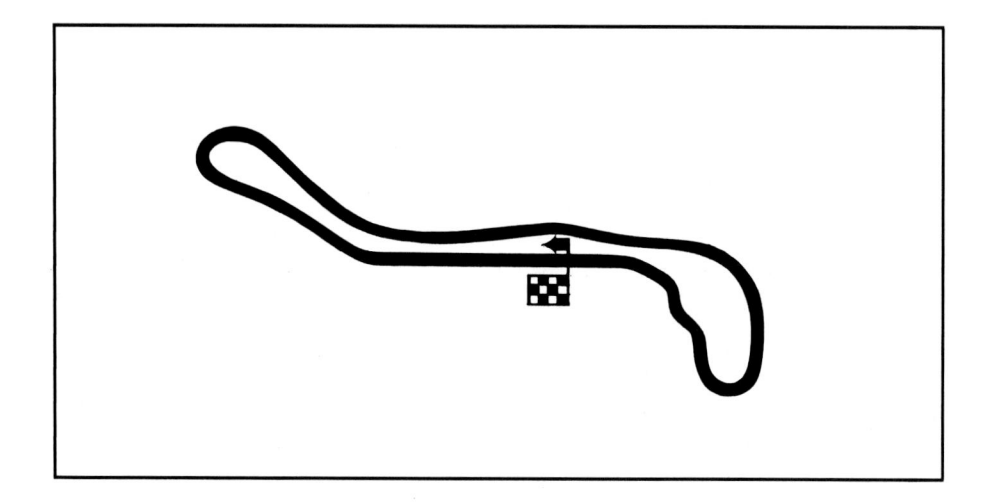

Auf dem Weg nach Japan unterbrach Kenny Roberts seine Reise und machte – ausgerechnet – in Salzburg Station. Der Weltmeister der Jahre 1978, 1979 und 1980 beglückwünschte seinen alten Freund und Betreuer Kel Carruthers zu dessen sagenhaftem Erfolg als Techniker, mit dem der Australier seit Jahren für die eindrucksvolle und fast schon sprichwörtliche Zuverlässigkeit der Yamaha-Maschinen sorgt: seit 1978 gewannen von Carruthers präparierte Yamahas von 75 Grand Prix immerhin 27 und insgesamt kamen sie 69 Mal ins Ziel. Roberts beobachtete während des Trainings seinen Nachfolger und Kronprinzen Eddie Lawson, gab ihm einige Tips und stärkte ihm wohl auch den Rücken wegen seines Streits mit dem Marlboro-Teamchef Agostini.

Der Grund für Roberts Abstecher in die Mozartstadt aber war ein ganz anderer: in Salzburg hielten sich nämlich auch einige hochkarätige Yamaha-Direktoren auf, unter ihnen Morinagasan, Yamahas Technischer Direktor (und als solcher auch für den Rennsport verantwortlich) aus Iwata. Und mit ihm hatte Roberts Wichtiges zu bereden: erstens seine geplante Teilnahme (mit dem Japaner Taira als Co-Partner) beim Achtstundenrennen von Suzuka auf der neuen Yamaha TZ 750 ›Genesis‹, die nächstes Jahr in der Endurance-WM eingesetzt werden soll; zweitens seinen Plan, für die nächste Saison wieder ein Team auf die Beine zu stellen: diesmal in der 500er Klasse. »Eventuell gibt es dann zwei Yamaha-Werks-Teams...«

Noch ein drittes Thema dürften beide besprochen haben, nämlich die neue 250 cm³-Rennmaschine mit Zweizylinder-V-Motor, einer halbierten kleinen Schwester der 500 cm³-Maschine, die Yamaha in der Entwicklung hat und die eventuell schon in Assen zum Einsatz kommt – falls Roberts' erste Probefahrten in Japan erfolgreich verlaufen.

Mißmutig humpelte Raymond Roche durchs Fahrerlager. Seit Kyalami gab es für ihn nur eine endlose Kette von Stürzen und Ausrutschern, Verletzungen, Wut und Traurigkeit, sicher auch Selbstzweifel. Besonders niederregend mochte für den Südfranzosen sein, daß sein Landsmann Christian Sarron auf identischem Material nach seinem Wechsel aus der 250 cm³-Klasse auf

Kein Vergnügen wurde das Rennen für die Seitenwagenfahrer: es mußte wegen starken Regens unterbrochen werden.

Anhieb in die Spitze der Halbliterklasse vordringen konnte.

Die Ruhe selbst war Freddie Spencer. Wie entspannt er gegenwärtig seinen Griff nach beiden Welttiteln sieht, wurde im dritten Training deutlich: während sich seine Konkurrenten mühten, ihre Probleme in den Griff zu bekommen, schwänzte der Honda-Star die Session in beiden Klassen: nach einem nächtlichen Schauer war die Piste naß.

125 cm³: Heimarbeit

Strahlendes Wetter und ein Rekord-Publikum sorgen schon am Start zum ersten Rennen des Tages für Atmosphäre. Die Zuschauer haben bald Grund zum Jubeln, erleben sie doch ihren Landsmann Gustl Auinger in absoluter Spitzenform: gemeinsam mit den beiden Italienern Pierpaolo Bianchi, Fausto Gresini und Ezio Gianola fetzt er in dichtgeschlossener Formation über den Salzburgring. Er vermag seine Position dabei so abzusichern, daß sich die beiden Garelli-Fahrer bald in die Rolle der Gejagten gedrängt sehen und MBA-Werkspilot Bianchi das Tempo nicht halten kann und sich – mit fortschreitender Distanz immer weiter abgeschlagen – auf dem vierten Rang einigeln muß. Auinger wiegelt die beiden Garelli-Fahrer in Sicherheit und wartet mit seiner Schlußoffensive bis zur vorletzten Runde, passiert dann

71

Honda-Sponsor Rothmans trieb großen Aufwand.

Gianola und erobert sich knapp hinter Gresini den zweiten Platz.

Bruno Kneubühler bewegt seine LCR-Krauser-MBA nach schlechtem Start ab der vierten Runde an fünfter Stelle und heimst dafür die acht WM-Punkte ein. Die restlichen Punkte-Ränge verteilen Liegeois, Pietroniro, Olsson, Alfred Waibel und Selini nach rundenlangem Kampf unter sich, sind jedoch von der Spitze weit distanziert.

250 cm³: Großer Kämpfer Mang

Auf dem Salzburgring darf Toni Mang immer mit Unterstützung vieler Tausender Rennfans aus dem ganzen süddeutschen Raum rechnen. Da läßt sich natürlich ein Toni Mang nicht lumpen und dreht auf, was das Zeug hält. Nach perfekt gelungenem Start prescht Mang als Spitzenreiter durch die erste Runde; in Meterabständen hinter ihm Ricci, Vitali, Bolle, Lavado, Minich, Spencer, Wimmer und Carter.

Während Mang die Spitze vier Runden lang hält, pirscht sich Spencer hinter Ricci an dritte Position und verweist den Italiener in der vierten Runde hinter sich. Kurz darauf ist der Amerikaner an Mangs Hinterrad und attackiert den Bayern recht effektvoll. Was die Mang-Fans dann zu Begeisterungsstürmen hinreißt, ist die souveräne Art, mit der der Bayer die Angriffe Spencers pariert. Rundenlang liefern die beiden Honda-Fahrer den Zuschauern ein spannungsgeladenes Duell – bei genauer Beobachtung aber wird deutlich, daß Spencer gar nicht ›voll‹ fährt, sondern den Zweikampf ganz nach Belieben inszeniert.

Die letzten fünf Runden nämlich spielt er dann seine maschinelle Überlegenheit konsequent aus und distanziert Mang erbarmungslos, da kann der viermalige Weltmeister seine ganze Brillanz mit Vehemenz einsetzen – die Werks-Honda bleibt außerhalb seiner Schlagweite. Bis zum Ziel nimmt Spencer dem Bayern fast sechs Sekunden ab – es wäre sicher nobler gewesen, wenn er Mang nicht so überdeutlich geschlagen hätte.

Fausto Ricci bleibt mit großem Abstand nach vorn und nach hinten lange Zeit ein einsamer Streiter auf Platz drei und fällt erst in der Endphase etwas zurück, als sein Honda-Motor 300/min weniger dreht.

Ein atemberaubender Kampf spielt sich um die Plätze ab, die ein dichter Pulk für sich beansprucht. Die herausragende Figur dieser Gruppe ist der junge Salzburger Hans Lindner, der sich so selbstsicher und nonchalant bewegt, als sei er schon ein alter Hase – dabei ist dies erst sein zweiter Grand Prix. In der fünften Runde sondiert der 20jährige noch an 13. Position das Terrain, schiebt sich dann zwei Ränge vor und passiert in der zehnten Runde im Clinch mit Garriga, Wimmer, Bolle, Reggiani, Lavado und Minich. Unbeeindruckt vom Renommé solcher Gegner wie Wimmer oder Lavado pfeilt Lindner wie ein Wirbelwind an ihnen vorbei – und erscheint am Ende der 17. Runde an vierter Position. Zwar kann er sich auf Dauer dort nicht halten, beweist aber durch erneutes Vorrücken an vierte Stelle in den Runden 21 und 22, daß er wirklich Mumm hat. Erst in der Schlußphase gerät das junge Talent in Konzentrationsschwierigkeiten, sichert sich aber trotzdem hinter Wimmer und Reggiani (der sich dem Deutschen nur um 16/100 Sekunden geschlagen geben muß) und vor Garriga, Bolle, Lavado und Minich den sechsten Platz.

Ein wenig erfreuliches Wochenende erlebt das Römer-Team: Reinhold Roth geht ein Satz Kolben im Training fest – der zweite in der Aufwärmrunde. Und Harald Eckl wird nach neun Runden vom stürzenden EMC-Fahrer Andy Watts torpediert.

Reinhold Roth zeigte großen Einsatzwillen, hatte aber viel Pech. Unten: Fausto Ricci mit der Italia-Honda.

500 cm³: Hilfestellung

Nach einem plötzlichen Wetterumschwung nieselt es leicht, als das Feld der 500 cm³-Maschinen Startaufstellung nimmt. Randy Mamola kommt in Führung liegend aus der ersten Runde zurück, dicht gefolgt von Eddie Lawson, Christian Sarron, Ron Haslam, Didier DeRadigues, Rob McElnea, Freddie Spencer, Boet van Dulmen, Takazumi Katayama, Wayne Gardner, Christian LeLiard und Gustl Reiner. Die zweite und dritte Runde führt Sarron (»Ich bete um Regen!«), die vierte Lawson und ab der fünften ist es Spencer. Nach seiner bevorzugten Methode beginnt er sofort, Abstand zwischen sich und seine Verfolger zu bringen; tatsächlich können nur Lawson und Sarron sein Tempo halten; Mamola, Gardner und Haslam balgen sich um die Plätze und verlieren bald den Anschluß.

Der Niesel wird zum Regen, in der 16. Runde gießt es in Strömen – der Rennleiter unterbricht den Lauf mit der roten Flagge. Einlauf nach 16 Runden: Spencer, Lawson (2.18 Sekunden zurück), Sarron (2.74), Mamola (10.05), Gardner (21.22), Haslam (22.81), DeRadigues (23.65), Katayama (33.06), McElnea (37.07) und Van Dulmen (37.31). Gustl Reiner liegt nach Taira und Roche an 13. Position: »Nach meiner Verletzung wollte ich es langsam angehen«, erklärt der blonde Schwabe seine Zurückhaltung.

Leader Freddie Spencer kommentiert den Abbruch: »Eine völlig korrekte Entscheidung. Als ich in der 16. Runde wegen des strömenden Regens mein Tempo drosselte, setzten Lawson und Sarron auf volles Risiko und machten viel Terrain gut. Ich schätze Courage – aber zu viel Risiko lehne ich ab.« Sarron paßte der Abbruch dagegen nicht: »Der reine Quatsch! Warum sollen wir nur im Trockenen fahren? Man muß sich halt auf die Gegebenheiten einstellen.« Nach einiger Konfusion – Reifenwechsel, Warmlaufrunde, erneuter Reifenwechsel, wieder Warmlaufrunde – wird sogar der sonst so beherrscht ruhige Freddie Spencer zornig, als Sarron, Roche und einige andere wenige Minuten vor dem zweiten Start noch einmal einen Reifenwechsel vornehmen. Sarron hofft wohl, nun mit Abstand am besten gerüstet zu sein (er wählt einen speziellen Intermediate für hinten und vorn einen leichten profilierten Slick) und setzt sich auch unverzüglich hinter den führenden Lawson an zweite Position in Lauerstellung – doch zu seinem Leidwesen wird der Regen immer schwächer und seine Rei-

Gegen die Werksmaschine von Freddie Spencer konnte er wenig ausrichten, aber im Feld der 250er Klasse bestätigte sich Toni Mang als die Nummer eins.

fenwahl stellt sich als falsch heraus: der Franzose muß nach der dritten Runde Spencer passieren lassen und kann dann den dritten Platz nur deshalb halten, weil seine Verfolger bei der Reifenwahl noch weniger Glück hatten.

Lawson dreht diesmal den Spieß um und dominiert vor Spencer: verblüfft muß der Honda-Mann konstatieren, daß ihn Lawson mit der Yamaha nach allen Regeln der Kunst schlägt.

Mamola bewegt sich konstant an vierter Stelle, ihm folgen mit großem Abstand Mike Baldwin im Fight mit Rob McElnea, der Finne Eero Hyvarinen und Didier DeRadigues. Dahinter rangieren Van Dulmen, Tadahiro Taira, Franco Uncini, Gustl Reiner und Raymond Roche.

Weil sie mit reinen Regenreifen unterwegs sind, die auf der abtrocknenden Strecke völlig untauglich sind, müssen Wayne Gardner und Ron Haslam eine Überrundung hinnehmen, ebenso wie Takazumi Katayama.

Der Japaner entscheidet schließlich über Sieg und Niederlage: Lawson führt in der letzten Runde eingangs der Schikane mit mehr als vier Sekunden vor Spencer, der dadurch nach Addition der Zeiten aus beiden Läufen ›nur‹ zweiter würde. Lawson hat aber in der Schikane Katayama vor sich und der macht ›die Tür zu‹ und verblockt Lawson den Weg – und indessen kann Spencer seinen Abstand drastisch reduzieren. Kel Carruthers in der Yamaha-Box schaut gespannt auf seine Uhr: während Spencer knapp hinter Lawson die Ziellinie überquert, addiert er schnell die Zeiten und meint dann mit müdem Lächeln zu Erv Kanemoto, dem Betreuer von Spencer: »You' ve got it!«

Spencer siegt nach Addition beider Läufe also mit einem Vorsprung von 0,03 Sekunden vor Lawson; Sarron wird mit 34 Sekunden Rückstand dritter vor Mamola, McElnea, DeRadigues, Baldwin, Van Dulmen, Taira und Roche.

KLASSE 125 cm³

23 Runden = 97,53 km

1.	Fausto Gresini	Italien	Garelli	34.24,79 = 169,972 km/h
2.	August Auinger	Österreich	MBA	34.25,05
3.	Ezio Gianola	Italien	Garelli	34.25,74
4.	Pierpaolo Bianchi	Italien	MBA	35.06,60
5.	Bruno Kneubühler	Schweiz	LCR	35.16,63
6.	Olivier Liegeois	Belgien	MBA	35.19,03
7.	Lucio Pietroniro	Belgien	MBA	35.19,73
8.	Hakan Olsson	Schweden	Starol	35.19,93
9.	Alfred Waibel	Deutschland	Spezial	35.20,20
10.	Jean Selini	Frankreich	ABF	35.20,59

11. D. Brigaglia (I) MBA 35.30,17; 12. W. Perez (RA) Zanella 35.39,32; 13. J. Hutteau (F) MBA 35.39,53; 14. A. Straver (NL) MBA 35.40,10; 15. A. Sanchez (E) MBA 35.40,38; 1 Runde zurück: **20.** N. Peschke (D) MBA; **21.** H. Lichtenberg (D) Seel; **22.** W. Hupperich (D) Seel; **24.** A. Stadler (D) MBA. Weitere zehn Fahrer im Ziel; fünf Fahrer nicht klassifiziert.

Schnellste Runde: Fausto Gresini (Garelli) 2.28,13 = 173,141 km/h (Rekord)

Stand der Weltmeisterschaft Pkt.

Bianchi	MBA	48
Gresini	Garelli	39
Gianola	Garelli	30
Auinger	MBA	27
Kneubühler	LCR	23
Brigaglia	MBA	18
Pietroniro	MBA	14
Selini	ABF	13
Wickström	Tunturi	10
Liegeois	MBA	10

Trainingszeiten

Gianola 1.29,12; Kneubühler 1.29,40; Gresini 1.29,54; Meozzi 1.30,11; Auinger 1.30,13; Bianchi 1.30,25; Liegeois 1.30,48; Cadalora 1.30,68; Pietroniro 1.30,90; Waibel 1.31,80.

KLASSE 250 cm³

25 Runden = 106,02 km

1.	Freddie Spencer	USA	Honda	35.15,89 = 180,290 km/h
2.	Anton Mang	Deutschland	Honda	35.21,47
3.	Fausto Ricci	Italien	Honda	35.32,87
4.	Martin Wimmer	Deutschland	Yamaha	35.33,99
5.	Loris Reggiani	Italien	Aprilia	35.34,99
6.	Hans Lindner	Österreich	Rotax	35.35,24
7.	Jorge Garriga	Spanien	JJ Cobas	35.35,49
8.	Pierre Bolle	Frankreich	Parisienne	35.36,05
9.	Carlos Lavado	Venezuela	Yamaha	35.36,30
10.	Siegfried Minich	Österreich	Yamaha	35.37,37

11. A. Auinger (A) Bartol 35.52,06; 12. T. Rapicault (F) Yamaha 35.52,34; 13. J. Cornu (CH) Honda 35.53,41; 14. N. Mackenzie (GB) Armstrong 35.53,65; 15. M. Vitali (I) Garelli 35.53,97; **21.** K. Grässel (D) Honda 36.06,07; **24.** H. Becker (D) Yamaha 36.11,45. Weitere neun Fahrer im Ziel; acht Fahrer nicht klassifiziert.

Schnellste Runde: Freddie Spencer (Honda) 1.23,27 = 183,247 km/h (Rekord)

Stand der Weltmeisterschaft Pkt.

Spencer	Honda	59
Mang	Honda	50
Wimmer	Yamaha	41
Lavado	Yamaha	37
Ricci	Honda	22
Carter	Honda	18
Reggiani	Aprilia	16
Cardus	JJ Cobas	11
Rademeyer	Yamaha	10
Roth	Römer	9

Trainingszeiten

Spencer 1.22,75; Mang 1.22,80; Lavado 1.23,95; Wimmer 1.24,18; Cardus 1.24,24; Vitali 1.24,46; Bacher 1.24,51; Auinger 1.24,56; Lindner 1.24,59; Ricci 1.24,60.

Gespanne: Biland siegt

In der Warmlaufrunde muß Alain Michel wegen Kettendefekts aufgeben. Hockenheim-Sieger Werner Schwärzel und Fritz Buck reißen sofort die Führung an sich und kontrollieren ihre Verfolger Streuer/Schnieders, Biland/Waltisperg und Webster/Hewitt ohne große Mühe. Leider macht der deutschen Crew bald das Wetter einen Strich durch die Rechnung: der Niesel wird zum Regen, der den Veranstalter zwingt, auch dieses Rennen zu unterbrechen: Die Situation nach zehn Runden: Schwärzel – Biland – Streuer – Webster – Zurbrügg – Steinhausen – Hügli – Kumano – Van Drie und Bayley.

Nach Umrüstung auf Regenreifen erfolgt der Neustart. Leider kommt Schwärzel diesmal schlecht los, während Biland in Führung prescht, die er bis ins Ziel nicht mehr zur Diskussion stellt. Spray und Gischt behindern die Crews erheblich und die Regenschlacht über 13 Runden verzehrt bei vielen alle Energiereserven. Hinter Schwärzel an zweiter Stelle kämpfen Webster/Hewitt so verbissen, als gäbe es für sie kein Morgen; die Weltmeister Streuer/Schnieders richten sich nach mäßigem Start dagegen auf Rang vier ein.

Im Gesamtklassement erobern sich die Schweizer Brüder Zurbrügg den fünften Platz vor den Briten Barton/Birchall und Bayley/Nixon; Rolf Steinhausen/Bruno Hiller belegen hinter Hügli/Schütz und Kumano/Diehl den zehnten Platz und sichern sich damit den ersten WM-Punkt für ihr neues ARO-Gespann.

KLASSE 500 cm³

30 Runden = 127,22 km

#	Fahrer	Land	Maschine	Zeit
1.	Freddie Spencer	USA	Honda	40.40,48 = 187,573 km/h
2.	Eddie Lawson	USA	Yamaha	40.40,51
3.	Christian Sarron	Frankreich	Yamaha	41.14,84
4.	Randy Mamola	USA	Honda	41.27,01
5.	Rob McElnea	England	Suzuki	42.02,32
6.	Didier De Radigues	Belgien	Honda	42.05,76
7.	Mike Baldwin	USA	Honda	42.21,14
8.	Boet Van Dulmen	Niederlande	Honda	42.21,23
9.	Tadahiro Taira	Japan	Yamaha	42.22,34
10.	Raymond Roche	Frankreich	Honda	42.34,42

11. E. Hyvarinen (SF) Suzuki 42.35,08; **12. G. Reiner (D)** Honda 42.35,76; 13. F. Uncini (I) Suzuki 42.51,42. 1 Runde zurück: 14. T. Katayama (Jap) Honda; 15. W. Gardner (USA) Honda; **21. M. Fischer (D)** Honda. Weitere 12 Fahrer im Ziel.

Schnellste Runde: Freddy Spencer (Honda) 1.18,18 = 195,177 km/h
Rekordhalter: Randy Mamola (Suzuki) 1.18,11 = 195,444 km/h (1983)

Stand der Weltmeisterschaft

Fahrer	Maschine	Pkt.
Spencer	Honda	69
Lawson	Yamaha	59
Sarron	Yamaha	46
Gardner	Honda	33
Haslam	Honda	26
Mamola	Honda	25
De Radigues	Honda	21
McElnea	Suzuki	12
Roche	Yamaha	11
Baldwin	Honda	10

Trainingszeiten

Spencer 1.18,13; Lawson 1.18,78; Sarron 1.18,83; Mamola 1.19,25; Haslam 1.19,76; Gardner 1.19,88; Roche 1.20,02; Taira 1.20,23; Katayama 1.20,24; Van Dulmen 1.20,41.

KLASSE GESPANNE

23 Runden = 97,53 km

#	Gespann	Land	Maschine	Zeit
1.	R. Biland / K. Waltisperg	CH	Krauser	35.53,64 = 162,959 km/h
2.	W. Schwärzel / F. Buck	D	LCR Yam	35.59,61
3.	S. Webster / T. Hewitt	GB	Seward	36.10,27
4.	E. Streuer / B. Schnieders	NL	LCR Yam	36.20,75
5.	A. Zurbrügg / E. Zurbrügg	CH	LCR Yam	36.47,12
6.	L. Barton / T. Birchall	GB	LCR Yam	36.58,30
7.	D. Bayley / D. Nixon	GB	LCR Yam	37.05,72
8.	H. Hügli / A. Schütz	CH	LCR Yam	37.11,00
9.	M. Kumano / H. Diehl	J/D	Toshiba	37.19,66
10.	R. Steinhausen / B. Hiller	D	ARO	37.25,86

11. H. Van Drie / J. Colquhoun (NL) Yab-Yum 37.34,52; 12. R. Progin / Y. Hunziker (CH) Seymaz 37.41,04; 13. H. Christinat / M. Fahrni (CH) LCR Yam 37.49,05. 1 Runde zurück: 14. M. Egloff / U. Egloff (CH) LCR Yam; 15. A. Wrathall / P. Spendlove (GB) Seymaz. Sieben Gespanne nicht klassifiziert.

Schnellste Runde: W. Schwärzel / F. Buck (LCR Yam) 1.26,58 = 176,241 km/h
Rekordhalter: E. Streuer / B. Schnieders (LCR Yam) 1.23,55 = 182,607 km/h (1984)

Stand der Weltmeisterschaft

Fahrer	Maschine	Pkt.
Schwärzel	LCR Yam	27
Biland	LCR Yam	23
Webster	LCR Yam	22
Streuer	LCR Yam	18
Zurbrügg	LCR Yam	12
Hügli	LCR Yam	7
Michel	Krauser	5
Barton	Yamaha	5
Bayley	LCR Yam	4
Egloff	LCR Yam	3

Trainingszeiten

Streuer 1.23,27; Biland 1.23,35; Schwärzel 1.23,84; Webster 1.24,56; Egloff 1.24,74; Zurbrügg 1.24,94; Michel 1.25,11; Jones 1.25,34; Kumano 1.25,40; Hügli 1.26,02.

Grand Prix Jugoslawien
Automotodrom Rijeka, 16. Juni

Zuschauer: 50000
Wetter: 25°, windig
Streckenlänge: 4,168 km

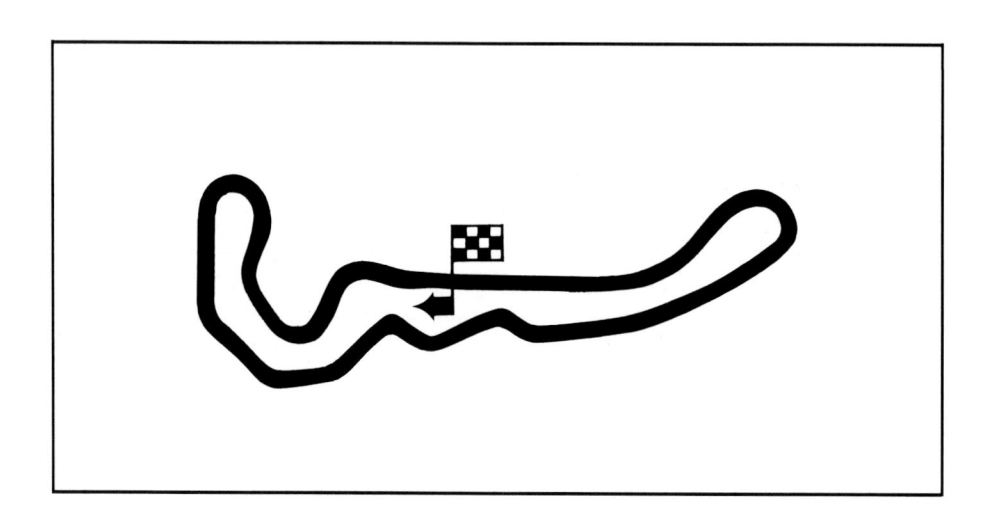

Vor einigen Tagen wurde Roberto Gallina im Rahmen einer großen Audienz vom italienischen Staatspräsidenten Pertini im Quirinalspalast in Rom empfangen. Interessiert forschte Pertini, warum Gallina »keinen Weltmeister mehr« vorzuweisen habe und mußte dann erfahren, daß das mit dem antiquierten Material, das Gallina zur Verfügung steht, nicht mehr möglich ist. Resignation machte sich breit im Gallina-Team. Zwar schickte Japan neue Teile und einen neuen Rahmen, aber Franco Uncini und Sito Pons hatten »nichts als Probleme« und vermochten sich nur als 15. bzw. 16. zu qualifizieren. Unisono äußerten sie sich über die Wettbewerbsfähigkeit ihrer Maschinen: »Indiskutabel«.

Sito Pons nervte die Erfolglosigkeit inzwischen so, daß er – der im Vorjahr immerhin vierter der 250 cm^3 Weltmeisterschaft gewesen war – wieder in der Viertelliterklasse fahren möchte, natürlich neben seinem Engagement auf der Suzuki: »Vielleicht ist das schon in Assen möglich.«

Nach endlosen Debatten im Hause Castiglioni wurde entschieden, die neue Cagiva C10/V in Rijeka einzusetzen. Marco Lucchinelli beklagte im Training zwar »Probleme an allen Ecken und Enden«, schaffte aber die 23. Trainingszeit und war dann »ganz zufrieden«.

Nicht mehr zufrieden war Venemotos mit seinem Fahrer Nummer zwei: wegen andauernder Erfolglosigkeit wurde Yvan Palazzese nach Hause geschickt. Wie einen verlorenen Sohn begrüßten die Venemotos-Leute dafür Johnny Cecotto, der nach seinem schweren Unfall im Formel 1-Toleman letztes Jahr noch immer unter seinen Verletzungen leidet und den Abstecher an die jugoslawische Adria nutzte, um »einmal wieder die Atmosphäre zu schnuppern, die mich an meine Zeit als Motorrad-Rennfahrer erinnert.« Der Italo-Venezolaner, der 1975 als 19jähriger Weltmeister der 350 cm^3-Klasse wurde, freute sich herzlich, eine Menge alter Bekannter wiederzusehen, verhehlte keineswegs eine »gewisse Wehmut, nicht mehr dabei zu sein« und meinte auf die Frage, ob er gerne zum Zweiradsport zurückkehren würde: »Sicher.«

Sicher nicht weiter geht's bei Pernod. Nach mehr als vier Jahren Arbeit und

Investitionen in Millionenhöhe, die lediglich einen einzigen Erfolg brachten – den GP-Sieg von Jacques Bolle 1983 in Silverstone – ist der Aperitiv-Fabrikant es müde, Geld mit einem aussichtslosen Projekt zu verpulvern. Zwar steht die definitive Entscheidung noch aus, doch Jean-Francois Baldé hat sich bereits damit abgefunden, ab Assen ein Yamaha-Triebwerk einzusetzen und die Saison zusammen mit seinem langjährigen Mechaniker Dédé auf privater Basis zu Ende zu bringen.

Einen ungleich besseren Saisonabschluß hat inzwischen Wayne Gardner ins Auge gefaßt: »Mein Ziel ist, die Weltmeisterschaft gleich hinter den Werksmaschinen zu beenden.« Um das zu erreichen, scheut der 25jährige Australier kein Risiko und fordert damit einerseits das Unverständnis seiner Kollegen heraus (Mamola: »Wayne fährt meistens weit über dem Limit«), andererseits aber – und nur das ist Gardner wichtig – den Respekt der Bosse bei Honda-Japan, die über die Verteilung des Maschinenmaterials entscheiden. Natürlich spekuliert Gardner darauf, nächstes Jahr nicht mehr nur eine Dreizylinder-Produktionsmaschine zu bekommen, wie Mamola, Haslam und er sie dieses Jahr einsetzen, sondern »etwas besseres«, womit er die V4 meint.

Ihre Qualitäten konnte Gardner vor einer Woche ausloten: bei einem nationalen japanischen Lauf in Suzuka (den er auf Einladung von Honda als einziger der Honda-WM-Teilnehmer bestritt) siegte er mit der NSR 500 V-Vierzylinder vor dem Japaner Tadahiko Taira auf der Werks-Yamaha, der sich nach den zwei in Europa absolvierten Grand Prix wieder der Japanischen Meisterschaft widmet, die er zur Zeit anführt. Übrigens bedeutet dieser Sieg Gardners und der zweite Platz von Taira für Dunlop einen besonderen Erfolg, denn seit auch Lawson zu Michelin wechselte, hat die traditionsreiche Reifenfirma (außer Gardner und Haslam) in der großen Klasse keinen Spitzenfahrer mehr unter Vertrag. Gardners Plazierung war Beweis dafür, daß die Briten-Pneus nicht nur im Regen etwas taugen.

Weil er am Freitag noch unter dem Jetlag (körperliche Reaktion auf lange Flugreisen im Düsenjet mit Zeitumstellung) litt, mußte Gardner ein Training vorzeitig abbrechen, schoß sich dann aber schnell wieder auf seine ›alte‹ Dreizylinder ein und stellte sie auf den dritten Startplatz.

Nach seinen beiden Doppelerfolgen von Mugello und Salzburg galt Freddie Spencer natürlich wieder als heißer Favorit für den Gewinn ›seiner‹ beiden Klassen, zumal er in beiden die Trainingsbestzeit aufstellte. »Der anspruchsvolle Kurs liegt mir«, definierte er nach dem Training, »er hat aber seine Tücken«.

Die bekamen viele seiner Mitstreiter schmerzhaft zu spüren, als sie schon im Training zu temperamentvoll zu Werke gingen. So brach sich Garelli-Fahrer Maurizio Vitali im ersten Training das Schlüsselbein, der Brasilianer Antonio Neto erlitt mehrere Knochenbrüche und am schlimmsten erwischte es den Österreicher Erich Klein, der sich einen komplizierten Oberschenkelhalsknochenbruch zuzog. Auf den Verletzten stürzte noch der Spanier Carlos Cardus, beließ es aber nicht bei diesem einen Crash, sondern ging später noch mehrere Male zu Boden. Unsanft stiegen auch Gerd Kafka, Hans Lindner, Richard Bay, August Auinger, Donnie McLeod, Christian Sarron und Guy Bertin ab. Letzterer löste übrigens Stefano Caracchi auf der neuen Malanca ab (die wie die Aprilia ein Rotax-Triebwerk besitzt), mußte aber auf seinen Einstand verzichten: weil er sich bei seinem Sturz unter anderem das rechte Handgelenk stark geprellt hatte, belegte ihn der Arzt mit Startverbot.

80 cm³: Dörflinger im Vormarsch

Nach einem schweren nächtlichen Gewitter bläst am Morgen ein sehr starker Wind, der für die Fahrer der Mini-Racer ein nicht geringes Problem darstellt.

Start der 80 cm³-Klasse vor der malerischen Kulisse des jugoslawischen Adria-Küstengebirges.

Derbi schickt in Rijeka mit Joaquin Gali einen dritten Fahrer ins Gefecht, aber der Mann aus Andorra vermag Jorge Martinez und Manuel Herreros keine Schützenhilfe zu leisten und landet nur auf Platz elf.
Weltmeister Stefan Dörflinger zeigt dagegen mit aller Deutlichkeit, daß er Herr im Hause ist – und bleiben will. Nach verhaltenem Start beobachtet er zwei Runden lang, wie Gerd Kafka und Gerhard Waibel als Spitzenreiter agieren, ehe er die Seel-Fahrer hinter sich läßt.
Verwegen kämpft sich Martinez dann hinter den Krauser-Piloten und entreißt Dörflinger wenig später die Führung. Dörflinger läßt ihn gewähren und wartet mit seiner Gegenoffensive auf eine günstige Gelegenheit. Die kommt, als beide Fahrer bei halber Distanz einige Konkurrenten überrunden – Dörflinger erkennt seine Chance und setzt sich rasant von der der Derbi ab. In Mugello wurde die Krauser übrigens auf der Startgeraden mit 203 km/h gemessen!
Nach verpatztem Start gelingt es Herreros durch unermüdlichen Kampf, bis an die Spitzengruppe vorzudringen; er

Freddie Spencer

Randy Mamola

belegt hinter Dörflinger und Martinez den dritten Platz und verweist Waibel und Kafka hinter sich. Rainer Kunz freut sich über den sechsten Platz, den er mit seiner neuen Ziegler erreicht, vor Timmer auf der HuVo, dem Briten McConnachie auf der privaten Krauser, Van Kessel und Rimmelzwaan.

250 cm³: E.T. Spencer

Martin Wimmer absolviert einen Bilderbuchstart und zischt sofort in Führung, aber nach der ersten Runde hat Freddie Spencer ihn schon hinter sich verdrängt, wo aber Toni Mang und Carlos Lavado in ein Duell verstrickt sind und so etabliert sich der Münchner vorläufig an vierter Position.

Spencer macht die Pace, und das so rasant, daß seine Verfolger bald jede Absicht aufgeben, der Rothmans Honda dicht auf den Fersen zu bleiben. Lavado prügelt seine Yamaha zwar wie ein Berserker und erobert sich den zweiten Platz vor Toni Mang, doch an Spencer kommt er nicht mehr heran, der völlig unangefochten seinen vierten 250er Sieg einheimst.

Hinter Lavado kämpft Toni Mang furios und brillant. Der Bayer hat für die anspruchsvolle jugoslawische Strecke ein besonderes Faible, war aber gerade hier oft vom Pech verfolgt: im Vorjahr warf ihn ein Pleueldefekt in Führung liegend aus dem Rennen und 1982 schoß ihn Lavado im Kampf um die Spitze ab.

An vierter Position bewegt sich der Spanier Juan Garriga und hat offenbar Sigi Minich, Carlos Cardus und Martin Wimmer unter Kontrolle, dem Loris Reggiani und Reinhold Roth folgen. Wimmer aber schlägt sich mit einem Problem herum: die Luftzufuhr zum Tank ist verstopft, der Kraftstoff fließt nicht ordentlich in die Vergaser – die Yamaha leidet unter Aussetzern.

Bei halber Distanz übernimmt Cardus die Spitze der Gruppe, die dem Führungstrio folgt; kurz darauf scheidet Garriga mit defektem Motor aus und auch Fausto Ricci stellt seine Maschine wegen Zündschadens beiseite. Reggiani schiebt sich bravourös nach vorn – Wimmer und Minich im Schlepptau –, und versucht eine Attacke auf Cardus. In der 20. Runde beschließt der nervös gewordene Spanier sein jugoslawisches Abenteuer mit einem letzten Sturz und räumt damit freiwillig das Feld.

Fünf Runden vor dem rettenden Ziel ereilt Toni Mang der Defektteufel: durch Vibrationen bricht eine der Halterungsstreben der Verkleidung, die einen Kerzenstecker abschlägt, der Motor läuft nur noch auf einem Zylinder – das bedeutet das Aus für den Toni. Nach seinem Ausscheiden entbrennt noch einmal ein Kampf um den dritten Platz, den der junge Reggiani aber klar vor Wimmer und Minich für sich entscheiden kann.

Mit wiedererwachtem Kampfgeist erobert sich Harald Eckl vor seinem Teamgefährten Reinhold Roth den sechsten Platz. Die beiden Parisienne-Piloten Bolle und Cornu belegen den achten bzw. neunten Rang und Jean-Louis Guignabodet landet auf Platz zehn, mit einer Maschine, die er nach den französischen Kampfflugzeugen MIG nannte, die mit deren Schlagkraft aber wenig gemein hat.

Bereits in der zweiten Runde scheidet Herbert Besendörfer wegen Motordefekts aus; Patrick Fernandez bringt seine Cobas nur zwei Runden weit und verkündet dann: »Dies war mein letztes Rennen«; (eine Aussage, die er schon wenige Tage später widerrief). Hans Lindner läßt sich nach schlechtem Start zu überhöhtem Risiko hinreißen und bezahlt mit einem Sturz in der fünften Runde, während Gustl Auinger zur selben Zeit aufgibt; McLeod wirft nach einem Beinahe-Crash das Handtuch und Carter stürzt an aussichtsloser Position.

Unterdessen brachte seine ›außerirdische‹ Überlegenheit Freddie Spencer einen neuen Spitznamen ein: ET, der Extra-Terrestrische, der von einem anderen Stern – »obwohl«, wie der französische Journalist Christian Lacombe lächelnd meint, der den ET-Jux aufbrachte, »Freddie natürlich längst nicht so putzig aussieht wie der Film-ET.«

Marco Lucchinelli auf der neuen Cagiva im Duell mit Christian LeLiard auf der elf-Honda.
Unten: Christian Sarron auf der Frankreich-Yamaha.

Eddie Lawson mit dem Techniker des Marlboro-Teams, Kel Carruthers.

500 cm³: Lawson siegt

Ron Haslams Raketenstart ist schon zu einem festen Bestandteil der Halbliterläufe geworden – auch diesmal demonstriert der Brite seine besondere Fertigkeit. Am Ende der ersten Runde aber hat Randy Mamola ihn schon hinter sich verwiesen und führt vor ihm, Didier DeRadigues, Takazumi Katayama, Freddie Spencer und Eddie Lawson. Nach zwei Runden hält Mamola noch immer die Spitze, hinter ihm aber bereitet Spencer schon seinen Angriff vor und Lawson belauert die beiden Honda-Feinde an dritter Stelle.

In der nächsten Passage schneidet Spencer die Kurve nach Start und Ziel zu eng an und knallt mit dem herausgereckten rechten Knie mit voller Wucht in einen Strohballen. Der Aufprall hat schlimme Folgen: eine Muskelzerrung über den ganzen Oberschenkel bis an die Leiste. Schmerzgepeinigt denkt Spencer an Aufgabe, zwingt sich dann aber doch zum Weiterfahren, schafft unter Aufbietung aller Willensstärke die Distanz und kollabiert erst nach der Zieldurchfahrt.

Mamola an der Spitze ahnt noch nichts von Spencers Dilemma und versucht, »endlich einmal wieder ein gutes Ergebnis zu erzielen«. Lawson belauert ihn mit konzentrierter Aufmerksamkeit, bereit, jederzeit zuzuschlagen. Haslam hält Position drei, vor Spencer und Wayne Gardner im Duell mit DeRadigues; dann folgen Roche und Sarron, der Finne Hyvarinen und Gustl Reiner, der Südafrikaner Petersen und McElnea.

Lawsons Drängen kann Mamola bald nicht mehr parieren, er muß die Yamaha vorbeilassen; wenig später überholt ihn auch Spencer, der die Zähne zusammenbeißt und nun retten will, was zu retten ist. Mamola erkennt, daß seine Nummer eins in Schwierigkeiten ist und versucht, das auszunutzen: er geht wieder an Spencer vorbei und okkupiert erneut die zweite Position.

In der 23. Runde überspannt er jedoch den Bogen gewaltig, bremst die Kurve, die schon Spencer zum Verhängnis wurde, viel zu spät an, Vorder- und Hinterrad stempeln weg – Mamola stürzt.

Damit gehört der zweite Platz wieder Spencer, der 21 Sekunden hinter Lawson ins Ziel kommt. Gardner hat keine Mühe, erst DeRadigues und dann Haslam abzuschütteln und erkämpft zum dritten Mal in dieser Grand Prix-Saison den dritten Platz. Haslam wird vierter vor Sarron und Roche, die sich bis auf den letzten Meter duellieren. Spannend verläuft die Entscheidung um die restlichen Punkteränge: DeRadigues vermag dabei Rob McElnea ganz knapp das Nachsehen zu geben und Gustl Reiner bezwingt Petersen.

In der zweiten Runde dekoriert Takazumi Katayama seine zu Ende gehende Karriere mit einem Sturz und einer neuerlichen Verletzung (Halswirbelprellung); Franco Uncini gibt wegen Problemen mit dem Fahrwerk und dem Power-chamber nach 17 Runden auf, sein Teamgefährte Pons dagegen landet überrundet auf Platz elf, vor Biliotto, Hyvarinen, Van Dulmen und Marco Lucchinelli, der die neue Cagiva bei ihrem Debut auf den 15. Platz bringt.

Im Clinomobil versorgt der Arzt bereits Randy Mamola, der sich bei seinem Sturz eine tiefe Schnittwunde am Fuß zuzog und in einer Blutlache steht, als man den vor Schmerzen fast bewußtlosen Freddie Spencer hereinbringt. Doch erst klappt sein Betreuer Erv Kanemoto um, der kein Blut sehen kann: »Da wird mir unweigerlich schlecht.« Aber auch E.T. geht's schlecht, er ist fahl, aschgrau im Gesicht; Dr. Costa rät ihm, sich sofort in die Behandlung eines Spezialisten zu begeben und das geschieht dann auch: ET will nach Hause.

KLASSE 80 cm³

18 Runden = 75 km

1. Stefan Dörflinger	Schweiz	Krauser	31.36,80 = 142,391 km/h
2. Jorge Martinez	Spanien	Derbi	31.38,30
3. Miguel Herreros	Spanien	Derbi	32.09,64
4. Gerhard Waibel	Deutschland	Seel Real	32.14,81
5. Gerd Kafka	Österreich	Seel	32.25,11
6. Rainer Kunz	Deutschland	Ziegler	32.38,91
7. Theo Timmer	Niederlande	HuVo Casal	32.43,50
8. Ian McConnachie	England	Krauser	32.49,29
9. Henk Van Kessel	Niederlande	HuVo Casal	32.53,01
10. Paul Rimmelzwaan	Niederlande	Harmsen	32.59,28

11. J. Gali (E) Derbi 33.19,63. 1 Runde zurück: **12. G. Schirnhofer (D)** Krauser; 13. G. Domingo (E) Autisa; 14. J. Lodge (GB) Krauser; 15. J. Pintar (YU) Eberhardt; **26. T. Engl (D)** Esch. Weitere 14 Fahrer im Ziel; fünf Fahrer nicht klassifiziert.

Schnellste Runde: Stefan Dörflinger (Krauser) 1.42,04 = 147,048 km/h (Rekord)

Stand der Weltmeisterschaft Pkt.

Dörflinger	Krauser	52
Martinez	Derbi	42
Herreros	Derbi	32
Waibel	Seel Real	25
Kafka	Seel	24
McConnachie	Krauser	19
Timmer	HuVo Casal	13
Rimmelzwaan	Harmsen	11
Prein	HuVo Casal	6
Velay	GMV	6

Trainingszeiten

Dörflinger 1.41,52; Martinez 1.41,90; Herreros 1.43,63; McConnachie 1.45,43; Waibel 1.45,56; Timmer 1.45,70; Joan 1.45,91; Kafka 1.46,22; Pavlic 1.46,56; Kunz 1.46,73.

KLASSE 250 cm³

30 Runden = 125 km

1. Freddie Spencer	USA	Honda	47.49,95 = 156,847 km/h
2. Carlos Lavado	Venezuela	Yamaha	47.54,71
3. Loris Reggiani	Italien	Aprilia	48.34,72
4. Martin Wimmer	Deutschland	Yamaha	48.35,18
5. Siegfried Minich	Österreich	Yamaha	48.38,71
6. Harald Eckl	Deutschland	Römer	48.58,80
7. Reinhold Roth	Deutschland	Römer	48.59,06
8. Pierre Bolle	Frankreich	Parisienne	49.02,79
9. Jacques Cornu	Schweiz	Honda	49.07,82
10. Jean Guignabodet	Frankreich	MIG	49.12,22

11. J. Mattioli (F) Yamaha 49.19,82; 12. J. Hutter (A) Bartol 49.23,03. 1 Runde zurück: 13. J.-F. Baldé (F) Pernod; 14. J. Foray (F) Chevallier; 15. D. Sarron (F) Honda; **20. H. Becker (D)** Yamaha. Weitere acht Fahrer im Ziel; zwölf Fahrer nicht klassifiziert.

Schnellste Runde: Freddie Spencer (Honda) 1.34,80 = 158,278 km/h (Rekord)

Stand der Weltmeisterschaft Pkt.

Spencer	Honda	74
Mang	Honda	50
Wimmer	Yamaha	49
Lavado	Yamaha	49
Reggiani	Aprilia	26
Ricci	Honda	22
Carter	Honda	18
Roth	Römer	13
Cardus	JJ Cobas	11
Rademeyer	Yamaha	10

Trainingszeiten

Spencer 1.33,99; Lavado 1.34,42; Wimmer 1.34,79; Mang 1.34,80; Roth 1.35,51; Mattioli 1.36,21; Cardus 1.36,33; Eckl 1.36,71; Bolle 1.35,76; Freymond 1.36,85.

KLASSE 500 cm³

32 Runden = 134 km

1. Eddie Lawson	USA	Yamaha	49.46,65 = 160,767 km/h
2. Freddie Spencer	USA	Honda	50.08,41
3. Wayne Gardner	Australien	Honda	50.16,89
4. Ron Haslam	England	Honda	50.24,60
5. Christian Sarron	Frankreich	Yamaha	50.57,42
6. Raymond Roche	Frankreich	Yamaha	50.57,77
7. Didier De Radigues	Belgien	Honda	51.11,49
8. Rob McElnea	England	Suzuki	51.11,96
9. Gustav Reiner	Deutschland	Honda	51.12,26
10. Dave Petersen	Südafrika	Honda	51.12,54

1 Runde zurück: 11. A. Pons (E) Suzuki; 12. F. Biliotti (I) Honda; 13. E. Hyvarinen (SF) Honda; 14. B. Van Dulmen (NL) Honda; 15. M. Lucchinelli (I) Cagiva; **20. D. Mayer (D)** Honda. Weitere elf Fahrer im Ziel; sieben Fahrer nicht klassifiziert.

Schnellste Runde: Eddie Lawson (Yamaha) 1.31,78 = 163,487 km/h (Rekord)

Stand der Weltmeisterschaft Pkt.

Spencer	Honda	81
Lawson	Yamaha	74
Sarron	Yamaha	52
Gardner	Honda	43
Haslam	Honda	34
Mamola	Honda	25
De Radigues	Honda	25
Roche	Yamaha	16
McElnea	Suzuki	15
Baldwin	Honda	10

Trainingszeiten

Spencer 1.31,44; Lawson 1.32,00; Gardner 1.32,46; Haslam 1.32,72; Mamola 1.32,77; Sarron 1.32,99; Roche 1.33,63; Katayama 1.33,81; De Radigues 1.34,03; McElnea 1.34,38.

Grand Prix Niederlande
Dutch TT Assen, 29. Juni

Zuschauer: 125 000
Wetter: Regen
Streckenlänge: 6,134 km

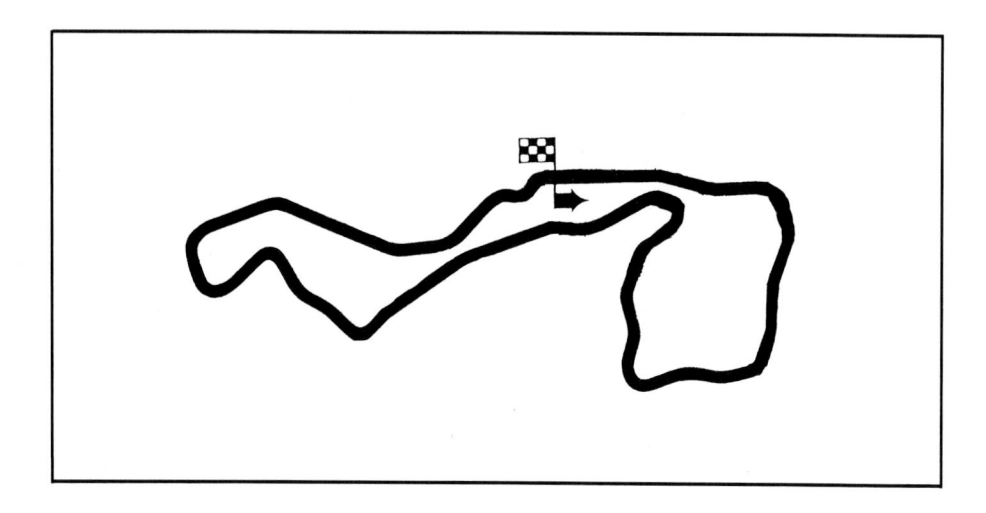

Traditionsgemäß läutet die Dutch TT die zweite Hälfte der Saison ein, in die die Fahrer mit neuer Motivation und mit neuem Schwung gehen. Traditionsgemäß wartete Assen aber nicht nur mit seiner speziellen Atmosphäre, den riesigen Zuschauerzahlen, der hervorragenden Organisation und dem vollen Programm von fünf WM-Läufen plus einem Formel TT-Rennen auf, sondern auch mit Regen und unwirtlicher Kühle – sowie einer ganzen Reihe Neuheiten.

Eine davon war eine neue 250 cm³-Yamaha, die sich jedoch nicht als die erwartete V-Zweizylindermaschine entpuppte, sondern lediglich als eine verbesserte Version des Production-Racers. Immerhin besaß sie ein neues Fahrwerk aus Leichtmetall-Kastenprofil, das Martin Wimmer und Carlos Lavado zwar begeisterte, in das aber ihre ›alten‹ Motoren (die dank intensiver Feinarbeit ihrer Tuner Helmut Fath bzw. Feruccio schneller als die ›neuen‹ waren) wegen abgeänderter Aufhängungen nicht hineinpaßten. Beide Yamaha-Fahrer testeten die neuen Maschinen im Training, Lavado stellte die beste Traniningszeit jedoch mit seinem ›alten‹ Modell auf und so blieben die neuen Yamahas zum Rennen im Transporter.

»Wieder da« war Manfred Herweh, leider aber noch immer gehandicapt durch den nicht richtig verheilten Bruch seiner Hand. Für die zweite Saisonhälfte hat sich der Vize-Weltmeister vorgenommen, durch gute Plazierungen wenigstens noch einen Tabellenrang in den ersten zehn sicherzustellen, um sich für die nächste Saison eine bessere Ausgangsposition zu schaffen. Es kostete den Lampertheimer Mühe, sich zu qualifizieren – es gelang ihm gerade noch die 36. Zeit. Auch Toni Mang hatte im Training Probleme, seine waren allerdings rein technischer Natur (mehrere Male ging der Motor fest); sie hatten zur Folge, daß der Bayer von einem für ihn ungewohnten 29. Startplatz aus ins Rennen gehen mußte.

Jean-Francois Baldé tigerte während der Trainingstage mit einer Plastiktüte durchs Fahrerlager, in der er Teile sammelte: »Ich trage alles zusammen, was ich nur kriegen kann. Pernod hört auf – ich will aber weiterfahren und jetzt muß ich halt organisieren.« Immerhin

Start zum 500er Rennen im Regen: für Freddie Spencer und Christian Sarron wurde es zum Desaster.

überließ ihm Pernod einen Transporter und den von Alain Chevallier konstruierten Rahmen und Baldé versuchte nun, ein Yamaha-Triebwerk aufzutreiben. Der 35jährige Franzose mit dem auch in schwierigen Situationen unverdrossen gezeigten Sonnyboy-Grinsen hoffte, schon in Belgien wieder an den Start gehen zu können.

Nach seiner von Garelli-Teamchef Roberto Patrignani erzwungenen Zwangspause trainierte Angel Nieto wieder eifrig, allerdings nicht mit der 250er Garelli, sondern – auf der 80er Derbi! Daß der 13malige Weltmeister sich herabgelassen hatte, wieder einen der von ihm so wenig geschätzten Mini-Racer zu pilotieren, dürfte neben der offiziellen Version (»Derbi bat mich, Jorge Martinez gegen Stefan Dörflinger den Rücken zu ›decken‹«) einen anderen – für Nieto ungleich wichtigeren – Grund haben: der Spanier möchte Garelli von seinen wiedererlangten Fähigkeiten überzeugen und das Feld nicht allein Mauro Vitali überlassen. Der Auftritt in Holland war allerdings wenig geeignet, bei Garelli Eindruck zu schinden: Nieto schied bereits nach zwei Runden mit defektem Vergaser aus.

Humor zeigte Roberto Gallina, der zu einer Trainings-Session mit einer Mütze mit der Aufschrift ›Suzuki Weltmeister 1986‹ erschien. Zu lachen hatte der Italiener allerdings nichts: Uncini schaffte nur die 13. Zeit und Sito Pons – dessen Vorhaben, hier eine 250 cm^3-Maschine zu fahren, nicht zu realisieren war – erreichte mit fünf Sekunden Differenz zu Spencer die zehnte Zeit. Gallina zermürbte das Hoffen auf neues Material inzwischen zusehend: »Alle meine Anfragen in Japan bleiben ohne definitiven Bescheid. Ich glaube bald nicht mehr, daß dort eine neue Maschine entsteht.«

Die Cagiva C10/V erschien in Assen mit mehreren Änderungen, unter anderem einem neugestalteten Radiator in Z-Form, der eine bessere Kühlleistung bringen sollte. Marco Lucchinelli waren die vielen Probleme, mit denen die noch völlig unausgereifte Maschine ihn konfrontierte, sichtlich lästig: »Meine Stärke liegt im Fahren und im Kämpfen, nicht im Aufspüren von technischen Unzulänglichkeiten.« Ungnädig reagierte er darauf, nur die 35. Zeit erreicht zu haben: »Ich reiße mir doch die Beine nicht aus, solange wir noch im Entwicklungsstadium sind.«

Mit vollem Risiko agierte dagegen Ron Haslam. Um seine Zeiten denen von Wayne Gardner und Randy Mamola anzugleichen, bolzte der Brite so entfesselt um den als schwierig bekannten Kurs, daß er gleich zweimal stürzte. Im letzten Training schlug er dabei so hart auf, daß er mehrere Minuten bewußtlos war.

Freddy Spencer hatte seine Muskelzerrung in Shreveport von einem auf Sportverletzungen spezialisierten Arzt kurieren lassen und war »wieder völlig okay« nach Assen gekommen: »Vielleicht haben sich manche meiner Kollegen Hoffnungen gemacht, ich könnte hier nicht oder nur gehandicapt antreten. Ich bin aber wieder topfit und voller Kampfgeist.«

Gerade deswegen weigerte sich der Honda-Star, die Mini-Filmkamera an seiner Maschine installieren zu lassen, die der britische Elektronikspezialist David Earl im Auftrag von Sponsor Rothmans entwickelte und die – in ähnlicher Ausführung – bereits im Automobilrennsport von Rothmans im Porsche verwendet wird. Spencer: »Ich will Doppelweltmeister werden und da muß ich mich auf mein Ziel konzentrieren können, ohne von solchem Firlefanz abgelenkt zu werden.«

Umso bereitwilliger nahm Randy Mamola die Kamera an Bord, natürlich nicht, ohne seinen Spaß damit zu treiben. So hielt er zum Beispiel während des Trainings einmal die aufgeklappte Mittelseite des Magazins ›Penthouse‹ vor die Kamera: »Damit die Zuschauer auch mal was anderes zu sehen bekommen als nur Motorräder.« Immerhin wurden diese Aufnahmen über einen Hubschrauber als Relaisstation live ins TV-Programm überspielt.

Einen besonderen Gag hatte sich Sponsor Rothmans ausgedacht. Die ersten 30 Stück der neuen Honda NS 400 in der Spezial-Lackierung der Werksmaschine wurden ihren Käufern im Fahrerlager übergeben: Freddie Spencer überreichte jedem einzelnen von ihnen Schlüssel und Papiere und wünschte den stolzen Besitzern seiner Rennmaschinen-Replika gute Fahrt.

80 cm^3: Kafka, die Nervensäge

Lokalmatador Henk van Kessel katapultiert die HuVo-Casal zwar rasant an die Spitze des Feldes, gerät aber schon nach wenigen Kilometern in Schlagweite von Gerd Kafka auf der Seel, dem Gerhard Waibel, Domingo Gil auf der Autisa (einer Neuentwicklung aus Spanien) und Stefan Dörflinger folgen. Van Kessel sieht sich nach der ersten Runde bereits rigoros auf den vierten Platz abgedrängt, muß dann Jorge Martinez und später den schlecht gestarteten Manuel Herreros vorbeilassen und kann sich am Ende nur ganz knapp vor seinem Teamgefährten Theo Timmer auf den fünften Platz ins Ziel retten.

Der junge Österreicher Kafka brilliert acht Runden lang als Spitzenreiter. Sein anfangs enormer Vorsprung schmilzt zusehends, als Stefan Dörflinger der Krauser die Sporen gibt und das

Freddie Spencers Mechaniker präparieren die V 4 während des Trainings.

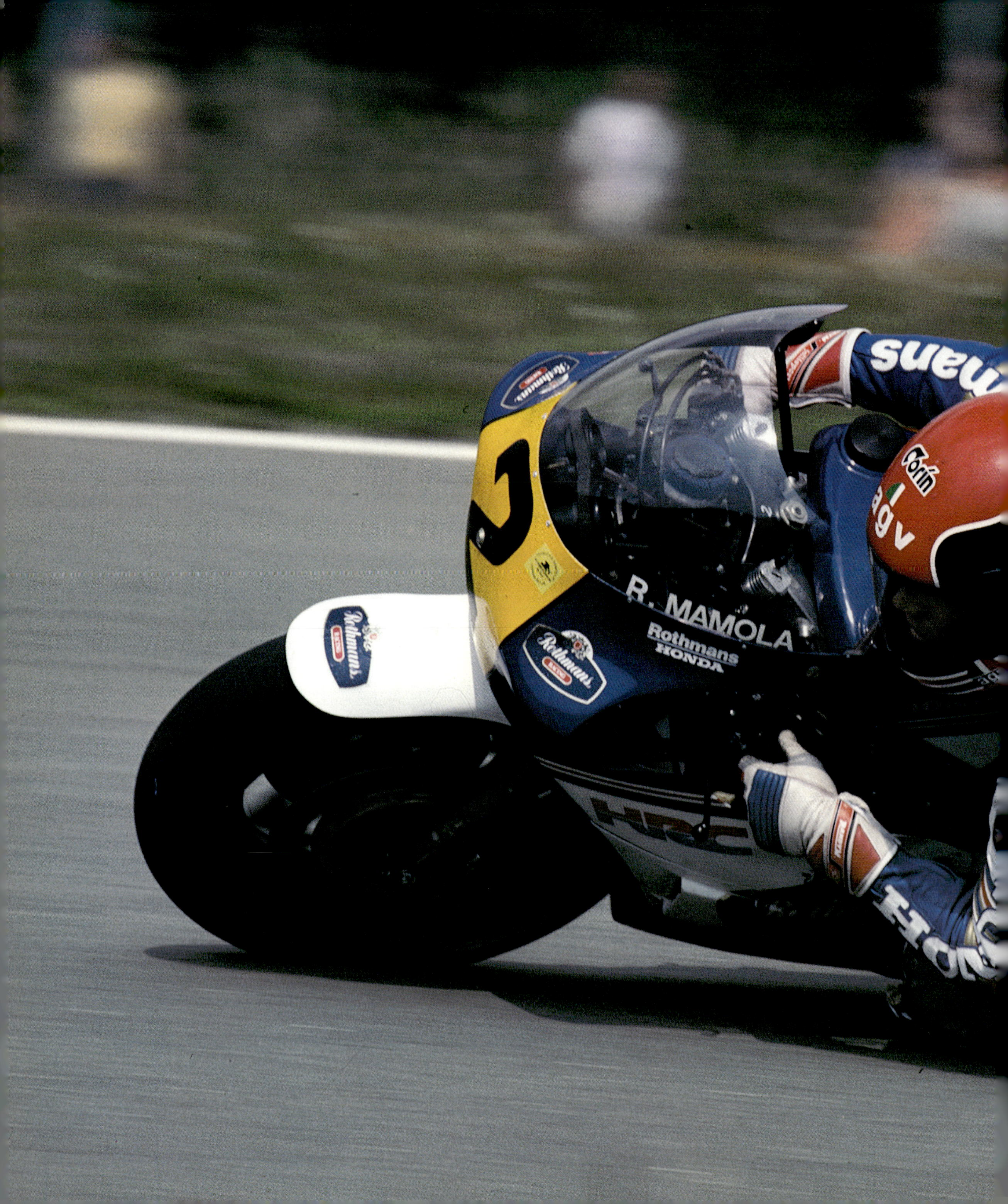
R. MAMOLA
Rothmans
HONDA

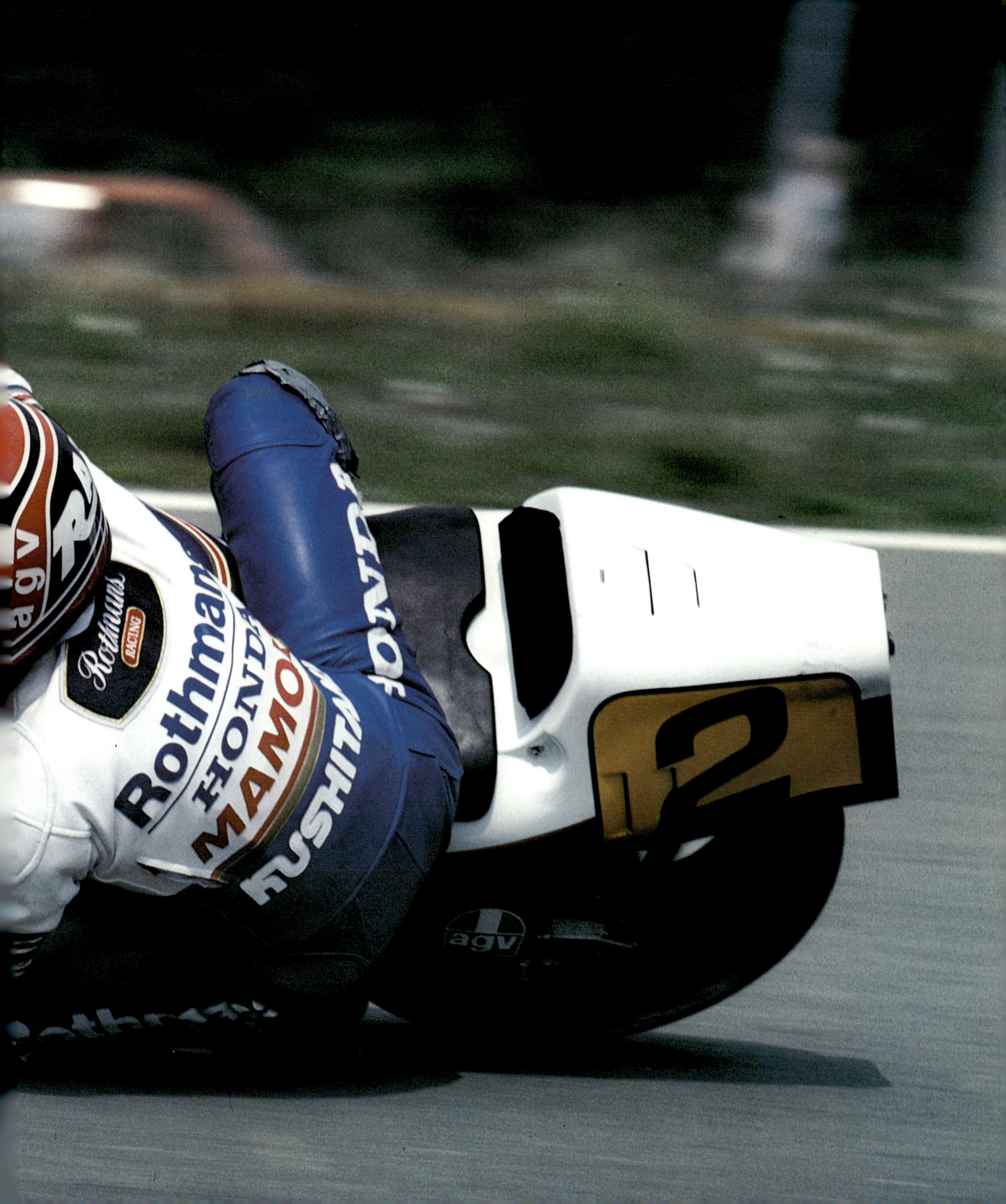
Rothmans
RACING
agv

Obere Reihe: der Italiener Fausto Ricci, Vize-Weltmeister Eddie Lawson, Harald Eckl auf der Römer-Juchem.

92

Untere Reihe: Schnellstarter Ron Haslam, der Spanier Sito Pons, 80er Weltmeister Stefan Dörflinger.

93

Eindeutig der schnellste Mann:
›Fast‹ Freddie Spencer. Ihm gelang es als erstem, Doppelweltmeister der Klassen 250 und 500 cm³ zu werden.

Steve Webster/Tony Hewitt;
Werner Schwärzel/Fritz Buck;
Egbert Streuer/Bernard Schnieders;
Rolf Steinhausen/Bruno Hiller.

Champagner für den Sieger: Freddie Spencer feiert seinen Doppelerfolg.

Der Österreicher Gerd Kafka eroberte sich mit der 80 cm³-Seel den Sieg und profitierte dabei vom Sturzpech Dörflingers.

überlegene Potential seiner Maschine voll ausspielt; in der viertletzten Runde passiert der Schweizer als neuer Leader, leistet sich dann jedoch eine Enduro-Einlage und holpert ein Stück über die Wiese. Kafka nutzt das kaltblütig aus, schiebt sich wieder vor Dörflinger und kommt am Ende der vorletzten Runde vor dem Krauser-Piloten bei Start und Ziel vorbei, wo Mike Krauser von der Boxenmauer aus das Geschehen verfolgt. Dörflinger macht in der letzten Runde noch einmal mächtig Dampf und verweist den jungen Österreicher wieder hinter sich. Kurz vor dem Ziel aber verliert er in der Schikane ein wenig die Nerven – und stürzt. Dörflinger schlittert von der Bahn, rappelt sich aber geistesgegenwärtig wieder auf und springt in den Sattel. Doch der Sieg ist vertan; während Mike Krauser konsterniert zusieht, wie Gerd Kafka als Sieger abgewunken wird, schleicht Dörflinger 33 Sekunden danach ins Ziel.

Die beiden Derbis belegen – weit abgeschlagen – die Plätze drei und vier; Martinez und Herreros beklagen übereinstimmend, »viel zu wenig« Leistung gehabt zu haben. Hinter Julin, Bolart und Besseling landet Gerd Waibel auf Rang zehn, weil sein beschlagenes Visier Sicht und Risikobereitschaft auf ein Minimum reduzierten.

125 cm³: Italienischer Bruderkampf

Inzwischen strömt der Regen wie aus Kübeln geschüttet. Für Pierpaolo Bianchi ist das nicht unbedingt ein Nachteil: »In der Nässe wirkt sich das Leistungsmanko meiner MBA gegenüber den Garellis nicht so krass aus.« Tatsächlich gelingt es dem altgedienten Fighter, die jungen Draufgänger Gresini und Gianola während des ersten Drittels klar in Schach zu halten. Erst

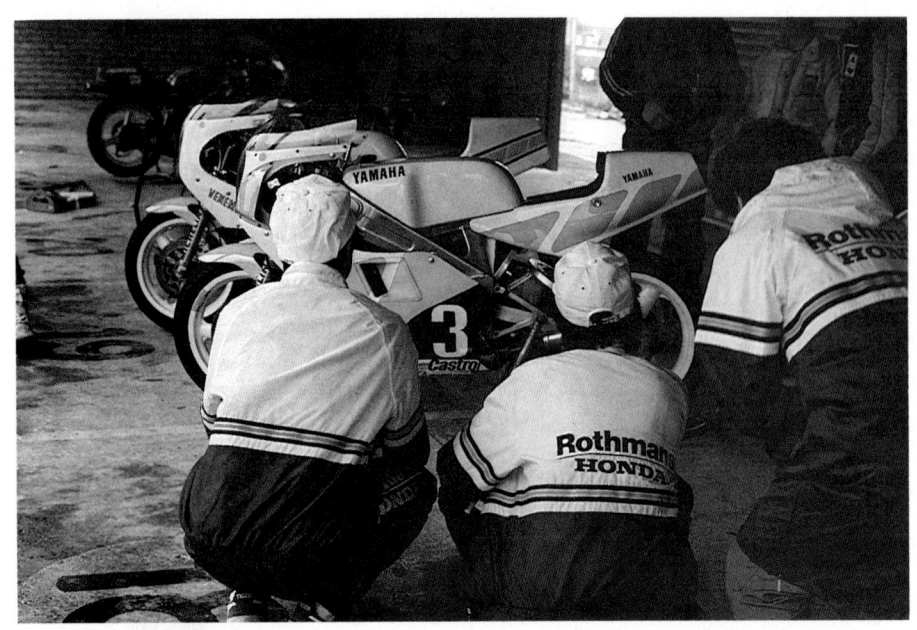

Die 250 cm³-Yamaha mit dem neuen Fahrwerk interessierte die Honda-Leute.

als seine beiden Verfolger sich eingeschossen haben, muß Bianchi den zwei Garelli-Fahrern den Vortritt lassen; belauert seine Herausforderer aber ständig und jagt sie dann mit solcher Unerbittlichkeit, daß sie keinen Widerstand mehr zu leisten vermögen und das letzte Drittel brav hinter Bianchi absolvieren. Speziell Gresini agiert zum Schluß recht gezügelt: »In meinen Vergaser muß Wasser geraten sein; der Motor leistete nicht mehr voll. Zusätzlich hatte ich Sichtprobleme wegen des beschlagenen Visiers – da wollte ich nichts mehr riskieren und nur noch Punkte machen.«

Hinter dem Franzosen Selini und dem Finnen Hautaniemi kämpft Bruno Kneubühler mit Luca Cadalora, der als letzter gestartet war, weil er das Batteriekabel nicht befestigt hatte. Matt wirkt auch die Vorstellung von Gustl Auinger, der ständig an achter Position laboriert. Alfred Waibel rangiert in der dritten Runde noch an 14. Stelle, verbessert sich aber konstant und erobert vor Thierry Feuz die zwei Weltmeisterschaftspunkte für den neunten Platz.

250 cm³: Wimmer vor Mang

Am Ende der Warmlaufrunde rutscht der junge Spanier Juan Garriga in der Schikane aus und reißt dabei Reinhold Roth mit um, der in den knöcheltiefen Grobsand der Sicherheitszone fällt und Mühe hat, seine Maschine wieder rennklar zu machen. Der Allgäuer startet deshalb schlecht, aber auch sein Teamkamerad Harald Eckl kommt nicht gut weg und auch Manfred Herweh befindet sich weit im Hinterfeld. Den besten Start fabriziert Carlos Lavado, der vor Jacques Cornu, Freddie Spencer, Martin Wimmer, Jean Mattioli und Carlos Cardus in die erste Runde geht. Ein Husarenstück aber vollbringt Toni Mang: aus der achten Reihe beschleunigt er so vehement, daß er sich dicht hinter der Spitzengruppe einfädeln kann.

Aus der ersten Runde kommt Wimmer in Führung liegend zurück, dahinter Lavado, Spencer, Reggiani, Mang, Cornu, der Belgier Stephane Mertens, der Franzose Jean Mattioli, der Schotte Donnie McLeod und Carlos Cardus. Wimmer führt zwei Runden lang, bis Mang ihn hinter sich verweist – zwei Runden später sieht der Bayer sich selbst verdrängt, natürlich von niemand anderem als Freddie Spencer. Der Honda-Star, der kein Hehl daraus macht, »nicht gern« im Regen zu fahren – was aber keineswegs bedeutet, daß er etwa bei Nässe weniger gut fährt – meistert die herrschenden Bedingungen perfekt. Souverän bewegt er sich an der Spitze und macht die Pace, verwandelt dabei die speziell auf seinen Stil zugeschnittenen Vorzüge seiner Maschine in klare Dominanz und läßt seine Verfolger dabei weit zurück. Bald trennen Toni Mang zehn Sekunden und bis zum Ziel hat Spencer gar über zwölf Sekunden Plus herausgefahren.

Toni Mang hält den zweiten Platz bis zur drittletzten Runde und muß dann den ihn heftig angreifenden Martin Wimmer vorbeilassen. Und obwohl der Münchner den Auspufftopf seiner Yamaha verliert, gelingt es ihm, Mang bis ins Ziel noch vier Sekunden abzunehmen. Denn auch der Toni hat Probleme, die Techniker Sepp Schlögl allerdings erst später realisiert: Im Leerlaufsystem, vor der Düse, hatte sich ein feines, kleines Sandkorn angesiedelt und brachte die ganze Abstimmung durcheinander – das kostete Leistung. Trotzdem freut sich der Toni über seine Plazierung, weiß er doch, daß er wieder voll da ist.

Tapfer schlägt sich Loris Reggiani, der seine Aprilia konstant auf dem vierten Rang hält, vier Runden lang sogar vor Wimmer an dritter Stelle. Beachtlich in Form präsentiert sich auch Jacques Cornu, dessen Rundenrekord aus dem

Carlos Lavado kämpfte wie immer brillant und mit vollem Risiko – in Assen bezahlte er wie schon oft mit einem Sturz.

Vorjahr übrigens unangetastet blieb; der Schweizer holt mit dem fünften Rang sein bisher bestes Ergebnis der Saison.

Hinter McLeod und Mattioli erkämpft sich Reinhold Roth trotz seiner Probleme am Start den achten Platz vor Stephane Mertens und Jean Foray.

Harald Eckl belegt wegen Vergaserproblemen nur den 19. Rang und Manfred Herweh quält sich an 23. Stelle ins Ziel – nicht eben das Ergebnis, das der Vize-Weltmeister sich von diesem Rennen erhoffte, es zeigt ihm aber wenigstens, daß er wieder eine Distanz durchstehen kann.

Fausto Ricci und Dominique Sarron stürzen beide schon in der ersten Runde, Carlos Lavado gerät im Eifer des Gefechts in der fünften Runde auf eine weiße Seitenbegrenzungslinie und stürzt, auch Hans Becker vom Dieter Braun Racing-Team und die Spanier Garcia und Cardus rutschen von der Piste. In allen Fällen hindern Streckenposten die Fahrer daran, wieder ins Rennen zu gehen (wie es laut FIM-Reglement vorgeschrieben ist); bei Cardus, der sich temperamentvoll gegen diese Entscheidung wehrt, wird sogar mit einem scharf dressierten Schäferhund für Disziplin gesorgt.

Empört legt Cardus später bei der Rennleitung Protest ein und besteht darauf, daß er sicher noch den fünften Platz erreicht hätte – tatsächlich wird dem Spanier das Preisgeld für diese Plazierung ausbezahlt, obwohl, wie Rennleiter Jaap Timmer meint, es nicht schaden könnte, »wenn die Herren Rennfahrer auch einmal das Reglement lesen würden.«

500 cm³: Schlacht im Regen

Es regnet wieder in Strömen, als die Halbliterpiloten Aufstellung nehmen.

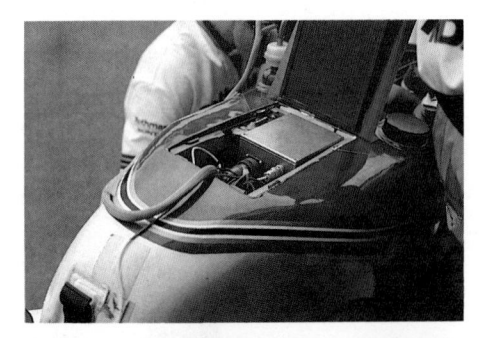

**Die Mini-Kamera in der Mamola-Honda (links).
Parade der in Assen ausgelieferten Honda-NS 500 R (rechts).**

Randy Mamola (mit der Mini-Fernseh-Kamera an Bord) flucht lauthals über das Wetter: »Ich hasse Regen und ich habe einen Horror vor Regenrennen!« Ganz anders dagegen ›Regen-Zauberer‹ Christian Sarron: »Man muß sich nur darauf einstellen, dann macht der Regen gar nichts!«

Und genau das tut Randy Mamola. Der Kalifornier prescht, eine riesige Gischtwolke aufwirbelnd, vor dem Feld durch die erste Runde und entschwindet dann den Blicken seiner Verfolger. Im dichten Pulk versuchen dahinter Boet van Dulmen, Freddie Spencer, Ron Haslam und Christian Sarron, ihre Positionen gegeneinander abzustecken. Sarron gibt sich dabei einer gewaltigen Selbsttäuschung über seine Fähigkeiten hin und bremst eine Kurve so unorthodox an, daß seine Maschine sich querstellt und die Honda von Spencer mit umreißt.

Beide segeln von der Piste und rutschen durch die triefendnasse Wiese in die Strohballen. Einen Moment lang gestattet sich Spencer Emotionen: Voll Enttäuschung krümmt er sich auf dem Boden und schlägt verzweifelt mit den Fäusten auf. Dann versucht er, seine Maschine wieder in Gang zu setzen, was aber nicht möglich ist, weil das Kupplungsseil abgequetscht ist. Als Sarron auf ihn zugeht und sich entschuldigt (»sorry, das war mein Fehler!«) wendet Spencer sich zornig ab – erst später, als er seine Enttäuschung überwunden hat, nimmt er die Entschuldigung des Franzosen an.

An der Spitze zieht Mamola mit ständig wachsendem Vorsprung einsam seine Runden und liefert den Fernsehzuschauern atemberaubende Eindrücke seiner Schräglagen. Hinter ihm hat Ron Haslam den zweiten Platz okkupiert und Van Dulmen versucht, seine dritte Position gegen Eddie Lawson zu verteidigen. Der Yamaha-Pilot war verhalten gestartet, donnert nun aber – angestachelt durch das Wissen, daß Spencer und Sarron aus dem Rennen sind – wie eine Lokomotive vorwärts, passiert Van Dulmen in der dritten Runde und macht dann Jagd auf Haslam.

Bis zur zehnten Runde, also der Hälfte der Distanz, schiebt sich der Weltmeister immer näher an Haslam heran, leistet sich dann aber einen gravierenden Fehler und bringt sich dadurch um die Chance, Spencer von der Spitze der WM-Tabelle zu verdrängen: er ist ein wenig zu schnell, als er die Schikane angeht, gerät auf die weiße Begrenzungslinie, das Vorderrad schmiert weg, die Maschine bricht aus – und landet in den Strohballen. Deprimiert sinniert Lawson dann darüber nach, wie ihm ein solcher Lapsus unterlaufen konnte: »Zu dumm, daß ich mich hinreißen ließ, so aufs Tempo zu drücken.«

Wayne Gardner hat wie Mamola einen »Heidenrespekt« vor Regen und geht dementsprechend behutsam zu Werke. Trotzdem gelingt es dem Australier, vor Van Dulmen den dritten Platz zu erobern. Der französische Langstreckenfahrer Pierre-Etienne Samin beeindruckt mit der clever kalkulierten Art, mit der er seine Elf-Honda mit großem Abstand vor seinen Teamkameraden DeRadigues auf den fünften Platz steuert und hinter Rob McElnea sichern sich die Niederländer Pajic, van der Mark und Punt die letzten Punkteränge.

Takazumi Katayama gibt nach der ersten Runde auf (»Keine Motivation«), Gustl Reiner wirft nach zwei Runden das Handtuch (»Mein Visier war total blind«), Thierry Espié scheidet mit Motordefekt aus, Pons und Baldwin stürzen, Roche gibt mit defekter Zündung auf und Marco Lucchinelli stellt die Cagiva nach 14 Runden beiseite: »Die Benzinleitung ist verstopft.«

Randy Mamola, ›schnellster Kameramann der Welt‹, holte in Assen den Sieg, seinen einzigen in diesem Jahr.

In der letzten Runde aber bleibt Randy Mamola fast das Herz stehen vor Schreck: »Plötzlich setzte mehrere Male der Motor aus und ich befürchtete schon, ohne Sprit liegen zu bleiben!« Als der technische Kommissionär den Kraftstoffhahn öffnet, um die Benzinprobe zu entnehmen, kommt kein Tropfen Sprit mehr aus dem Tank! Mamola rollte wahrlich mit dem letzten Tropfen ins Ziel. Erst eine Demontage des Tanks förderte noch eine Restmenge zu Tage. Dabei stellte sich auch heraus, daß bei den Einbauarbeiten des Kamera-Receiverteils in den Treibstofftank Metallspäne zurückgeblieben waren, die dann den Auslaß verstopften. Mamola: »Wenn mich das den Sieg gekostet hätte, ich hätte den Schuldigen erwürgt.«

Gespanne: Schuß vor den Bug

Rolf Biland setzte im Training den neuen Krauser-Motor ein, konnte aber wegen des immer wieder einsetzenden Regens keine grundlegenden Erfahrungen sammeln.

Mit der elften Trainingszeit startet er aus der für ihn ungewohnten fünften Reihe, verdonnert jedoch das gesamte Feld, als er nach dem Aufleuchten des grünen Lichts in die Wiese ausbiegt, wie ein Torpedo an den Gefährten vorbeizieht und vor dem Briten Webster in Führung geht.

Unbeeindruckt von diesem Manöver verweist Webster den Schweizer später kategorisch hinter sich und führt die erste Hälfte des Rennens. Biland etabliert sich dahinter an zweiter Stelle und Streuer belauert die beiden Crews an dritter Position. Werner Schwärzel und sein Copilot Fritz Buck mühen sich indessen, von ihrem zehnten Platz in Runde zwei vorzudringen und Anschluß zur Spitze zu finden; nacheinander kämpfen sie Barton und Hügli (der später ausscheidet) nieder und treffen in der fünften Runde auf die Zurbrügg-Brüder. Nach kurzer Gegenwehr müssen die Schweizer die Deutschen vorbeilassen.

Steve Webster und Tony Hewitt animiert ihre Führungsposition zu solch entfesselter Fahrweise, daß sie – den ungünstigen Verhältnissen zum Trotz – in der sechsten Runde den neuen Rundenrekord aufstellen (in keiner der Soloklassen wurde der Rundenrekord gebrochen!), bezahlen ihren Übermut jedoch wenige Minuten später mit einem spektakulären Sturz: das Gespann segelt von der Piste, wirbelt über die nasse Wiese, überschlägt sich schließlich und landet in einem Wassergraben. Hewitt verletzt sich am Rückgrat, Webster erleidet einen Armbruch – das Fahrzeug ist Schrott.

Streuer und Bernard Schnieders – in Assen daheim – übernehmen nun unter dem frenetischen Beifall ihrer Landsleute die Spitze, Biland und Schwärzel etablieren sich dahinter, haben aber keine Chance, die Niederländer zu attackieren, die auf ihrer Hausstrecke binnen kurzem einen gewaltigen Vorsprung herausfahren. Streuer hat den Sieg schon vor Augen – da bemerkt er eingangs der letzten Runde, daß die Bremse wirkungslos ist (sämtliche Bremsflüssigkeit war entwichen); der Vorsprung der Weltmeister löst sich sofort in nichts auf, Biland und Schwärzel gehen vorbei und Streuer rettet sich als dritter ins Ziel.

So kommt der neue Krausermotor in seinem Debut-Grand Prix zwar zu einem Sieg, überzeugend aber fällt er nicht aus; Rolf Biland weiß das: »Da ist noch eine Menge zu verbessern.«

Schwärzel behält dank seines zweiten Platzes die Führung in der WM-Wertung, und hinter Zurbrügg und Barton auf den Plätzen vier bzw. fünf erobern sich Abbott/Smith nach erbittert geführtem Kampf gegen Van Drie/Colquhoun noch den sechsten Rang. Nachdem es den ganzen Tag über mehr oder weniger stark geregnet hatte, verzogen sich die Wolken während des Dreirad-Laufs immer mehr; am Abend schien sogar die Sonne!

KLASSE 80 cm³ — 12 Runden = 73,608 km

Pos.	Fahrer	Land	Maschine	Zeit
1.	Gerd Kafka	Österreich	Seel	33.33,88 = 131,581 km/h
2.	Stefan Dörflinger	Schweiz	Krauser	34.06,94
3.	Jorge Martinez	Spanien	Derbi	34.35,41
4.	Manuel Herreros	Spanien	Derbi	34.48,47
5.	Henk Van Kessel	Niederlande	HuVo Casal	34.54,25
6.	Theo Timmer	Niederlande	HuVo Casal	34.56,51
7.	Serge Julin	Belgien	Casal	35.02,61
8.	Juan Bolart	Spanien	Autisa	35.03,59
9.	Kees Besseling	Niederlande	CJB	35.28,44
10.	Gerhard Waibel	Deutschland	Seel	35.28,80

11. R. Kunz (D) Ziegler 35.30,05; **12. W. Zeelenberg** (NL) HuVo 35.57,16; **13. G. Schirnhofer** (D) Krauser 35.57,51. 1 Runde zurück: **19. J. Auer** (D) Eberhardt; **21. B. Rossbach** (D) HuVo Casal; **23. R. Koberstein** (D) Seel; **25. T. Engl** (D) Esch-SB. Weitere 12 Fahrer im Ziel; acht Fahrer nicht klassifiziert.

Schnellste Runde: Stefan Dörflinger (Krauser) 2.44,84 = 133,962 km/h
Rekordhalter: Jorge Martinez (Derbi) 2.39,98 = 138,032 km/h (1984)

Stand der Weltmeisterschaft — Pkt.

Dörflinger	Krauser	64
Martinez	Derbi	52
Herreros	Derbi	40
Kafka	Seel	39
Waibel	Seel Real	26
McConnachie	Krauser	19
Timmer	HuVo Casal	18
Rimmelzwaan	Harmsen	11
Van Kessel	HuVo Casal	8
Bolart		8

Trainingszeiten

Dörflinger 2.35,26; Martinez 2.36,03; Waibel 2.40,44; Nieto 2.41,04; McConnachie 2.41,85; Herreros 2.42,10; Kafka 2.42,68; Rimmelzwaan 2.43,18; Kunz 2.43,83; Van Kessel 2.43,85.

KLASSE 125 cm³ — 16 Runden = 98,144 km

Pos.	Fahrer	Land	Maschine	Zeit
1.	Pierpaolo Bianchi	Italien	MBA	43.49,24 = 134,380 km/h
2.	Ezio Gianola	Italien	Garelli	43.58,87
3.	Fausto Gresini	Italien	Garelli	44.13,02
4.	Jean Selini	Frankreich	ABF	44.18,00
5.	Jussi Hautaniemi	Finnland	MBA	44.23,02
6.	Bruno Kneubühler	Schweiz	LCR	44.41,80
7.	Luca Cadalora	Italien	MBA	44.42,51
8.	August Auinger	Österreich	MBA	44.46,97
9.	Alfred Waibel	Deutschland	Spezial	45.38,97
10.	Thierry Feuz	Schweiz	MBA	45.46,53

11. J. Hutteau (F) MBA 46.11,65; **12. J. Eggens** (NL) EGA 46.14,26; **13. A. Sanchez** (E) MBA 46.15,38; **14. W. Lücke** (D) MBA 46.33,92; 15. M. Leitner (A) MBA. 1 Runde zurück: **17. A. Stadler** (D) MBA. Weitere fünf Fahrer im Ziel; 15 Fahrer nicht klassifiziert.

Schnellste Runde: Jussi Hautaniemi (MBA) 2.40,72 = 137,396 km/h
Rekordhalter: Angel Nieto (Garelli) 2.29,63 = 147,580 (1984)

Stand der Weltmeisterschaft — Pkt.

Bianchi	MBA	63
Gresini	Garelli	49
Gianola	Garelli	42
Auinger	MBA	30
Kneubühler	LCR	28
Selini	ABF	21
Brigaglia	MBA	18
Pietroniro	MBA	14
Waibel	Spezial	10
Wickström	Tunturi	10

Trainingszeiten

Gresini 2.28,15; Gianola 2.28,40; Pietroniro 2.29,77; Bianchi 2.30,08; Selini 2.31,09; Auinger 2.31,24; Ascareggi 2.31,47; Liegeois 2.31,55; Cadalora 2.31,62; Kneubühler 2.31,67.

KLASSE 250 cm³

18 Runden = 110,412 km

1. Freddie Spencer	USA	Honda	45.14,57 = 146,425 km/h
2. Martin Wimmer	Deutschland	Yamaha	45.26,87
3. Anton Mang	Deutschland	Honda	45.31,06
4. Loris Reggiani	Italien	Aprilia	45.49,42
5. Jacques Cornu	Schweiz	Honda	46.01,56
6. Donnie McLeod	England	Armstrong	46.08,04
7. Jean-Michel Mattioli	Frankreich	Yamaha	46.16,15
8. Reinhold Roth	Deutschland	Römer	46.17,23
9. Stephane Mertens	Belgien	Yamaha	46.24,96
10. Jean Foray	Frankreich	Chevallier	46.25,21

11. P. Bolle (CH) Parisienne 46.42,36; 12. S. Minich (A) Yamaha 46.45,97; 13. A. Carter (GB) Honda 46.51,90; 14. N. McKenzie (GB) Armstrong 46.54,22; 15 H. Lindner (A) Rotax 46.55,43. 1 Runde zurück: **19. H. Eckl (D)** Römer; **23. M. Herweh (D)** Real. Weitere neun Fahrer im Ziel; neun Fahrer nicht klassifiziert.

Schnellste Runde: Martin Wimmer (Yamaha) 2.26,84 = 150,384 km/h
Rekordhalter: Jacques Cornu (Yamaha) 2.24,99 = 152,303 km/h (1984)

Stand der Weltmeisterschaft

		Pkt.
Spencer	Honda	89
Wimmer	Yamaha	61
Mang	Honda	60
Lavado	Yamaha	49
Reggiani	Aprilia	34
Ricci	Honda	22
Carter	Honda	18
Roth	Römer	16
Cornu	Honda	13
Cardus	JJ Cobas	11

Trainingszeiten

Lavado 2.19,97; Spencer 2.20,53; Wimmer 2.21,81; Mertens 2.23,21; Cornu 2.23,42; Cardus 2.23,58; Reggiani 2.23,75; Ricci 2.23,75; Garriga 2.23,88; Roth 2.24,37.

KLASSE 500 cm³

20 Runden = 122,680 km

1. Randy Mamola	USA	Honda	50.47,22 = 144,934 km/h
2. Ron Haslam	England	Honda	51.00,18
3. Wayne Gardner	Australien	Honda	51.22,98
4. Boet Van Dulmen	Niederlande	Honda	51.36,63
5. Pierre Samin	Frankreich	Honda	51.42,33
6. Didier De Radigues	Belgien	Honda	52.13,93
7. Rob McElnea	England	Suzuki	53.06,94
8. Mile Pajic	Niederlande	Honda	1 Runde zurück
9. Henk Van der Mark	Niederlande	Honda	1 Runde zurück
10. Rob Punt	Niederlande	Suzuki	1 Runde zurück

11. M. Messere (I) Honda; 12. F. Biliotti (I) Honda; 13. F. Uncini (I) Suzuki; **14. M. Fischer (D)** Honda; 15. A. Errico (I) Honda. Weitere vier Fahrer im Ziel; 17 Fahrer nicht klassifiziert.

Schnellste Runde: Wayne Gardner (Honda) 2.28,66 = 148,542 km/h
Rekordhalter: Eddie Lawson (Yamaha) 2.15,75 = 162,670 km/h (1984)

Stand der Weltmeisterschaft

		Pkt.
Spencer	Honda	81
Lawson	Yamaha	74
Gardner	Honda	53
Sarron	Yamaha	52
Haslam	Honda	46
Mamola	Honda	40
De Radigues	Honda	30
McElnea	Suzuki	19
Roche	Yamaha	16
Van Dulmen	Honda	12

Trainingszeiten

Spencer 2.13,91; Sarron 2.14,73; Lawson 2.15,54; Mamola 2.15,82; Gardner 2.16,21; Roche 2.16,74; De Radigues 2.17,11; Haslam 2.17,35; McElnea 2.19,10; Pons 2.19,35.

KLASSE GESPANNE

16 Runden = 98,144 km

1. R. Biland / K. Waltisperg	CH	Krauser	39.01,47 = 150,895 km/h
2. W. Schwärzel / F. Buck	D	LCR Yam	39.04,51
3. E. Streuer / B. Schnieders	NL	LCR Yam	39.07,79
4. A. Zurbrügg / M. Zurbrügg	CH	LCR Yam	39.59,65
5. M. Barton / S. Birchall	GB	LCR Yam	40.13,60
6. S. Abbott / S. Smith	GB	HAM-YAM	40.35,73
7. H. V. Drie / J. Colquhoun	NL/GB	LCR	40.37,76
8. M. Kooij / R. v. d. Groep	NL	Kova	40.56,98
9. T. v. Kempen / G. Haas	NL	LCR	40.59,52
10. D. Bingham / J. Bingham	GB	LCR	41.04,34

1 Runde zurück: **11. R. Steinhausen / F. Hiller (D)** ARO; 12. M. Egloff / U. Egloff (CH) LCR; 13. H. Christinat / M. Fahrni (CH) LCR. Sieben Gespanne nicht klassifiziert.

Schnellste Runde: S. Webster / T. Hewitt (LCR Yam) 2.22,45 = 155,018 km/h (Rekord)

Stand der Weltmeisterschaft

		Pkt.
Schwärzel	LCR Yam	39
Biland	Krauser	38
Streuer	LCR Yam	28
Webster	LCR Yam	22
Zurbrügg	LCR Yam	20
Barton	LCR Yam	11
Hügli	LCR Yam	7
Michel	Krauser	5
Abbott	HAM Yam	5
Bayley	LCR Yam	4

Trainingszeiten

Webster 2.32,22; Streuer 2.32,26; Michel 2.33,22; Steinhausen 2.33,40; Egloff 2.33,50; Zurbrügg 2.33,88; Jones 2.34,09; Van Kempen 2.34,24; Schwärzel 2.35,64; Van Drie 2.36,78.

Grand Prix Belgien

Francorchamps, 7. Juli

Zuschauer: 60 000
Wetter: hochsommerlich
Streckenlänge: 6,940 km

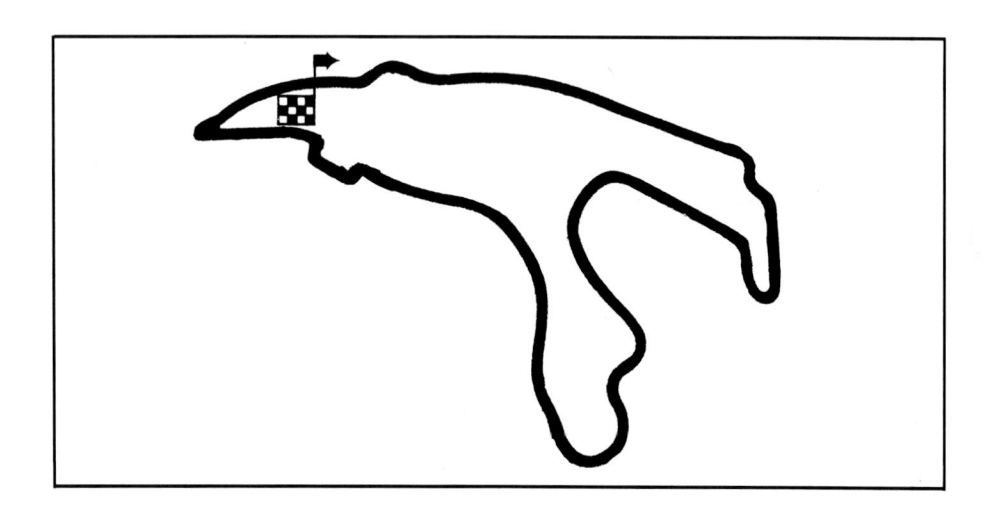

Die Hochgeschwindigkeitsstrecke in den Ardennen bot in der Vergangenheit immer wieder Anlaß zu Kontroversen, die 1978 den Umbau und die Kürzung des Kurses erforderlich machten. Weil der neue Streckenbelag ölte, boykottierten die Fahrer 1979 den Grand Prix – eine ähnliche Situation beschworen die Belgier in diesem Jahr herauf, nachdem die Formel 1-Fahrer sich geweigert hatten, ihren WM-Lauf zu absolvieren, weil ihre 1000 PS-Autos beim Beschleunigen ganze Stücke aus dem ›Super‹-Belag rissen, der zwar fünf Sekunden schnellere Zeiten als im Vorjahr ermöglichte, aber auf den alten darunterliegenden Belag nur ›aufgeklebt‹ worden war – und sich bei der hohen Belastung durch die Formel 1-Geschosse ablöste.

Damit das gleiche Desaster wie 1979 vermieden würde, ließen die Veranstalter die Strecke in Windeseile neu asphaltieren und luden am Dienstag vor dem Rennen in Assen sämtliche 500er Piloten zu einem Test ein, zu dem neben den Fahrervertretern Franco Uncini und Martin Wimmer von den Spitzenfahrern nur Weltmeister Eddie Lawson erschien – und der (wie es hieß) auch nur deshalb, weil er die Gelegenheit wahrnehmen wollte, neu aus Japan eingeflogene Teile zu testen. Die Strecke präsentierte sich teilweise ziemlich verschmutzt, doch in einem offiziellen Statement gaben die Anwesenden ihr »vorläufiges« Okay.

Zum ersten Training lamentierten die Fahrer, daß immer noch eine Menge kleiner Steinchen herumlägen, die beim Hochwirbeln für die Nachkommenden zur Gefahr würden. Ansonsten aber hatte niemand mehr am neuen Belag etwas auszusetzen; Freddie Spencer lobte sogar die »gute Griffigkeit« und bei Geschwindigkeitsmessungen machte er seinem Beinamen »The Fast« wieder alle Ehre: er wurde mit 276 km/h gestoppt; Lawson folgte mit 272 km/h, Sarron und Gardner mit 270, DeRadigues mit 268, Katayama mit 267, Mamola mit 265, Roche und Haslam mit 263, Uncini und Pons mit 260 bzw. 254; Lucchinelli erreichte mit der Cagiva C 10/V nur 251 km/h – das hieß die 29. Trainingszeit – aber auch, daß er 11,13 Sekunden pro Runde langsamer war als Freddie Spencer.

Viel zu schnell unterwegs war dagegen Ezio Gianola mit der Garelli im freien

Training am Donnerstag: Nach einem schweren Sturz, bei dem er sich schmerzhafte Verletzungen am Kopf zuzog, mußte er auf das Rennen verzichten. Auch Luca Cadalora konnte nicht am Rennen teilnehmen: er stürzte im ersten Zeittraining und erlitt eine schlimme Brustkorb-Prellung.

Martin Wimmer und Carlos Lavado trainierten mit den neuen Fahrwerken und speziell der Venezolaner äußerte sich lobend über das neue Chassis: »Es ist steifer als das alte und besonders hier recht gut geeignet. Dagegen fehlt dem Motor nicht nur Leistung, sondern auch Beschleunigung im unteren Drehzahlbereich.«

Während Freddie Spencer in ›seinen‹ beiden Klassen mühelos Bestzeit fuhr und seine Hondas jeweils auf der Pole-Position plazierte, war Eddie Lawson schier am Verzweifeln. Der Yamaha-Star mußte sich immer wieder vom Zeitnehmer seiner Crew belehren lassen, daß er »viel zu langsam« sei. Entnervt fragte der Weltmeister schließlich barsch zurück, wie er wohl schneller sein solle, wenn die Maschine so langsam sei, daß sie »nicht einmal die Haut vom Pudding« zöge.

Nach dem dritten Training entdeckte Chef-Techniker Kel Carruthers die Ursache für Lawsons Dilemma in einem Fehler des Powervalve, das nicht ordnungsgemäß öffnete. Erst im Abschlußtraining gelang es deshalb dem Kalifornier, noch eine schnelle Zeit zu erreichen. Wie sehr die Nervenanspannung dem sonst so coolen Lawson zugesetzt hatte, wurde in diesem letzten Training offenbar: weil er das Kerzenbild checken lassen wollte, stellte er am

Ende der Blanchimont-Geraden den Motor ab und wollte dann zur Box rollen, aber nicht durch die Schikane, sondern geradeaus. Der dort postierte Streckenposten witterte jedoch Betrug und glaubte, Lawson wolle sich durch das Abschneiden eine schnelle Zeit erschwindeln. Er sprang Lawson in den Weg und brachte ihn fast zu Fall, als er noch gegen seine Verkleidung trat. Das aber löste bei Lawson eine Explosion aus: wutentbrannt versetzte er dem Mann einen Kinnhaken.

Natürlich hatte die Sache ein Nachspiel, denn der Jury war sie nicht verborgen geblieben. Allerdings bekam nicht etwa Lawson einen Rüffel, sondern der übereifrige Streckenposten. Lawson wiederum, der sich für seinen Ausrutscher entschuldigte, erhielt vom Jury-Präsidenten Wilhelm Noll für seine Verständnisbereitschaft, die er im Anschluß daran aufgebracht hatte, ein Lob ausgesprochen: »Lawson hat mehr für den Sport getan als manch anderer«...

Trotzdem zeigte sich Lawson über das Trainingsergebnis alles andere als zufrieden. »Der Motor bringt nicht seine volle Leistung.«

125 cm³: Garelli im Vormarsch

Verwundert konstatiert Pierpaolo Bianchi im Training, daß seine MBA hier der Garelli von Fausto Gresini deutlich unterlegen ist: »Der Motor geht längst nicht mehr so gut wie in Assen und auch bei der Beschleunigung hapert es.«

So wird das Rennen für den 33jährigen aus Rimini zu einer empfindlichen Niederlage: deutlich abgeschlagen landet er 22 Sekunden nach dem Sieger Fausto Gresini auf dem fünften Platz und sieht damit seine Tabellenführung in Bedrängnis – nur noch fünf Punkte trennen ihn nun noch von seinem Rivalen Gresini.

Daß ihm der so nah auf den Pelz rückte, ließ den alten Fuchs Bianchi gewaltig die Zähne fletschen: er legte bei der Jury Protest ein und zweifelte offiziell die Hubraumgröße der Garelli an. Dieser Schuß ging allerdings nach hinten los, denn die Nachmessung ergab exakt 124,6 cm³.

Fausto Gresini erringt einen nie gefährdeten Start/Ziel-Sieg und darf sich dann von seinem Rennleiter Eugenio Lazarini loben lassen: »Bravo« zollt ihm der Exweltmeister Beifall, moniert aber, daß er es Gustl Auinger überließ, die schnellste Runde zu fahren und seinen Rundenrekord zu unterbieten.

Bruno Kneubühler sichert sich in hervorragender Form den zweiten Platz, während der Belgier Lucio Pietroniro mit Gustl Auinger im Nacken den dritten Platz erobert. Hinter Bianchi belegen Perez, Brigaglia, Liegois, Wickström und Hautaniemi die weiteren Punkteränge.

250 cm³: Einmann-Schau, Erster Akt

Freddie Spencer hat sich für dieses Rennen eine ganz simple Strategie ausgedacht: »Möglichst schnell in Führung gehen und soviel Tempo machen, daß keine Diskussionen mit den Verfolgern entstehen.« Genau nach diesem Rezept verfährt der Amerikaner dann und hat als Resultat einen weiteren Sieg – seinen sechsten – in der Tasche; damit ist er endgültig auf dem besten Weg zum Titelgewinn.

Schöpft die Unantastbarkeit des Honda-Stars auch quasi den Rahm der Viertelliterklasse ab, so ist die Auseinandersetzung der Kontrahenten dahinter jedoch keineswegs mager.

Wayne Gardner mußte bei seinem Versuch,

Im Duell um den zweiten Tabellenrang zwischen Wimmer und Mang zieht der Yamaha-Pilot diesmal den kürzeren, weil er den Start verpatzt und sich erst mühevoll durchs Feld nach vorn kämpfen muß, ehe er an vierter Stelle ins Ziel prescht. Inzwischen fechten Toni Mang und Carlos Lavado einen mitreißenden Zweikampf um den zweiten Platz aus, bei dem beide Fahrer glei-

nach vorn zu dringen, mehrere Ausritte in die Wiese bewältigen; hier passiert ihn Raymond Roche.

chermaßen brillieren und unzählige Male die Positionen wechseln. Erst in der Endphase gelingt es Lavado, Mang abzuschütteln, weil dessen Honda-Motor plötzlich Aussetzer plagen. Immerhin schiebt Mang sich dadurch mit einem Punkt vor Wimmer an die zweite Stelle der WM-Wertung.

Carlos Lavado bestätigt seine gute aktuelle Form mit dem fünften Platz, für den Pep dieses Laufs aber sorgen Manfred Herweh, Juan Garriga, Dominique Sarron und Alan Carter, die wie ein Hornissenschwarm um den Ardennenkurs jagen und in der genannten Formation ins Ziel kommen. Zeitweise gehören zu diesem Jagdgeschwader drei weitere Fahrer, nämlich Pierre Bolle, Stephane Mertens und Jean-Francois Baldé. Bolle rollt aber mit der Parisienne wegen defekter Batterie aus, Mertens stürzt im Versuch, Herweh zu halten und Baldé (auf einer Yamaha in den Pernod-Farben) wirft ein defektes Getriebe aus dem Rennen. Harald Eckl gibt wegen Fahrwerkproblemen auf und weil Reinhold Roth bereits in der ersten Runde durch Sturz ausscheidet und neben einem Schlüsselbeinbruch eine Gehirnerschütterung davonträgt,

107

Toni Mang während des Trainings.

250er Yamaha: neuer Alu-Rahmen

hat das Römer-Team wieder einmal ein pechschwarzes Wochenende zu beklagen.

Mit Roth kommt auch Hans Lindner zu Fall und für den jungen Österreicher hat das böse Folgen: er bricht beide Knöchel.

Den fatalsten Sturz aber tut Loris Reggiani: in der Schikane verliert er die Gewalt über die Aprilia; der Italiener fällt so unglücklich, daß er sich einen Beckenbruch zuzieht – damit dürfte für den Tabellenfünften die Saison zu Ende sein. Fausto Ricci schockt der Anblick des verletzten Reggiani so sehr, daß er völlig aus dem Konzept gerät und nur 19. wird.

500 cm³: Einmann-Schau, 2. Akt

Zum zweiten Mal an diesem Tag exerziert Freddie Spencer seine ›One-man-Show‹ und katapultiert sich sofort nach dem Start weit in Führung. Seine blauweiße Rothmans Honda befindet sich bald so unerreichbar weit vor dem Feld, daß Spencers zweitem Sieg an diesem Tag – dem dritten Doppelerfolg des Amerikaners nach Italien und Österreich – nichts mehr im Wege steht.

Erbittert kämpfen hinter ihm Eddie Lawson und Christian Sarron um Rang zwei. Der Franzose pariert anfangs jeden Angriff von Lawson, doch je weiter das Rennen fortschreitet, desto matter werden seine Paraden und schließlich läßt Lawson ihn weit hinter sich und distanziert die Sonauto-Yamaha bis ins Ziel recht drastisch. Damit belegen die drei Assen-Crasher die drei ersten Plätze, doch Lawson ist das kein Trost: »Motor, Fahrwerk, Reifen – alles war okay, aber ich bin nur zweiter, das deprimiert mich« kommentiert der Yamaha-Pilot ohne Lächeln.

Im Bemühen, von seinem ursprünglichen achten Platz ins Vorderfeld vorzudringen, ignoriert Wayne Gardner jedes Risiko und bolzt so verwegen vorwärts, daß er sich »viele Male in der Wiese« findet. Nach jeweils heftigen Schlagwechseln mit Didier deRadigues, Ron Haslam, Raymond Roche und Randy Mamola okkupiert der Australier den vierten Platz für sich.

In Mamolas Maschine ist wie schon in Assen wieder die Mini-Fernsehkamera installiert und dank seiner artistischen Verrenkungen, mit denen er ganz unbeschreibliche Schräglagen erzwingt, liefert der verwegene Draufgänger atemberaubende Bilder seines Duells mit Roche. Dabei gerät der Kalifornier sechs Runden vor dem Finish in arge Bedrängnis, als Roche vor ihm ein recht unorthodoxes Bremsmanöver ausführt. Um den ihm dicht folgenden Haslam nicht zu gefährden, zögert Mamola seine eigene Bremsung bis zum letzten Moment hinaus, greift dann aber so hart zu, daß ihm das Vorderrad wegrutscht; im Fallen gerät er mit der rechten Hand in das Auspuffende der Yamaha von Roche und zieht sich eine schlimme Schnittwunde am Finger zu – Ende der Vorstellung von Kameramann Mamola.

Die ersten Punkte dieser Saison ergatterte Takazumi Katayama auf dem achten Platz, weil der ihn hart attackierende Südafrikaner Dave Peterson noch in der letzten Runde ohne Sprit liegenbleibt. Gustl Reiner, der unverwüstliche Schwabe mit dem herzhaften Humor (»Was ich dene Honda-Leit jed's Jahr für'd Ersatzteil' zahl' – des isch so viel, daß ich grad dem Freddie sei' Sponsor sein könnt!«) muß sich Boet van Dulmen geschlagen geben und kommt 70/100 Sekunden hinter dem holländischen Haudegen ins Ziel.

Bereits in der zweiten Runde scheidet Rob McElnea mit defektem Motor aus; Marco Lucchinelli stürzt nach zehn Runden an aussichtsloser Position.

Zwei Ex-Weltmeister ohne Motivation: bei Franco Uncini (oben) und Marco Lucchinelli (unten) haperte es am Einsatzwillen.

Gespanne: Weltmeister im Angriff

Im Vorjahr siegten hier Alain Michel und sein Passagier Jean-Marc Fresc und schufen damit die Basis für ihren dritten Platz in der Weltmeisterschaft. In diesem Jahr sind die Franzosen dagegen ganz ohne Fortune. Ein besonders böses Erwachen erwartet die Trainingsschnellsten, die zwar den Start prächtig absolvieren, wenig später aber von Biland/Waltisperg und Streuer/Schnieders kategorisch auf den dritten Rang verwiesen werden. Als Michel merkt, daß der Hinterreifen in einem desolaten Zustand ist, steuert er seine Box an – ist aber an der Einfahrt der Boxenstraße so schnell, daß er die Leitplanke touchiert und dabei seinen Compagnon an der Schulter verletzt. Nach dem Reifenwechsel geht die Franzosen-Crew zwar noch einmal ins Rennen, gibt jedoch nach der sechsten Runde endgültig auf.

Rolf Biland und Kurt Waltisperg zelebrieren unterdessen an der Spitze die hohe Schule des Gespannfahrens. Doch die Schweizer können machen was sie wollen – Egbert Streuer und Bernard Schnieders vermögen sie nicht abzuschütteln. Bald wird deutlich, daß Biland verzweifelt kämpft, leistungsmäßig aber der schnellen Holland Zigarre nicht Paroli bieten kann. Streuer passiert Biland noch vor der Halbdistanz und distanziert den Schweizer bis zum Ziel um 16 Sekunden. Biland und seine Mannschaft versuchen dann zu analysieren, ob es nicht doch voreilig war, den neuen Motor schon einzusetzen.

Ein einsames Rennen um den dritten

KLASSE 125 cm³ — 14 Runden = 97,160 km

1.	Fausto Gresini	Italien	Garelli	39.17,63 = 148,359 km/h
2.	Bruno Kneubühler	Schweiz	LCR	39.32,92
3.	Lucio Pietroniro	Belgien	MBA	39.36,34
4.	August Auinger	Österreich	MBA	39.37,76
5.	Pierpaolo Bianchi	Italien	MBA	39.39,33
6.	Willy Perez	Argentinien	Zanella	39.52,30
7.	Domenico Brigaglia	Italien	MBA	39.53,44
8.	Olivier Liegeois	Belgien	KLS	39.55,70
9.	Johnny Wickström	Finnland	MBA	40.08,20
10.	Jussi Hautaniemi	Finnland	MBA	40.08,71

11. A. Waibel (D) Spezial 40.31,67; **12.** H. Olson (S) Starol 40.32,54; **13.** T. Feuz (CH) MBA 40.32,76; **14.** A. Straver (NL) MBA 40.34,46; **15.** E. Gijsel (NL) MBA 40.53,59; **19.** Adolf Stadler (D) MBA 41.03,97; **25.** H. Lichtenberg (D) MBA 2 Runden zurück. Weitere acht Fahrer im Ziel; zehn Fahrer nicht klassifiziert.

Schnellste Runde: August Auinger (MBA) 2.45,36 = 151,088 km/h (Rekord)

Stand der Weltmeisterschaft — Pkt.

Bianchi	MBA	69
Gresini	Garelli	64
Gianola	Garelli	42
Kneubühler	LCR	40
Auinger	MBA	38
Pietroniro	MBA	24
Brigaglia	MBA	22
Selini	ABF	21
Liegeois	KLS	13
Wickström	Tunturi	12

Trainingszeiten

Gresini 2.45,91; Pietroniro 2.47,96; Kneubühler 2.48,30; Selini 2.48,72; Auinger 2.48,77; Brigaglia 2.48,78; Bianchi 2.49,57; Liegeois 2.50,09; Perez 2.50,41; Ascareggi 2.50,50.

KLASSE 250 cm³ — 16 Runden = 111,040 km

1.	Freddie Spencer	USA	Honda	42.05,73 = 158,268 km/h
2.	Carlos Lavado	Venezuela	Yamaha	42.10,43
3.	Anton Mang	Deutschland	Honda	42.23,12
4.	Martin Wimmer	Deutschland	Yamaha	42.45,69
5.	Carlos Cardus	Spanien	JJ Cobas	42.51,51
6.	Manfred Herweh	Deutschland	Real	43.05,18
7.	Juan Garriga	Spanien	JJ Cobas	43.05,65
8.	Dominique Sarron	Frankreich	Honda	43.06,51
9.	Alan Carter	England	Honda	43.06,76
10.	Patrick Igoa	Frankreich	Honda	43.21,29

11. J. Cornu (CH) Honda 43.29,62; **12.** M. Reyes (E) JJ Cobas 43.32,80; **13.** S. Minich (A) Yamaha 43.33,14; **14.** A. Auinger (A) Bartol 43.33,89; **15.** G. Bertin (F) Malanca 43.45,42; **16.** H. Becker (D) Yamaha 43.45,88. Weitere sechs Fahrer im Ziel; 14 Fahrer nicht klassifiziert.

Schnellste Runde: Freddie Spencer (Honda) 2.36,12 = 160.030 km/h (Rekord)

Stand der Weltmeisterschaft — Pkt.

Spencer	Honda	104
Mang	Honda	70
Wimmer	Yamaha	69
Lavado	Yamaha	61
Reggiani	Aprilia	34
Ricci	Honda	22
Carter	Honda	20
Cardus	Cobas	17
Roth	Römer	16
Cornu	Honda	13

Trainingszeiten

Spencer 2.36,03; Lavado 2.37,67; Mang 2.38,71; Bolle 2.39,20; Wimmer 2.39,30; Reggiani 2.39,40; Sarron 2.39,67; Cardus 2.39,99; Roth 2.40,13; Baldé 2.40,43.

Platz fahren Werner Schwärzel und Fritz Buck: »Die beiden vor mir waren heut' unhaltbar.« Fünf Sekunden hinter den Deutschen belegen Abbott/Smith den vierten Platz und Kumano/Diehl sichern sich knapp vor den Schweizern Christinat/Fahrni mit dem fünften Rang ihr bestes Resultat seit langem.

Dichtes Getümmel im Hinterfeld der Dreiräder in der ersten Runde.

KLASSE 500 cm³

20 Runden = 138,800 km

1. Freddie Spencer	USA	Honda	49.51,80	= 167,016 km/h
2. Eddie Lawson	USA	Yamaha	49.57,07	
3. Christian Sarron	Frankreich	Yamaha	50.28,09	
4. Wayne Gardner	Australien	Honda	50.42,31	
5. Raymond Roche	Frankreich	Yamaha	51.06,17	
6. Ron Haslam	England	Honda	51.17,75	
7. Didier De Radigues	Belgien	Honda	51.27,88	
8. Takazumi Katayama	Japan	Honda	51.30,14	
9. Boet Van Dulmen	Niederlande	Honda	51.51,36	
10. Gustav Reiner	Deutschland	Honda	51.52,46	

11. M. Baldwin (USA) Honda 52.07,11; 12. T. Espie (F) Chevallier 52.08,81; 13. F. Uncini (I) Suzuki 52.10,22; 14. C. LeLiard (F) Honda 52.21,50; 15. A. Pons (E) Suzuki 52.25,16; **22. M. Fischer (D)** Honda; **26. D. Mayer (D)** Honda; **28. G. Jung (D)** Suzuki, jeweils drei Runden zurück. Weitere zehn Fahrer im Ziel; sechs Fahrer nicht klassifiziert.
Schnellste Runde: Eddie Lawson (Yamaha) 2.28,35 = 168,412 km/h Rekord)

Stand der Weltmeisterschaft		Pkt.
Spencer	Honda	96
Lawson	Yamaha	86
Sarron	Yamaha	62
Gardner	Honda	61
Haslam	Honda	51
Mamola	Honda	40
De Radigues	Honda	34
Roche	Yamaha	22
McElnea	Suzuki	19
Van Dulmen	Honda	14

Trainingszeiten

Spencer 2.28,57; Lawson 2.28,92; Sarron 2.29,00; Gardner 2.30,27; Mamola 2.32,25; De Radigues 2.32,41; Katayama 2.33,18; Haslam 2.33,29; Espie 2.33,48; Petersen 2.34,07.

KLASSE GESPANNE

16 Runden = 111,040 km

1. E. Streuer / B. Schnieders	NL	LCR Yam	42.28,33	= 164,725 km/h
2. R. Biland / K. Waltisperg	CH	Krauser	42.44,05	
3. W. Schwärzel / F. Buck	D	LCR Yam	43.07,22	
4. S. Abbott / S. Smith	GB	HAM Yam	44.02,26	
5. M. Kumano / H. Diehl	J/D	Toshiba	44.07,49	
6. H. Christinat / M. Fahrni	CH	LCR Yam	44.08,70	
7. M. Egloff / U. Egloff	CH	LCR Yam	44.11,18	
8. D. Bayley / B. Nixon	GB	LCR Yam	44.11,72	
9. A. Zurbrügg / M. Zurbrügg	CH	LCR	44.12,05	
10. H. Hügli / A. Schütz	CH	LCR	44.32,59	

11. F. Wrathall / P. Spendlove (GB) Yamaha; 12. L. Casagrande / R. Nydegger (CH) LCR; 13. R. Progin / Y. Hunziker (CH) Seymaz; 14. D. Jones / B. Ayers (GB) LCR; 15. M. Kooij / R. v. d. Groep (NL) Kova Yam. Weitere vier Gespanne im Ziel; elf Gespanne nicht klassifiziert.
Schnellste Runde: Streuer/Schnieders (LCR Yam) 2.36,05 = 168,121 km/h Rekord)

Stand der Weltmeisterschaft		Pkt.
Biland	Krauser	50
Schwärzel	LCR Yam	49
Streuer	LCR Yam	43
Webster	LCR Yam	22
Zurbrügg	LCR Yam	22
Abbott	LCR Yam	13
Barton	LCR Yam	11
Hügli	LCR Yam	8
Kumano	Toshiba	8
Egloff	LCR Yam	7

Trainingszeiten

Streuer 2.36,17; Biland 2.37,93; Michel 2.38,69; Schwärzel 2.39,54; Jones 2.41,68; Bayley 2.41,73; Zurbrügg 2.42,32; Barton 2.42,70; Hügli 2.42,94; Kumano 2.43,47.

Grand Prix Frankreich
Le Mans, 21. Juli

Zuschauer: 40 000
Wetter: Sonnig, leicht bewölkt
Streckenlänge: 4,240 km

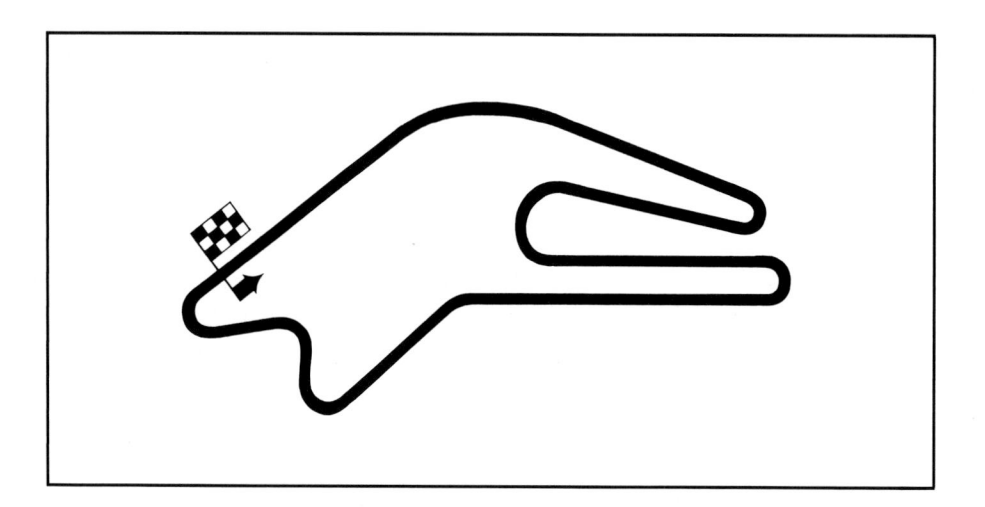

Mit einem Minus von zehn Punkten auf den Tabellenersten Freddie Spencer kam Eddie Lawson nach Le Mans. Daß er damit kaum mehr Chancen auf den Titel hatte, war dem Kalifornier wohl bewußt: »Ich habe in Assen den entscheidenden Fehler gemacht.« Und mit einem Seitenhieb auf die – speziell im Lager der Franzosen gern verwendete – Redewendung, Spencers totale Dominanz sei ›überirdisch‹, versuchte sich Lawson so zu rechtfertigen: »Ich bin eben nicht E.T.!«

Seit seinem schweren Sturz 1983 in Imola fand Takazumi Katayama, 1977 Weltmeister der 350 cm³-Klasse, nie mehr zu seiner Form zurück. Besonders in dieser Saison kostete es den Japaner »regelrechte Überwindung, in den Sattel zu steigen.« Und da die Motivation sich auch nicht durch das gute Resultat in Belgien (achter Platz) erzwingen ließ, entschloß Katayama sich, aufzuhören: »Nach 15 Jahren als Rennfahrer möchte ich allerdings dem Sport verbunden bleiben. Vielleicht bin ich schon bald als Teammanager wieder dabei.«

Nach seinem Sieg in Hockenheim hatte Christian Sarron überschwenglich erklärt: »Egal, ob es in Le Mans trocken oder naß sein wird – dort schlage ich zu!« Tatsächlich war der Franzose in den drei ersten Trainings-Sessionen immer Schnellster. Freddie Spencer dagegen fand es gar nicht leicht, seine Vierzylinder auf dem überaus welligen Circuit Bugatti abzustimmen und rückte deshalb sogar einmal mit der Dreizylinder aus, die ihm aber noch weniger zusagte. Im letzten Training verdrängte der Honda-Star den Franzosen schließlich doch noch von der Pole-Position und gab sich dann gelassen: »Das mag hier Sarron-Terrain sein, aber das kann mich nicht beeindrucken.«

Die vielen Bodenwellen wurden von allen Fahrern kritisiert, Christian Sarron jedoch meinte unbekümmert bei einem Radio-Interview: »Zugegeben, die Strecke ist sehr wellig – aber doch wohl für jeden gleich. Man muß sich halt darauf einstellen.«

Damit hatte so mancher aber seine Probleme. Wayne Gardner zum Beispiel, der bei ›Chemin aux boefs‹ mit solchem Effet abstieg, daß er 200 Meter auf dem Asphalt dahinschlitterte. Aber auch Guy Bertin, der sich so unsanft

Christian LeLiard auf der neuen, futuristisch gestylten elf 2 mit dem Dreizylinder-Honda-Motor.

von seiner Malanca trennte, daß er sich die linke Hand und das rechte Schlüsselbein brach und dann enttäuscht konstatierte: »Für mich ist die Saison zu Ende.«

Mit dieser wahrlich tristen Aussicht mußte sich auch Manfred Wimmer beschäftigen, nachdem er im Abschlußtraining gestürzt war und sich am Ellenbogen (der genäht werden mußte) und der rechten Hand verletzt hatte. Clinomobil-Chef Dr. Costa diagnostizierte einen Bruch des Kahnbeins, verarztete ihn aber so, daß Wimmer am Sonntag während des morgendlichen Warm-up-Trainings prüfen konnte, ob er doch am Rennen teilnehmen könne. Daß das unmöglich war, sah der Münchner bald ein: »Auf dieser Holperstrecke braucht man zwei gesunde Hände; außerdem gibt es zwei Stellen, wo aus hohem Speed brutal gebremst werden muß – ich würde mir sicher mehr verderben als nützen, wenn ich an den Start ginge.« So fuhr Martin Wimmer noch vor dem 250er Rennen nach Hause, begab sich sofort in die Klinik und ließ den Bruch operieren – damit war für ihn »die Saison gelaufen.«

80 cm³: Nervenkrieg

Umzingelt von den drei Derbi-Fahrern Jorge Martinez, Manuel Herreros und Angel Nieto bezwingt Stefan Dörflinger am Start zum vorletzten Lauf der Mini-Racer seine – bekanntermaßen schwachen – Nerven und läßt es gemütlich angehen. Die drei Spanier dagegen sind so aufgeregt, daß sie viel zu

113

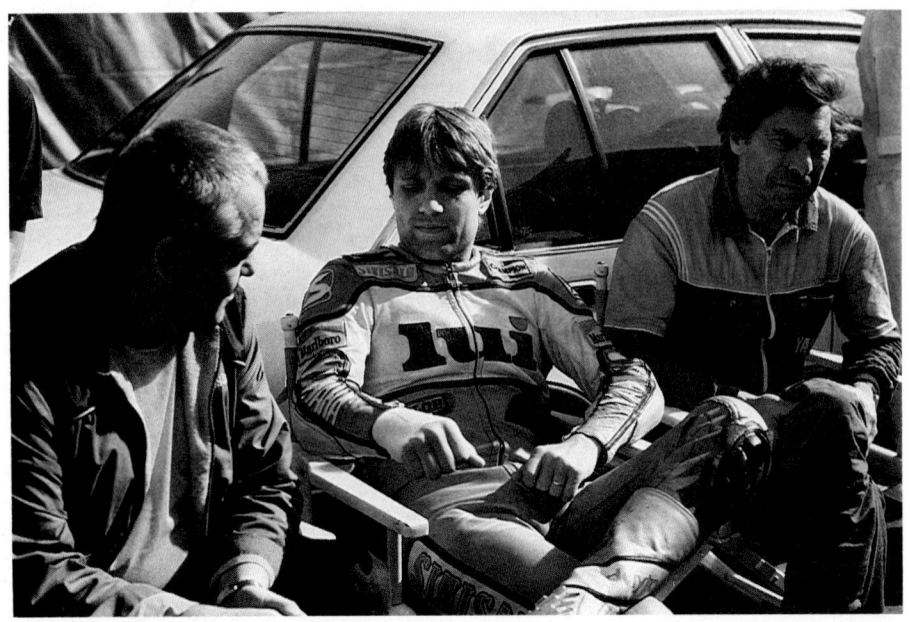

Martin Wimmers Trainingssturz beendete seine Grand Prix-Saison unglücklich.

ungestüm zu Werke gehen: Nieto und Martinez (mit zwölf Punkten minus Dörflingers einziger noch verbliebener ernsthafter Konkurrent) verpatzen den Start und Herreros ist mit der Führungsarbeit so überfordert, daß er nach drei Runden stürzt.

So findet sich Dörflinger ohne eigenes Zutun plötzlich an der Spitze. Hinter ihm folgen Gerhard Waibel, Henk van Kessel, Jean Velay, Paul Rimmelzwaan und Domingo Gil. Nieto schießt inzwischen wie eine Schrapnellkugel durchs Feld nach vorn und Martinez versucht, sich bei ihm zu halten. Dabei stellt er in der zweiten Runde den neuen Rundenrekord auf, als er aber das Bravourstück in der übernächsten Runde wiederholen will, lassen ihn seine Nerven endgültig im Stich: unerfahren wie er ist, überzieht er sein Limit gewaltig – und stürzt.

Nun bleibt es Nieto überlassen, für Derbi wenigstens den Ehrenplatz zu retten. Und das tut der 38jährige 13malige Weltmeister natürlich mit Bravour: nach zwölf Runden entreißt er Dörflinger die Führung und distanziert die Krauser bis ins Ziel noch um 13 Sekunden. Damit hat das Rennen zwei Sieger: einmal Nieto, der hier seinen 90. Grand Prix-Sieg feiert und dann Dörflinger, der nun vorzeitig als neuer Weltmeister feststeht. Nach der Zieldruchfahrt löst sich auch die Nervenspannung des sensiblen Schweizers: minutenlang strömen ihm die Freudentränen aus den Augen.

Eine kämpferische Leistung bietet der 20jährige Brite Ian McConnachie. Vom zehnten Platz arbeitet er sich vor bis auf den dritten; als sein Krauser-Motor in der drittletzten Runde einmal kurz festgeht, gibt der junge Mann aus Derby aber nicht auf und rettet noch die zwei Punkte für den neunten Platz. Im Kampf mit Van Kessel und Velay um den dritten Platz zieht Gerhard Waibel in der Endphase den Kürzeren: ziemlich unelegant zwingen sie den Schwaben hinter sich, der dadurch nur auf dem fünften Rang landet. Paul Rimmelzwaan muß sich unterdessen gegen Gil auf der Autisa und den Österreicher Gerd Kafka wehren, vermag sich aber nur gegen Kafka durchzusetzen, der mit den drei Punkten für den achten Rang an die dritte Stelle der WM-Wertung vorrückt.

125 cm³: Der falsche Sieger

Garelli-Teammanager Eugenio Lazzarini instruiert seine beiden Fahrer Fausto Gresini und Ezio Gianola genau über die Taktik, die sie in diesem Rennen zu beachten haben und mit deren Hilfe Gresini endgültig die Tabellenspitze übernehmen sollte.

Tatsächlich haben seine beiden Schützlinge keine Mühe, das Rennen von Anfang bis Ende zu dominieren und zwar mit einer solchen Leichtigkeit, daß sie mit ihrer überschäumenden Siegesgewißheit einen beschämenden Fehler geradezu heraufbeschwören. Als nämlich Gresini, (der sich laut Regieanweisung meistens an zweiter Position hält) endlich zu seiner Schlußattacke ansetzt und Gianola ihn generös vorbeiwinkt – haben beide den Zielstrich schon überquert! Wie in Francorchamps ist nämlich auch in Le Mans die Ziellinie ca. 100 Meter vor der Startlinie; die beiden Garelli-Piloten aber haben in ihrer Euphorie nicht mehr daran gedacht.

Weil Pierpaolo Bianchi wegen mangelnder Motorleistung nur den fünften Platz erreicht, wirkt sich jedoch Gresinis Lapsus nicht so gravierend aus: er führt nun trotzdem vor Bianchi die Tabelle an, wenn auch nur mit einem Punkt.

Ohne Konkurrenz sichert sich Bruno Kneubühler den dritten Platz; drei Sekunden hinter dem Schweizer wird Domenico Brigaglia vierter.

Gustl Auinger leidet nach einem Trainingssturz unter erheblichen Schmerzen an der Hüfte und am Fuß und

Luis Reyes (38) auf der 250 cm³-Cobas. Carlos Lavado (3) jagt spektakulär nach Sekunden. Fausto Ricci (37) wurde Dritter. Angel Nieto (2) siegte auf der 80er Derbi.

vermag deshalb hinter Jean-Claude Selini nur den siebten Rang zu belegen. Ascareggi, Olsson und Liegeois verteilen die restlichen Punkteränge unter sich.

250 cm³: Erfolge am Fließband

Weniger als fünf Minuten, nachdem er als Sieger von seiner Halbliter-Honda gestiegen ist, besteigt Freddie Spencer seine 250er Maschine, um einen weiteren Erfolg einzuheimsen.

Zunächst fährt Spencer sich fünf Runden lang ein, die Toni Mang nach perfektem Start anführt. Der Bayer agiert dabei so brillant und so schlagkräftig, daß Spencer es alles andere als leicht hat, zu überholen. Erst als Spencer dank der besseren Straßenlage seiner Maschine das Tempo noch ein wenig forcieren kann, Mang diesen Vorteil aber nicht zu parieren vermag, weil seine Honda nach jeder Bodenwelle und speziell nach der – fast kriminellen – Kuppe bei ›Garage rouge‹ jedesmal fast quersteht, zieht Spencer dem Deutschen davon. Bis zum Ziel schindet der Honda-Star noch zehn Sekunden Vorsprung auf Mang heraus, den das jedoch nicht anficht: »Ich weiß jetzt, daß ich durchaus schlagkräftiges Material habe und wenn es zum Sieg nicht reicht, bin ich über den zweiten Platz nicht unglücklich.« Zumal Mang sich ausrechnen kann, für die nächste Saison von Honda bestens bedient zu werden – in Japan fiel nämlich inzwischen die Entscheidung, Spencer nicht mehr in der kleinen Klasse einzusetzen.

Fausto Ricci bewegt sich über den Großteil der Distanz konstant an dritter Stelle und sichert sich die zehn WM-Punkte dafür. Hinter ihm aber tobt ein Vierfrontenkrieg zwischen Charlos Lavado, Manfred Herweh, Pierre Bolle und Jacques Cornu, den in der letzten Runde Herweh dank eines gerissenen Ausbremsmanövers für sich zu entscheiden weiß.

Eine weitere Vierergruppe balgt sich um den achten Platz, wobei Jean-Francois Baldé auf seiner Yamaha über die ihn heftig attackierenden Dominique Sarron, Luis Reyes und Juan Garriga triumphiert.

Pech hat wieder Reinhold Roth: wegen seines in Belgien gebrochenen Schlüsselbeins geht der Schwabe gehandicapt ins Rennen, absolviert einen gelungenen Start und stürzt bereits in der dritten Runde, als ihm das Vorderrad wegschmiert.

Ebenfalls nicht ins Ziel kommen Patrick Fernandez (Motordefekt), Jean-Louis Guignabodet (Getriebeschaden), Jacques Onda (Sturz), Maurizio Vitali (Sturz), Antonio Neto (Bremsprobleme), Jean Foray (Motordefekt), Stephane Mertens (Sturz) und Carlos Cardus (Sturz), sowie der Überraschungssieger von 1983, Alan Carter, der wegen Zündungsschaden aufgibt.

500 cm³: Trommelfeuer

Berstend vor Zuversicht und Siegeswillen sitzt Christian Sarron, das Idol der französischen Zuschauer, am Start auf seiner Gauloises-Yamaha. Er hat sich vorgenommen, auf heimischem Boden (»Ich kenne die Strecke in- und auswendig«) der Armada der Honda-Maschinen das Fürchten zu lehren, speziell aber natürlich dem Star der Truppe, Freddie Spencer.

Und wirklich gerät Spencer hier erheblich unter Beschuß, weil die wellige Bahn die Leistungsunterschiede zu seinem Konkurrenten minimiert. Nach seinem üblichen Schnellstart führt Ron Haslam drei Runden lang vor Wayne Gardner, Randy Mamola und Freddie Spencer, dann übernimmt Gardner und erst nach fünf Runden setzt sich Spencer an die Spitze.

Dort aber wird es für ihn bald sehr ungemütlich, denn Wayne Gardner setzt ihm mit unglaublicher Hartnäckigkeit zu, attackiert wie ein Berserker und verdrängt Freddie Spencer in der elften Runde sogar von der Spitze! Leider mutet der Australier dabei seinen Reifen zu viel zu, die sich auflösen und Gardner zwingen, auszuscheiden.

Inzwischen ist Sarron wie von Furien gehetzt nach vorn gedrungen und lauert hinter Spencer auf eine Möglichkeit, den Amerikaner zu passieren. Sarron münzt seine Streckenkenntnis in ein unablässiges Trommelfeuer um und geht dabei ohne Zaudern ständig über sein Limit. In der 16. Runde überspannt er dabei den Bogen aber so gewaltig, daß er beim Versuch, Spencer aufzubremsen, bei ›Garage vert‹ von der Strecke fliegt.

Nach dem Verschwinden der blauen Gauloises-Yamaha kann Spencer aufatmen, denn nun droht ihm keine Gefahr mehr – am allerwenigsten von der rotweißen Marlboro-Yamaha von Eddie Lawson. Der Kalifornier leistet sich nämlich am Start einen schweren Fehler, als er so patzt, daß er erst als letzter wegkommt. Lawson kämpft sich zwar verbissen durchs Feld und schafft es, noch den vierten Platz zu ergattern, seine Chancen aber sind damit nur noch theoretisch vorhanden. Teamchef Kel Carruthers unterstreicht das: »Warum sollte Freddie bei den noch ausstehenden drei Läufen nicht auch siegen?«

Randy Mamola okkupiert nach Sarrons Sturz die zweite Position, ist jedoch durch die erst zehn Tage alten Operationswunden (mit einer Hauttransplantation vom Oberschenkel wurde der bei seinem Sturz in Belgien ziemlich lädierte Finger wieder gerichtet) so stark gehandicapt, daß er in der viertletzten Runde den vehement drängenden Raymond Roche vorbeiläßt: »Jedes Mal, wenn ich bremsen mußte, tat das höllisch weh.« Der Franzose erkämpft sich so unter dem Beifall seiner Landsleute den zweiten Platz und das beste Ergebnis seit er zu Yamaha wechselte.

Ron Haslam belegt Rang fünf vor Pierre-Etienne Samin und Sito Pons. Mit einer Runde Rückstand sichert sich Gustl Reiner den achten Platz, vor Fabio Biliotti und Mike Baldwin. Mit Stürzen zollen Marco Gentile, Eero Hyvarinen, Boet van Dulmen, Massimo Messere und Dave Petersen dem tückischen Circuit Bugatti Tribut und wegen Motorschaden scheiden Luc Maisto, Christian LeLiard (mit der neuen Elf 2), Rob McElnea und Neil Robinson aus; Didier de Radigues rollt mit Kettenschaden aus.

Höchstgeschwindigkeits-Messung von Longines

Spencer	278,350 km/h
Sarron	272,040 km/h
Lawson	270,000 km/h
Katayama	269,326 km/h
Roche	267,990 km/h
Taira	267,990 km/h
Gardner	267,326 km/h
De Radigues	267,326 km/h
Mamola	266,666 km/h
Haslam	266,566 km/h

Sito Pons, 1984 Vierter der 250er Weltmeisterschaft, war in der 500 cm³-Klasse überfordert.

Gespanne: Streuer im Vormarsch

Rolf Biland gehört zweifelsohne zu den besten Dreiradpiloten die wir je hatten. Sein Mut, sein Können, aber auch seine Cleverness in technischen Dingen – mit der er vor Jahren die Seitenwagengespann-Technik revolutionierte – machen ihn zur herausragenden Figur seiner Branche. Leider kann Biland es sich manchmal nicht verkneifen, recht selbstgefällig Kritik zu üben. Er wäre allerdings besser beraten, seine Meinung über andere nicht immer Coram publico hinauszuposaunen – so gewinnt man keine Freunde. In Le Mans macht sich der viermalige Weltmeister nach seinem Ausfall (Pleuellagerschaden nach 13 Runden) wieder einmal ungeniert Luft und weist Teamchef Mike Krauser den schwarzen Peter zu, weil der darauf drängte, den neuen Motor so frühzeitig einzusetzen. Der gutmütige und großherzige bayerische Sponsor, der sich sein Engagement im Rennsport jedes Jahr Unsummen kosten läßt (»Mit dem Pulver könnt' ich mir ein schönes Leben machen, aber ich häng' halt mit dem Herzen am Seitenwagen-Sport«), reagierte mit Enttäuschung: »Wenn das so weitergeht, macht mir das keinen Spaß mehr – dann steig ich aus!«

Biland/Waltisberg führen die beiden ersten Runden, dann zeigt ihr Triebwerk einen gravierenden Leistungsabfall. Streuer/Schnieders übernehmen die Führung und holen den Sieg dann absolut unangefochten und so überlegen, daß sie im Ziel mit Fug und Recht behaupten können: »Jetzt sind wir im Vormarsch! Mit unserem schnellen Motor werden wir auch Silverstone gewinnen und dann steht der erfolgreichen Verteidigung unseres Titels nichts mehr im Wege.«

Außer Werner Schwärzel und Fritz Buck. Doch der sympathische, schnauzbärtige Vize-Weltmeister aus Meißenheim weiß, daß er mit zweiten Plätzen – wie in Le Mans – gegen die überlegen schnelle Holland-Zigarre nichts ausrichten kann, »aber siegen«, das ist Schwärzel klar, »siegen ist schwer«.

Aus dem erbittert ausgefochtenen Dreikampf zwischen Kumano/Diehl, Barton/Birchall und Wrathall/Rose verabschiedet sich die Crew Barton/Birchall sechs Runden vor dem Ziel mit gebrochenem Schalthebel; beide schleppen sich noch als 14. ins Ziel. Kumano/Diehl gelingt es dank ihrer wiedergefundenen Form, Wrathall/Rose bis zur Linie Paroli zu bieten und 34/100 Sekunden vor den Briten die Flagge als dritte zu nehmen. Hinter Jones/Ayres sichern sich die beiden Schweizer Brüderpaare Egloff und Zurbrügg die Plätze sechs und sieben; die Kombinationen Casgrande/Nydegger, Gleeson/Chapman und Rolf Steinhausen und Bruno Hiller auf den weiteren Punkterängen sind einmal überrundet.

KLASSE 80 cm³
17 Runden = 72,08 km

1. Angel Nieto	Spanien	Derbi	32.43,35 = 132,165 km/h
2. Stefan Dörflinger	Schweiz	Krauser	32.56,46
3. Henk Van Kessel	Niederlande	HuVo Casal	33.06,63
4. Jean Velay	Frankreich	Casal	33.06,86
5. Gerhard Waibel	Deutschland	Seel Real	33.07,50
6. Domingo Gil Blanco	Spanien	Autisa	33.11,37
7. Paul Rimmelzwaan	Niederlande	Harmsen	33.12,44
8. Gerd Kafka	Österreich	Seel	33.15,13
9. Ian McConnachie	England	Krauser	33.27,38
10. Theo Timmer	Niederlande	HuVo Casal	33.27,58

11. S. Julin (B) Casal 33.40,89; 12. J. Van Dongen (NL) Casal 33.41,01; **13. G. Schirnhofer (D)** Krauser 33.48,90; 14. R. Dünki (CH) Krauser 33.55,72; **15. R. Koberstein (D)** Seel 34.31,87. 1 Runde zurück: **18. R. Bay (D)** Rupp; **21. J. Auer (D)** Eberhardt; **25. T. Engl (D)** Esch-SEB. Weitere sieben Fahrer im Ziel. Elf Fahrer nicht klassifiziert.

Schnellste Runde: Jorge Martinez (Derbi) 1.53,19 = 134,852 km/h (Rekord)

Stand der Weltmeisterschaft — Pkt.

Dörflinger	Krauser	76
Martinez	Derbi	52
Kafka	Seel	42
Herreros	Derbi	40
Waibel	Seel Real	32
McConnachie	Krauser	21
Timmer	HuVo-Casal	19
Van Kessel	HuVo Casal	18
Rimmelzwaan	Harmsen	15
Nieto	Derbi	15

Trainingszeiten

Martinez 1.51,59; Dörflinger 1.52,53; Herreros 1.53,31; Nieto 1.54,20; Connachie 1.54,48; Kunz 1.55,76; Velay 1.56,32; Timmer 1.56,54; Rimmelzwaan 1.56,97; Kafka 1.57,18.

KLASSE 125 cm³
22 Runden = 93,28 km

1. Ezio Gianola	Italien	Garelli	39.11,46 = 142,808 km/h
2. Fausto Gresini	Italien	Garelli	39.11,68
3. Bruno Kneubühler	Schweiz	LCR	39.23,87
4. Domenico Brigaglia	Italien	MBA	39.26,52
5. Pierpaolo Bianchi	Italien	MBA	39.28,96
6. Jean Selini	Frankreich	ABF	39.33,53
7. August Auinger	Österreich	MBA	39.51,49
8. Giuseppe Ascareggi	Italien	MBA	39.55,35
9. Hakan Olsson	Schweden	Starol	39.56,14
10. Olivier Liegeois	Belgien	KLS	39.58,98

11. W. Perez (RA) Zanella 39.59,98; 12. J. Hautaniemi (SF) MBA 40.00,71; 13. T. Feuz (CH) MBA 40.04,77; 14. J. Wickström (SF) Tunturi 40.08,65; 15. P. Bordes (F) MBA 40.30,82; **25. W. Lücke (D)**. Weitere 13 Fahrer im Ziel. Fünf Fahrer nicht klassifiziert.

Schnellste Runde: Ezio Gianola (Garelli) 1.45,08 = 145,260 km/h (Rekord)

Stand der Weltmeisterschaft — Pkt.

Gresini	Garelli	76
Bianchi	MBA	75
Gianola	Garelli	57
Kneubühler	LCR	50
Auinger	MBA	42
Brigaglia	MBA	30
Selini	ABF	26
Pietroniro	MBA	24
Liegeois	KLS	14
Wickström	Tunturi	12

Trainingszeiten

Gresini 1.44,61; Gianola 1.44,99; Bianchi 1.46,24; Kneubühler 1.46,74; Selini 1.46,82; Auinger 1.48,07; Bedford 1.48,13; Liegeois 1.48,16; Perez 1.48,17; Pietroniero 1.48,65.

KLASSE 250 cm³

24 Runden = 101,76 km

1.	Freddie Spencer	USA	Honda	40.00,76 = 152,591 km/h
2.	Anton Mang	Deutschland	Honda	40.10,58
3.	Fausto Ricci	Italien	Honda	40.25,45
4.	Manfred Herweh	Deutschland	Real	40.30,61
5.	Carlos Lavado	Venezuela	Yamaha	40.30,79
6.	Pierre Bolle	Schweiz	Parisienne	40.31,11
7.	Jacques Cornu	Schweiz	Honda	40.32,44
8.	Jean François Balde	Frankreich	Pernod	40.48,65
9.	Dominique Sarron	Frankreich	Honda	40.49,26
10.	Luis Reyes	Spanien	JJ Cobas	40.49,59

11. J. Garriga (E) JJ Cobas 40.49,96; 12. T. Rapicault (F) Yamaha 40.53,26; 13. J.-M. Mattioli (F) Yamaha 40.53,63; 14. N. Mckenzie (GB) Armstrong 40.53,90; 15. R. Freymond (CH) Yamaha 41.14,30; **16. H. Eckl (D)** Römer 41.15,43. Weitere fünf Fahrer im Ziel. Elf Fahrer nicht klassifiziert.

Schnellste Runde: Freddie Spencer (Honda) 1.39,10 = 154,026 km/h (Rekord)

Stand der Weltmeisterschaft

		Pkt.
Spencer	Honda	119
Mang	Honda	82
Wimmer	Yamaha	69
Lavado	Yamaha	67
Reggiani	Aprilia	34
Ricci	Honda	32
Carter	Honda	20
Cardus	Cobas	17
Cornu	Honda	17
Roth	Römer	16

Trainingszeiten

Spencer 1.39,34; Wimmer 1.39,71; Mang 1.40,05; Lavado 1.40,07; Foray 1.40,30; Herweh 1.40,44; Cardus 1.40,45; Neto 1.40,52; Sarron 1.40,62; Ricci 1.40,81.

KLASSE 500 cm³

29 Runden = 122,96 km

1.	Freddie Spencer	USA	Honda	45.58,33 = 160,479 km/h
2.	Raymond Roche	Frankreich	Yamaha	46.14,04
3.	Randy Mamola	USA	Honda	46.18,13
4.	Eddie Lawson	USA	Yamaha	46.25,22
5.	Ron Haslam	England	Honda	46.32,81
6.	Pierre Samin	Frankreich	Honda	47.21,08
7.	Alfonso Pons	Spanien	Suzuki	47.26,39
8.	Gustav Reiner	Deutschland	Honda	1 Runde zurück
9.	Fabio Biliotti	Italien	Honda	1 Runde zurück
10.	Mike Baldwin	USA	Honda	1 Runde zurück

11. A. Errico (I) Honda; 12. F. Uncini (I) Suzuki; 13. W. v. Muralt (CH) Suzuki; 14. R. Punt (NL) Suzuki; **15. D. Mayer (D)** Honda. Weitere drei Fahrer im Ziel. 13 Fahrer nicht klassifiziert.

Schnellste Runde: Christian Sarron (Yamaha) 1.33,92 = 162,521 km/h (Rekord)

Stand der Weltmeisterschaft

		Pkt.
Spencer	Honda	111
Lawson	Yamaha	94
Sarron	Yamaha	62
Gardner	Honda	61
Haslam	Honda	57
Mamola	Honda	50
Roche	Yamaha	34
De Radigues	Honda	34
McElnea	Suzuki	19
Van Dulmen	Honda	14

Trainingszeiten

Spencer 1.33,47; Sarron 1.33,63; Lawson 1.33,73; Gardner 1.34,13; Roche 1.34,70; Mamola 1.34,90; Haslam 1.35,45; De Radigues 1.36,06; Samin 1.36,54; McElnea 1.37,03

KLASSE GESPANNE

22 Runden = 93,28 km

1.	E. Streuer / B. Schnieders	NL	LCR-Yam	37.05,94 = 150,862 km/h
2.	W. Schwärzel / F. Buck	D	LCR-Yam	37.19,89
3.	M. Kumano / H. Diehl	JP/D	Toshiba	38.02,46
4.	F. Wrathall / P. Spendlove	GB	Seymaz	38.02,80
5.	D. Jones / B. Ayres	GB	LCR	38.11,36
6.	M. Egloff / U. Egloff	CH	LCR-Yam	38.15,15
7.	A. Zurbrügg / M. Zurbrügg	CH	LCR-Yam	38.29,97
8.	L. Casagrande / R. Nydegger	CH	LCR-Yam	1 Runde zurück
9.	G. Gleeson / K. Chapman	GB	LCR-Yam	1 Runde zurück
10.	R. Steinhausen / B. Hiller	D	ARO	1 Runde zurück

11. Kooij / V. d. Groep (NL) Kova-Yam; 12. Modder / V. Klooster (NL) LCR-Yam; 13. Bingham/Bingham (GB) LCR-Yam; 14. Barton/Birchall (GB) LCR-Yam; 15. Smith/Brown (GB) LCR-Yam. Weitere zwei Gespanne im Ziel. Acht Gespanne nicht klassifiziert.

Schnellste Runde: E. Streuer / B. Schnieders in 1.39,50 = 153,407 km/h (Rekord)

Stand der Weltmeisterschaft

		Pkt.
Schwärzel	LCR-Yam	61
Streuer	LCR-Yam	58
Biland	Krauser	50
Zurbrügg	LCR-Yam	26
Webster	LCR-Yam	22
Kumano	Toshiba	18
Abbott	HAM-Yam	13
Egloff	LCR-Yam	12
Barton	LCR-Yam	11
Hügli	LCR-Yam	8

Trainingszeiten

Streuer 1.39,45; Michel 1.40,43; Schwärzel 1.40,65; Biland 1.40,81; Egloff 1.41,60; Zurbrügg 1.42,77; Kumano 1.43,22; Christinat 1.43,26; Jones 1.43,33; Bayley 1.43,34.

Grand Prix Großbritannien
Silverstone, 4. August

Zuschauer: 50 000
Wetter: Regen
Streckenlänge: 4,719 km

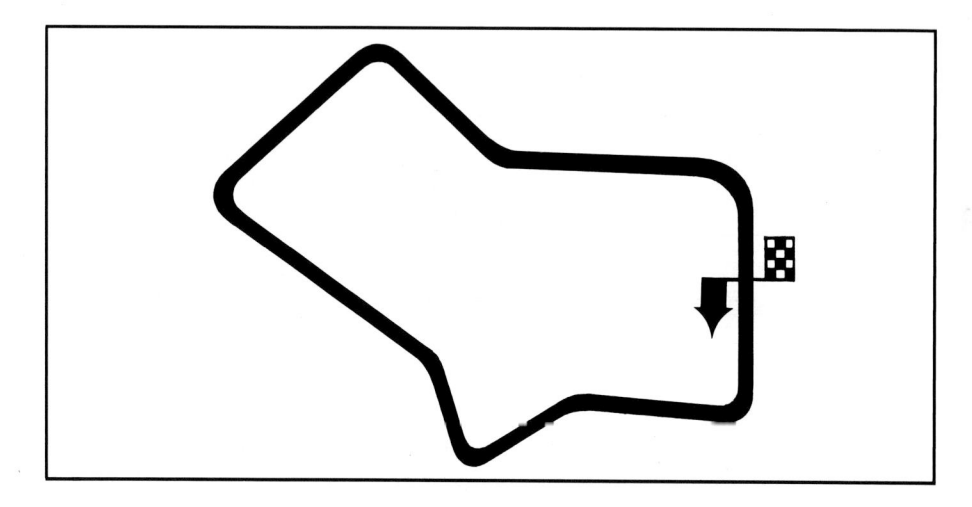

Die gebrochene Hand im Gipsverband und deutlich sichtbar darüber enttäuscht, daß die Saison – die eigentlich zur erfolgreichsten seiner bisherigen Karriere werden sollte und die er eventuell sogar als Vize-Weltmeister hätte abschließen können – für ihn so unglücklich und vorzeitig zu Ende gegangen war, reiste Martin Wimmer »zum Zuschauen« nach Silverstone. Was er allerdings dort zu Gesicht bekam, deprimierte den Münchner noch mehr: Yamaha hatte zwei neue Rennmaschinen nach England geschickt; die eine war für ihn bestimmt gewesen, die andere für Carlos Lavado.

Übrigens brachte das Agostini-Team diese beiden Maschinen mit und interessant dabei ist, daß Teamchef Giacomo Agostini den Plan ins Auge gefaßt hat, nächstes Jahr neben dem 500er auch ein Team in der 250er Klasse einzusetzen: »Im gleichen Rahmen und mit Marlboro als Sponsor.«

Bei diesem neuen (nicht mehr TZ wie die anderen 250er bezeichneten) Modell mit der werksinternen Kennung YZR (wie die 500er Werksmaschine) handelte es sich um die seit langem avisierte V2-Maschine, also die halbierte Version des Halbliter-Racers, bei dem die Zylinder im 90 Grad-Winkel stehen, mit Reedvalve-gesteuertem Einlaß ins Kurbelgehäuse, Powervalve-Flachschieber und dem Aluminium-Kastenprofilrahmen mit zwei Aluminium-Unterzügen, wobei der eine zur leichteren Motorendemontage abnehmbar ist. Die Leistung des wassergekühlten V2-Zylinders soll bei 72–74 PS liegen – mit 90 kg Gesamtgewicht entspricht die kleine YZR genau dem Gewichts-Limit der FIM.

Mit »blutendem Herzen« mußte Wimmer nun zusehen, wie Lavado die ›Anti-Honda‹ zum ersten Training rollte – und auf Anhieb Furore machte, denn mit der unglaublichen Zeit von 1.32,78 Minuten unterbot der Venezolaner glatt den Vorjahresrekord von Christian Sarron mit 1.33,40 Minuten. Es gelang niemandem, Lavados Rekordzeit noch zu unterbieten, doch zweifelte der selbst an der Richtigkeit dieser Messung, denn seine eigenen Leute stoppten ihn nie besser als mit 1.33,90. Es ist bekannt, daß Carlos Lavado kein Risiko scheut und wie der Teufel fährt, in schwierigen Situationen aber sein Temperament oft nicht zügeln kann.

Im strömenden britischen Regen sicherte sich Freddie Spencer die 250 cm³-Weltmeisterschaft.

Daß der Venezolaner die neue YZR im Samstags-Training in der Abbey-Kurve hinschmiß war diesmal allerdings kein Fahrfehler: an dieser Stelle herrschte zeitweise so böiger Wind, daß der Rennleiter sich gezwungen sah, die Fahrer eindringlich zu warnen. Lavado verletzte sich bei seinem Sturz übrigens so, daß er schwer gehandicapt ins Rennen gehen mußte.

Zu den vielen Fahrern, die im Training stürzten, zählte am Freitag auch Freddie Spencer. Der Honda-Star flog in Maggott's Curve aus dem Sattel der 250er – aber nicht wegen einer Windböe, sondern weil er versucht hatte, Lavados Zeit zu egalisieren. Daß er sich dabei den Daumen anknackste, verheimlichte Spencer – wohl deshalb, weil aus Japan Yoichi Oguma angereist war, der Technische Leiter der Rennabteilung der Honda Racing Corporation, der dabei sein wollte, wenn Spencer seinen ersten Weltmeistertitel in diesem Jahr sicherstellte.

Oguma bestätigte in Silverstone noch einmal, daß Spencer im kommenden Jahr nicht mehr in der 250 cm³-Klasse eingesetzt wird: »Seine R-W wird eingemottet. Wir bauen für 1986 einige Produktionsrennmaschinen auf der Basis des Spencer-Modells, und werden nicht mehr werksseitig antreten. Als Fahrer denken wir an Toni Mang, Fausto Ricci, Alan Carter, Dominique Sarron und eventuell auch an Sito Pons.« Oguma war aber nicht ausschließlich Spencers wegen gekommen: der ehemalige Rennleiter des Werks-Teams (dessen Aufgaben in diesem Jahr von Erv Kanemoto, Spencers langjährigem Techniker-Freund, übernommen wurden) wollte auch inspizieren, wie Randy Mamola und Wayne Gardner mit den V4-Maschinen zurechtkamen, die die beiden für diesen einen Lauf zur Verfügung gestellt bekommen hatten. Sowohl der Amerikaner wie der Australier erhofften sich ein glänzendes Resultat – und damit das richtige Argument für die bevorstehenden Vertragsverhandlungen.

Aber auch Eddie Lawson hatte sich gut motiviert: »Silverstone ist meine Lieblingsstrecke. Sie paßt mit ihren schnellen Kurven wie maßgeschneidert für meine Yamaha – meine Chance liegt jetzt im Angriff.«

Während Roberto Gallina gerade die mangelnde Angriffslust seiner Fahrer Uncini und Pons beklagte (»Ich sehe schwarz für ihre Zukunft, zumindest bei mir«), tat sich Franco Uncini an anderer Stelle hervor: der Weltmeister 1982 war der Initiator einer an die FIM gerichteten Forderung, die mehrere namhafte Fahrer unterzeichneten und die die Streichung der Klassen 80 cm³, 125 cm³ und Seitenwagen (bzw. deren Umwandlung in eine Europameisterschaft) vorsieht. Ginge es nach dem Willen von Uncini und Co, dann bestünde ein Grand Prix zukünftig nur noch aus zwei Rennen (250 cm³ und 500 cm³) und – ausschlaggebender Punkt dieser Idee – die Preisgelder der ›eingesparten‹ Klassen können zusätzlich an die beiden restlichen Kategorien verteilt werden. Natürlich ist in diesem Papier auch schon von Streik die Rede, mit dem die Fahrer ihre Forderungen (Steigerung der Preisgelder um 100 Prozent) durchdrücken wollen. Zur Erläuterung: der Sieger der 500er Klasse erhält zur Zeit 14850 Schweizer Franken, der zweite 11650; bei den 250ern ist die Rate 8450 bzw. 6750 Schweizer Franken.

So dringend es auch sein mag, die Zukunft der 80er und besonders der Seitenwagenklasse (die 125er wird als ›Einsteigerklasse‹ für den Nachwuchs sicher bestehen bleiben) zu überdenken, eines sollten die Verfechter des Uncini-Vorschlags aber nicht außer Acht lassen: die großen Sponsoren zahlen ganz gewiß nicht Millionenbeträge an die Teams, ohne sicher sein zu können, daß ihre Fahrer auch fahren – einen wegen Start/Preisgeldforderungen streikenden Werksfahrer wird es nie geben.

125 cm³: Surfer King

Es regnet in Strömen und ist zudem empfindlich kühl und windig, als die Achtelliterklasse den Renntag eröffnet. Während den beiden Garelli-Fahrern Fausto Gresini und Ezio Gianola diese Bedingungen erhebliche Schwierigkeiten machen (Gianola stürzt bereits in der zweiten Runde), kommt ihr großer Widersacher Pierpaolo Bianchi auf der MBA besser zurecht.

Scheinbar unbeeindruckt von den katastrophalen Witterungsbedingungen zeigt sich dagegen Gustl Auinger in Klasse-Format: ab der zweiten Runde liegt der Österreicher in Führung und bewegt seine von Harald Bartol präparierte MBA so souverän über den regenüberspülten Flugplatzkurs, daß er im Ziel fast eine halbe Minute Vorsprung hat. Nach dem Regenrennen von Hockenheim gewinnt Auinger hier seinen zweiten Grand Prix und hat dann seinen Spitznamen weg: Surfer-King.

Bianchi wird das schlechte Startverhalten seiner MBA mit dem neuen Motor zum Verhängnis. Der Zweizylindermotor hat um 360° versetzte Hubzapfen (früher 180°). Die Zündung in beiden Zylindern erfolgt gleichzeitig, die Kolben laufen synchron. Der 33jährige dreimalige Weltmeister mit 26 Grand Prix-Siegen ist sicher, dadurch seine Siegeschance verloren zu haben: »Ich hätte gewonnen, wenn ich nicht so langsam losgekommen wäre.« Trotzdem gelingt es dem MBA-Mann noch, sich den zweiten Platz zu sichern – und damit wieder die Wertung der Weltmeisterschaft zu übernehmen.

Sein junger Herausforderer Gresini hat dagegen einen schwachen Tag: die herrschende britische Kühle reduziert seine Angriffslust auf ein Minimum und so läßt er es geschehen, daß der Franzose Jean-Claude Selini ihm noch in der letzten Runde den dritten Platz abspenstig machen kann. Beschämt gibt er dann im Ziel zu: »Ich hab' keine Ahnung, wie der das geschafft hat!« Der Finne Jussi Hautaniemi kann die Auseinandersetzung mit dem jungen Italiener Domenico Brigaglia und dem Argentinier Willy Perez für sich entscheiden und belegt Platz fünf. Hinter dem Belgier Olivier Liegeois sichert sich Willi Hupperich mit der Seel ganz knapp vor dem Briten McGarrity den neunten Platz. Bruno Kneubühler gibt in der neunten Runde auf, weil er nach einem Trainingsabsitzer keine rechte Motivation mehr fand.

250 cm³: Spencers Titel

Noch immer regnet es in Strömen, als die Viertelliterklasse die 24 Runden-Distanz in Angriff nimmt. Der junge Alan Carter, der seit seinem überraschenden Sieg in Le Mans vor zwei Jahren vergeblich der Wiederholung dieses Erfolgs hinterher jagt, beginnt das Rennen recht vielversprechend und setzt sich vor dem Feld in Führung.

Lawson erklärt Carruthers und dem Öhlins-Federbeinspezialisten sein Problem.

Hinter ihm gruppieren sich Toni Mang, Freddie Spencer, Pierre Bolle, Fausto Ricci, Jacques Cornu, Reinhold Roth, Roland Freymond, Carlos Lavado und Jean-Michel Mattioli.

Gary Noel bringt seine EMC nicht zum Laufen und scheidet schon am Start aus.

Roland Freymond bleibt in der dritten Runde mit Motorschaden liegen; Surfer King Auinger hat vom Regen und der Kälte erst einmal »die Nase voll« und gibt nach drei Runden auf und Carlos Lavado quälen die Schmerzen im linken Fuß beim Schalten so, daß er nur acht Runden durchhält und dann aufgibt – ein trauriges Debut für den neuen Werksrenner von Yamaha.

Bis zur vierten Runde dehnt Carter seinen Vorsprung zu Mang auf drei Sekunden aus und läßt mit seiner furiosen Fahrweise keinen Zweifel an seiner Absicht: »Ich hatte nur einen Gedanken im Kopf – siegen!« Toni Mang dagegen ist nicht bereit, das überspitzte Risiko des jungen Briten zu parieren und läßt Carter ziehen: »Als mir einmal das Vorderrad wegrutscht, hab' ich mir gedacht, ›soll er halt gewinnen – ich will lieber heil ankommen‹.«

Bis zur elften Runde gelingt es Carter, Mang um über zehn Sekunden zu distanzieren. In der 13. Runde aber bekommt er die Quittung für seinen draufgängerischen Gewaltakt: in der Stowe-Kurve rutscht ihm das Vorderrad weg, er schlittert in die Strohballen. Mang ist nicht wenig überrascht, als er bei seiner Passage bei Stowe den jungen Engländer sich aufrappeln sieht, der trotz einer abgebrochenen Fußraste und des böse verbogenen Lenkers das Rennen – nun an dritter Stelle – wieder aufnimmt. Weil er beim Sturz auch die Hinterbremse seiner Honda demolierte, rutscht Carter an neunte Position ab, kämpft sich aber noch einmal zwei Plätze vor und kann noch als siebter beenden.

Toni Mang absolviert die restliche Distanz problemlos (»Von dem wirklich grausigen Wetter einmal abgesehen«), denn sein Vorsprung zu seinen Verfolgern ist beträchtlich.

Unter denen macht Reinhold Roth die hervorragendste Figur: er fightet brillant und schlägt sich tapfer. Als er plötzlich Freddie Spencer vor sich hat, muß er erst einmal »tief durchatmen«, passiert den Amerikaner aber dann ohne viel Federlesens. Mit dem clever erfochtenen zweiten Platz sichert sich der Römer-Mann – wenn auch 18 Sekunden hinter Mang im Ziel – sein bisher bestes Ergebnis und jubelt dann: »Jetzt ist bei mir der Knoten gerissen!« Auf Platz drei schlägt sich Freddie Spencer herum: »Ich habe einen zu harten Reifen gewählt.« Zuerst muß er die Attacken von Fausto Ricci abwehren, der ihm solange hart zusetzt, bis die Italien-Honda Probleme mit dem Getriebe heimsucht und Ricci sich nur an achter Stelle ins Ziel retten kann. Dann gerät Spencer unter Beschuß von Manfred Herweh (dessen Rotax-Motor ihm während des Trainings wegen Kolbenklemmern einige Kopfschmerzen verursachte) und muß dem Lampertheimer im letzten Drittel – als der Regen zwar aufhört, die Strecke aber naß bleibt – den Vortritt lassen. Während sich die drei ersten, Mang, Roth und Herweh, freudestrahlend auf die Ehrenrunde begeben, resümiert der viertplazierte Freddie Spencer: »Das waren die abscheulichsten Verhältnisse, in denen ich je ein Rennen gefahren habe. Meiner Meinung nach hätte der Lauf abgebrochen werden müssen. Regen-Spray und Wind waren ein echtes Problem. Nun bin ich also mit einem vierten Platz Weltmeister der 250 cm³-Klasse geworden. Das ist zwar nicht ganz mein Geschmack – aber wer fragt schon später, *wie* ich die Weltmeisterschaft gewonnen habe; wichtig ist doch nur, *daß* ich sie gewonnen habe.«

Nach konstanter Fahrt belegt Mattioli den fünften Rang, sicher vor Bolle auf der Parisienne, und hinter Ricci und

Carter kommt Jacques Cornu auf dem neunten Platz ins Ziel. Den einen WM-Punkt für Rang zehn holt sich Joey Dunlop, der in diesem Jahr zum vierten Mal Weltmeister der Kategorie TT-Formel I geworden ist: »Was mir tatsächlich leichter fiel als dieses Rennen!«

500 cm³: Die Vorentscheidung

Eine halbe Stunde, nachdem Freddie Spencer mit dem von reiner Vorsicht inspirierten vierten Platz die Weltmeisterschaft der 250 cm³-Klasse für sich entschieden hatte, macht der 23jährige Honda-Star seinen Anspruch auf den 500er Titel mehr als deutlich: Klar und überlegen holt er sich den Sieg, den sechsten der Saison in der Halbliter-Kategorie.

Spencer macht kein Hehl aus seiner Abneigung gegen Regen-Rennen – wie er aber die Verhältnisse im sintflutartig überschwemmten Silverstone meistert, wo immerhin Spitzengeschwindigkeiten um 280 km/h erreicht werden, zeigt, welche Qualitäten er besitzt: keiner seiner Konkurrenten hat auch nur den Hauch einer Chance, ›E.T.‹ Spencer zu attackieren.

Eine riesige Gischtwolke aufwirbelnd stiebt Spencer als erster los: »Ich wollte unbedingt den Vorteil der freien Bahn für mich nutzen.« Und das tut er so souverän, daß keiner seiner Verfolger mithalten kann. Regen-Zauberer Christian Sarron darf sich vor dem Rennen noch in der Rolle des Favoriten sonnen – doch dieser Rolle wird der Franzose dann in keiner Weise gerecht: er kommt über eine halbe Minute nach Spencer als dritter ins Ziel. Auch Eddie Lawson hat keine Antwort auf Spencers Offensive: »Mein Motor sprang zwar sofort an, zog aber zunächst schlecht. Bis ich die Verfolgung aufnehmen konnte, war Freddie schon zu weit weg.« Vor Kälte bibbernd schildert der Kalifornier den haarigsten Moment seiner Fahrt: »Einmal hob mich eine Windböe regelrecht hoch und versetzte die Maschine um etwa einen Meter!« Daß unter diesen herrschenden Verhältnissen das Rennen eigentlich nicht durchführbar war, umriß der Marlboro-Pilot mit einer drastischen Formulierung: »Wir hätten allenfalls mit Wetbikes fahren sollen!« Der erste, der den Wetterbedingungen Tribut zollen muß, ist Roger Marshall, als britischer Meister ja keineswegs nur Schönwetter-Rennen gewohnt: »Ich hatte einen Superstart und sah nur Spencer vor mir im Spraynebel. Dann beschlug mein Visier so, daß ich völlig blind war und solche Angst bekam, daß ich lieber aufgab.«

Wayne Gardner rollt nach der fünften Runde an seine Box, stellt die Honda V4 ab und meint: »Der reine Horror! Ich war so ohne Sicht, als hätte jemand ein weißes Laken über mich geworfen. Lieber bin ich heil in den Boxen als schwer verletzt im Hospital – auch wenn es mich ganz furchtbar wurmt, daß ich die V4 nicht besser plazieren konnte.« Auch sein Teamkamerad Ron Haslam hat Schwierigkeiten mit dem beschlagenen Visier; er wechselt an der Box den Helm, wird aber trotzdem nur vierzehnter, weil dessen Visier ebenso beschlägt.

Randy Mamola – wie Gardner auf einer V4 – hat Mühe, Didier de Radigues zu halten und beklagt nach der Zieldurchfahrt, daß sein Gasdrehgriff geklemmt hat. Deshalb kann der Belgier sich in der zweiten Hälfte von Mamola absetzen und sicher vor dem Kalifornier den vierten Platz belegen. Mamola gerät dann noch in Schlagweite von Raymond Roche, dessen Paraden er allerdings abwehren kann und der die karierte Flagge schließlich zwei Sekunden nach Mamola sieht.

Boet van Dulmen auf dem siebten Rang ist bereits überrundet; ihm folgen Roger Burnett, Neil Robinson und Paul Lewis auf den Plätzen. Nicht ins Ziel kommen unter anderen Eero Hyvarinen (Sturz), Rob McElnea (Zündungsschaden), Gustl Reiner (Sturz) und Sito Pons (Aufgabe), dessen Teamgefährte Franco Uncini wenigstens die Distanz absolviert und auf Rang 18 beendet – dennoch aber von Roberto Gallina kein Lob bekommt: »Was soll ich dazu sagen, wenn ich sehe, daß Paul Lewis auf einer Heron-Suzuki den zehnten Platz erreicht!«

Gespanne: Untergang

Weil das Wetter das Programm erheblich behinderte, ist es bereits Abend, als die Dreiräder zum Start rollen. Doch gestartet wird nicht – nach schier endlosen Debatten erklären die Spitzenfahrer (Rolf Biland, Werner Schwärzel und Egbert Streuer) die Strecke, auf der an manchen Stellen das Wasser zentimeterhoch steht, für zu gefährlich, woraufhin der Präsident der

Trainingszeiten Gespanne

Streuer/Schnieders	1.31,34
Biland/Waltisperg	1.31,79
Webster/Hewitt	1.33,65
Barton/Birchall	1.33,89
Michel/Fresc	1.33,98
Schwärzel/Buck	1.34,07
Boddice/Birks	1.34,18
Zurbrügg/Zurbrügg	1.34,21
Kumano/Diehl	1.34,35
Steinhausen/Hiller	1.35,33

Roth sorgte mit seinem zweiten Platz hinter Mang und vor Herweh für einen Triumph der deutschen Fahrer.

Internationalen Jury, Gerry Marshall, diesen Lauf absagt.

Natürlich prallen anschließend die verschiedensten Meinungen aufeinander, besonders die Privatfahrer fühlen sich bevormundet. Julia Bingham: »Wir hätten zumindest ein paar Warmlaufrunden fahren wollen – dann wäre unsere Entscheidung wenigstens kompetent gewesen.« Auch Steve Webster, der sich nach seinem schweren Sturz in Assen größte Hoffnungen auf seinen Heimat-Grand Prix machte, ist nicht glücklich über die Art, wie das Rennen abgesagt wurde: »Die Entscheidung an sich war wohl die richtige. Aber warum wurden die Privatfahrer nicht wenigstens um ihre Meinung gefragt?«

Egbert Streuer dagegen steckt die Absage ohne Lamento weg: »Ich bin sicher, daß ich hier glatt gewonnen hätte – nun werde ich den Sieg in Schweden holen!«

Auch Werner Schwärzel, der sich als erster Alain Michel's Meinung, wegen der Gefährlichkeit nicht zu fahren, angeschlossen hatte, begrüßte die Entscheidung seiner Kollegen: »Ich habe keine Vorteile für mich gesehen und bin froh darüber, hier nicht Kopf und Kragen riskieren zu müssen. Ich kann nur noch einmal betonen, daß es unter den herrschenden Umständen besser war, nicht zu starten und das Rennen abzusagen. Nun muß die Titel-Entscheidung zwischen Streuer und mir in Anderstorp fallen.«

Für Rolf Biland jedoch, der sich mit seinen Kollegen solidarisch erklärte, bedeutet das Silverstone-Debakel das endgültige Scheitern seiner Titel-Hoffnung: »Ich hätte wohl fahren können. Für viele meiner Kollegen aber wäre das extrem überzogene Risiko wahrscheinlich unbeherrschbar gewesen.«

KLASSE 125 cm³

20 Runden = 94,20 km

1.	August Auinger	Österreich	MBA	38.58,34 = 145,02 km/h
2.	Pierpaoli Bianchi	Italien	MBA	39.24,84
3.	Jean Selini	Frankreich	MBA	39.31,05
4.	Fausto Gresini	Italien	Garelli	39.31,08
5.	Jussi Hautaniemi	Finnland	MBA	39.41,23
6.	Domenico Brigaglia	Italien	MBA	39.47,40
7.	Willy Perez	Argentinien	Zanella	39.48,04
8.	Olivier Liegeois	Belgien	KLS	40.09,66
9.	Willi Hupperich	Deutschland	Seel	40.17,14
10.	Mick McGarrity	England	MBA	40.17,67

11. L. Cadalora (I) MBA 40.23,10; 12. A. Straver (NL) MBA 40.26,85; 13. D. Lowe (GB) MBA 40.32,42; 14. H. Olsson (S) Starol 40.44,91; 15. E. Gijsel (NL) MBA 40.53,74. Weitere elf Fahrer im Ziel. 13 Fahrer nicht klassifiziert.

Schnellste Runde: August Auinger (MBA) 1.53,95 = 156,274 km/h
Rekordhalter: Angel Nieto (Garelli) 1.38,41 = 172,31 km/h (1984)

Stand der Weltmeisterschaft — Pkt.

Bianchi	MBA	87
Gresini	Garelli	84
Gianola	Garelli	57
Auinger	MBA	57
Kneubühler	LCR	50
Selini	ABF	36
Bigaglia	MBA	35
Pietroniro	MBA	24
Liegeois	KLS	17
Hautaniemi	MBA	17

Trainingszeiten

Gianola 1.39,60; Kneubühler 1.39,83; Gresini 1.40,15; Selini 1.40,21; Liegeois 1.40,22; Bianchi 1.41,11; Auinger 1.41,54; Feuz 1.41,71; Perez 1.42,19; Ascareggi 1.42,67.

KLASSE 250 cm³

24 Runden = 113,04 km

1.	Anton Mang	Deutschland	Honda	43.33,62 = 155,70 km/h
2.	Reinhold Roth	Deutschland	Römer	43.51,59
3.	Manfred Herweh	Deutschland	Real	43.59,57
4.	Freddie Spencer	USA	Honda	44.07,68
5.	Jean Mattioli	Frankreich	Yamaha	44.13,59
6.	Pierre Bolle	Schweiz	Parisienne	44.16,39
7.	Alan Carter	England	Honda	44.16,40
8.	Fausto Ricci	Italien	Honda	44.25,01
9.	Jacques Cornu	Schweiz	Honda	45.05,04
10.	Joey Dunlop	England	Honda	45.07,23

11. K. Irons (GB) Yamaha 45.08,81; 12. T. Head (GB) Armstrong 45.09,53; 13. D. Sarron (F) Honda 45.09,62. 1 Runde zurück: 14. A. Watts (GB) EMC; 15. M. Galbit (F) KYF; **18. H. Eckl (D) Römer, 19. H. Becker (D) Yamaha**. Weitere fünf Fahrer im Ziel. 15 Fahrer nicht klassifiziert.

Schnellste Runde: Manfred Herweh (Real) 1.46,78 = 166,769 km/h
Rekordhalter: Christian Sarron (Yamaha) 1.33,40 = 181,55 km/h (1984)

Stand der Weltmeisterschaft — Pkt.

Spencer	Honda	127
Mang	Honda	97
Wimmer	Yamaha	69
Lavado	Yamaha	67
Ricci	Honda	35
Reggiani	Aprilia	34
Roth	Römer	28
Carter	Honda	24
Herweh	Real	23
Cornu	Honda	19

Trainingszeiten

Lavado 1.32,78; Spencer 1.33,91; Bolle 1.34,04; Herweh 1.34,25; Mang 1.34,65; Noel 1.34,94; Minich 1.35,06; Mattioli 1.35,29; Freymond 1.35,32; Balde 1.35,37.

KLASSE 500 cm³

28 Runden = 131,88 km

1.	Freddie Spencer	USA	Honda	49.20,17 = 160,38 km/h
2.	Eddie Lawson	USA	Yamaha	49.28,49
3.	Christian Sarron	Frankreich	Yamaha	49.52,65
4.	Didier De Radigues	Belgien	Honda	50.27,38
5.	Randy Mamola	USA	Honda	50.36,28
6.	Raymond Roche	Frankreich	Yamaha	50.38,89
7.	Boet Van Dulmen	Niederlande	Honda	1 Runde zurück
8.	Roger Burnett	England	Honda	1 Runde zurück
9.	Neil Robinson	England	Suzuki	1 Runde zurück
10.	Paul Lewis	England	Suzuki	1 Runde zurück

11. D. Petersen (ZA) Honda; 12. C. Martin (GB) Suzuki; 13. R. Punt (NL) Suzuki; 14. R. Haslam (GB) Honda; 15. W. V. Muralt (CH) Suzuki. Weitere fünf Fahrer im Ziel. 20 Fahrer nicht klassifiziert.

Schnellste Runde: Freddie Spencer (Honda) 1.43,53 = 171,991 km/h
Rekordhalter: Kenny Roberts (Yamaha) 1.28,20 = 192,27 km/h (1983)

Stand der Weltmeisterschaft — Pkt.

Spencer	Honda	126
Lawson	Yamaha	106
Sarron	Yamaha	72
Gardner	Honda	61
Haslam	Honda	57
Mamola	Honda	56
De Radigues	Honda	42
Roche	Yamaha	39
McElnea	Suzuki	19
Van Dulmen	Honda	18

Trainingszeiten

Spencer 1.28,42; Lawson 1.29,35; Sarron 1.29,42; Mamola 1.29,80; Gardner 1.30,33; Roche 1.30,58; Marshall 1.31,79; Haslam 1.32,20; De Radigues 1.32,26; McElnea 1.32,44.

Grand Prix Schweden
Anderstorp, 10./11. August

Zuschauer: 15 000
Wetter: sonnig, 25 Grad (Samstag),
bewölkt, 15 Grad (Sonntag)
Streckenlänge: 4,031 km

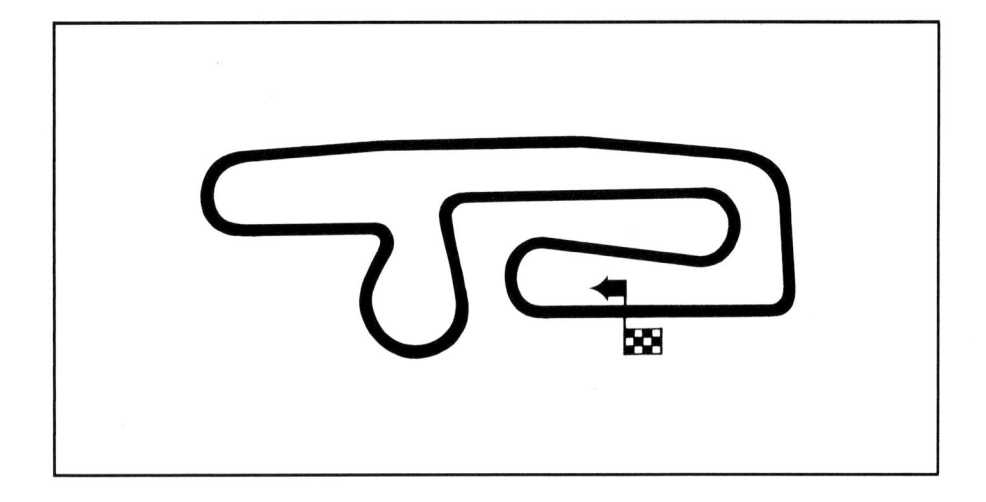

Ihr Einverständnis mit der Entscheidung der Jury, ihr Rennen in Silverstone aus Sicherheitsgründen abzusagen, bekräftigten die meisten der Seitenwagengespannfahrer inzwischen mit einer schriftlichen Erklärung, die sie unterschrieben. Da sich jedoch so mancher der Dreiradpiloten (zum Beispiel Rolf Biland und Egbert Streuer) in einem Ersatzlauf noch Punktevorteile und Chancen errechnete, waren sie von der Idee angetan, den Finallauf ihrer Kategorie (also den siebten, wie ursprünglich vorgesehen) in Assen auszutragen. Assen-Rennleiter Jaap Timmer erklärte sich auch sofort bereit, ein solches Rennen zu organisieren – erhielt aber von FIM-Rennsportkommissionspräsident Luigi Brenni eine Absage: »Im Reglement heißt es, daß ein – aus welchen Gründen immer – abgesagter Lauf ersatzlos gestrichen wird.« Für Werner Schwärzel bedeutete das keinen Nachteil: »Bei meiner Punkte-Situation ist es für mich günstiger, wenn nur sechs Läufe zählen. Wichtig aber ist vor allem, daß eine endgültige Entscheidung darüber hier in Schweden fällt und nicht erst später.« Der schnauzbärtige Meißenheimer mühte sich während des Trainings, sein Gefährt optimal abzustimmen und zusätzlich seinem Kompagnon Fritz Buck möglichst viel Streckenkenntnis beizubringen. Schwärzel: »Der Fritz ist zum erstenmal hier und der Kurs ist nicht der einfachste zu lernen.«

So waren die Deutschen einigermaßen zufrieden, hinter Biland und Streuer die dritte Zeit zu realisieren. Ihre direkten Gegner, die Niederländer Streuer/Schnieders, konnten sich indessen schon auf die Verteidigung ihres Titels konzentrieren. Der 31jährige ›Wikinger‹ Streuer, in Assen zu Hause, kalkulierte so: »Die schnellste Zeit von Biland irritiert mich nicht. Ich fahre voll auf Sieg – ich will gewinnen und ich *muß* gewinnen.«

Wie in Schweden gewohnt, wurde das Viertelliter-Rennen bereits am Samstag abgewickelt – bei strahlend schönem Wetter. In der Nacht zum Sonntag schlug dann das Wetter um; nach einem heftigen Gewitter regnete es am Morgen. Für Freddie Spencer war das Geräusch des auf das Dach seines Motorhomes trommelnden Regens eine höchst unliebsame Überraschung: »Ich hasse Regenrennen und die Titelentscheidung hätte ich erst recht lieber im Trockenen gehabt.«

Einem aber war der Regen sehr willkommen: Gustl Auinger, der in der Nässe bisher zwei Grand Prix gewinnen konnte.

125 cm³: Bruderkrieg

Der Regen hört vor dem Start der Achtellitermaschinen auf, doch geht der Österreicher dennoch zuversichtlich ins Rennen. Er hat auch keine Mühe, dem führenden Fausto Gresini zu folgen, den er bis zur letzten Runde beschattet. Auinger attackiert den Italiener aber nicht mit voller Schlagkraft, er ist auch mit einem zweiten Platz zufrieden.

Dramatisch wird es kurz vor dem Ziel: der Garelli-Motor setzt mehrere Male aus und Gresini muß verzweifelt zusehen, wie erst Auinger und dann noch sein Erzrivale Bianchi (der nach mäßigem Start ab der siebten Runde den dritten Platz okkupiert) an ihm vorbeiziehen; Gresini bekommt die karierte Flagge erst als dritter.

Während Gustl Auinger es noch gar nicht fassen kann, gewonnen zu haben, diagnostiziert man bei Garelli die Ursache für Gresinis Pech in einem Tankleck. Größter Nutznießer von Gresinis schwacher Plazierung aber ist nicht Auinger, sondern Pierpaolo Bianchi, der die Tabelle nun mit fünf Punkten Vorsprung anführt und dem Finale in San Marino beruhigt entgegensieht: »Sicher, heute hat Fausto Pech gehabt. Aber nun genügt mir in Misano der zweite Platz, um Weltmeister zu werden.«

Nach heftigem Duell gegen den Finnen Jussi Hautaniemi sichert sich Ezio Gianola auf der zweiten Garelli den vierten Platz. Hauchdünn fällt die Entscheidung zwischen Domenico Brigaglia und Johnny Wickström, die der Italiener für sich erzwingt. Hinter Giuseppe Ascareggi belegen die Belgier Liegeois und Pietroniro die Plätze neun und zehn. Bruno Kneubühler scheidet in der 13. Runde mit Motordefekt aus.

250 cm³: Der Kronprinz

Weil er schon als Weltmeister feststeht, verzichtet Freddie Spencer auf diesen Lauf, um sich ganz auf das Rennen der Halbliterklasse konzentrieren zu können.

Wie schon in der Woche zuvor in Silverstone absolviert Alan Carter den besten Start, findet sich aber wenig später schon hinter Toni Mang und Fausto Ricci an dritte Stelle abgedrängt. Carlos Lavado prescht nach verhaltenem Start wild nach vorn und übernimmt in der dritten Runde die Lauerposition hinter dem führenden Mang.

Den vermögen die nun folgenden Attacken des Venezolaners aber nicht aus der Ruhe zu bringen; er pariert souverän und läßt Lavado schließlich mit immer größer werdendem Vorsprung hinter sich. Im Ziel hat der Honda-Mann neun Sekunden auf die neue YZR herausgefahren, was Lavado so kommentiert: »Der neuen Maschine mangelt es jetzt noch an vielem – aber bis zur neuen Saison wird sie deutlich an Schlagkraft gewinnen.« Übrigens beorderte Yamaha die YZR umgehend nach Japan zurück, um mit den Modifikationen beginnen zu können.

Als Fausto Ricci realisiert, daß Mang und Lavado für ihn uneinholbar sind, macht er es sich auf seiner dritten Position gemütlich, speziell nachdem ihm seine Box signalisiert, Carter an vierter Stelle liege weit zurück. Der junge Engländer holt sich die acht WM-Punkte dann recht souverän, profitiert dabei aber vom Ausfall Herwehs, der vorher diese Position innehatte. Der Lampertheimer war schon im Training einmal ›abgestiegen‹ und verabschiedet sich nun wieder recht spektakulär, als sich das Heck seiner Maschine querstellt. Herweh trägt sich übrigens mit dem Gedanken, nächstes Jahr kein Rotax-Triebwerk mehr zu verwenden: »Die Japaner sind einfach überlegen.« Wahrscheinlich muß er sich auch gleich einen neuen Sponsor suchen, denn sein Geldgeber Massa zieht sich zurück.

Jacques Cornu findet von Rennen zu Rennen mehr zu seinem alten Selbstvertrauen zurück und beendet nach präzise absolvierter Fahrt 1,5 Sekunden hinter Carter als fünfter. Sein Teamkollege bei Parisienne, Pierre Bolle, kann die Auseinandersetzung gegen Donnie McLeod auf der Armstrong-Rotax und Jean-Michel Mattioli auf der Yamaha knapp für sich entscheiden; der Brite und der Franzose preschen direkt hinter ihm ins Ziel. Siegfried Minich auf der mit Hummel-Zylindern bestückten Yamaha entscheidet sein Duell gegen Niall MacKenzie um 9/10 Sekunden für sich.

Toni Mang beweist in diesem Rennen wieder einmal nachdrücklich, daß er neben Freddie Spencer der dominierende Mann seiner Klasse ist und zu Recht als sein Kronprinz gilt, also sein designierter Nachfolger.

500 cm³: Sieg und Titel für Spencer

Auf die Frage, ob ihm die nervliche Belastung vor diesem Rennen zu schaffen mache, antwortet Freddie Spencer mit einem leichten Lächeln: »Eigentlich nicht. Mir genügt ja heute schon ein dritter Platz – den schaffe ich sicher.«

Trotz maschineller Unterlegenheit war Pierpaolo Bianchi der starke Mann seiner Klasse.

Erleichtert ist der Amerikaner allerdings darüber, daß das Wetter sich inzwischen gebessert hat: die Bahn ist trocken und ab und zu kommt sogar die Sonne durch.

Spencer gestaltet die Entscheidung um seinen zweiten Weltmeistertitel dieser Saison dann ganz nach seinem Geschmack. Nach dem Start, den wieder einmal Ron Haslam als schnellster absolviert, läßt sich der Rothmans Honda-Star zwei Runden lang Zeit, seinen Rhythmus zu finden, setzt sich dann aber so rigoros von seinen Verfolgern ab, daß niemand ihm mehr gefährlich werden kann und distanziert das Feld bis zum Ziel um über 20 Sekunden: »Ich wollte unbedingt hier gewinnen und ich bin sehr froh, daß mir das auch gelungen ist.«

Eddie Lawson sicherte sich letztes Jahr in Anderstorp die Weltmeisterschaft; er mag wehmütig an diesen Erfolg gedacht haben, als ihm nach wenigen Runden klar wird, die falschen Reifen gewählt zu haben.

Lawson bewegt sich sechs Runden lang hinter Spencer an zweiter Stelle, verliert aber den Anschluß, als seine Reifen anfangen sich aufzulösen. Der Kalifornier gerät so bald unter Beschuß des mit letzter Bravour agierenden Wayne Gardner, der »aus allen Rohren feuert« und Lawson auf die dritte Position verweist. In der letzten Runde wird dann Gardners Pech zu Lawsons Glück: weil er im Rennen offenbar schneller fährt als im Training, verbraucht Gardner mehr Kraftstoff als

129

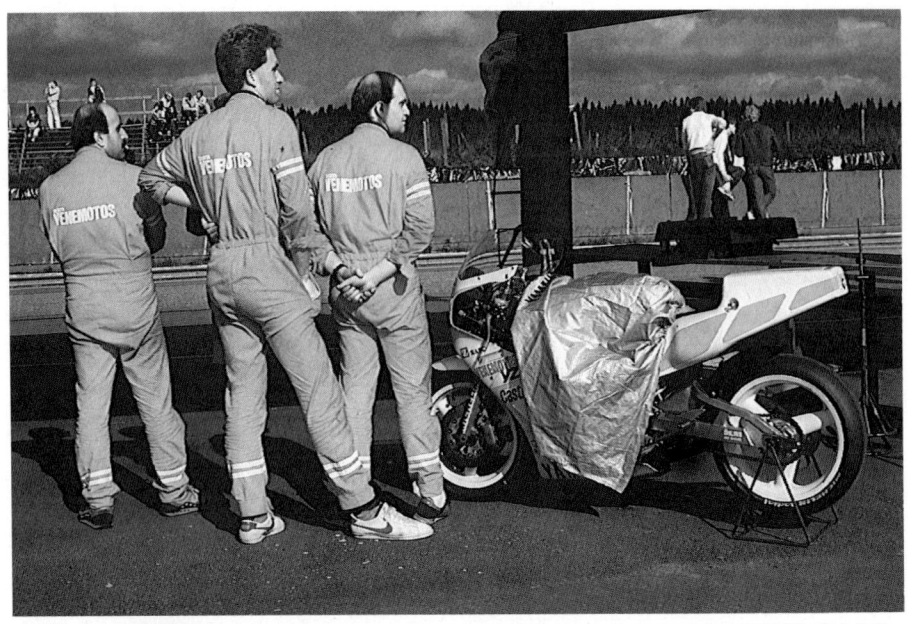

Nach Honda-Manier verbergen die Yamaha-Männer die neue V 2, die ›Anti-Honda‹, vor neugierigen Blicken.

berechnet – in der letzten Runde ist kurz vor dem Ziel der Tank der Honda leer und Gardner muß voller Verzweiflung seinen schon sicher gewähnten zweiten Platz und damit sein bisher bestes Grand Prix-Ergebnis abschreiben und zusehen, wie Lawson als zweiter die Flagge bekommt; der Australier dagegen kommt nicht ins Ziel. Lawson versucht nicht, seine Niederlage zu beschönigen: »Ich hätte gewinnen müssen und das ist mir nicht gelungen – mehr gibt es dazu nicht zu sagen.« Auch sein Teamkollege Raymond Roche ist durch die falschen Reifen behindert; der Franzose landet deshalb nur auf dem achten Rang.

Durch seinen Ausfall ermöglicht es Wayne Gardner seinem Teamkameraden bei Honda-Britain, Ron Haslam, um einen Platz vorzurücken und dritter zu werden. Bestimmt aber nicht aus Kameraderie, sondern höchst ungern, denn sein Pech kostet Gardner den vierten Tabellenrang – er sackt dadurch auf den sechsten Platz ab.

In dem an direkten Duellen armen Rennen sorgt die Aufholjagd von Christian Sarron nach seinem schlechten Start für einigen Pep; der Franzose sichert sich am Ende den vierten Platz. Hinter ihm setzen sich Randy Mamola (»Dieser Kurs liegt mir überhaupt nicht!«), Didier de Radigues und Mike Baldwin um Rang fünf auseinander; sie überqueren die Ziellinie jeweils im Sekunden-Takt. Am letzten Wochenende sicherte sich Baldwin übrigens die US-Meisterschaft, für deren Teilnahme er auf drei Grand Prix-Läufe verzichten mußte, dennoch aber gegenwärtig Tabellenelfter ist.

Bereits in der zweiten Runde gibt Sito Pons nach einem Ausritt wegen defekter Bremsen auf. Gustl Reiner touchiert in der dritten Runde den Italiener Biliotti und stürzt; Biliotti kann zwar weiterfahren, landet aber nur auf Rang 22. Als 23. wird noch Christian LeLiard gewertet, der mit der Honda Elf 2 unterwegs ist, aber so viele Probleme hat, daß er insgesamt elf Runden lang (!) seine Maschine an der Box reparieren läßt.

Wolfgang von Muralt stürzt in der sechsten Runde, Armando Errico in der achten und Rob McElnea verliert seine zehnte Position in der 22. Runde, als er seine Suzuki ins Grüne bugsiert und sich dabei am Knöchel verletzt. Den schlimmsten Sturz aber tut Franco Uncini: nach der Gislaved-Kurve verliert er in der elften Runde an elfter Stelle liegend die Gewalt über die Gallina-Suzuki und stürzt direkt vor die Boxenmauer. Während seine Maschine nach einigen Salti Feuer fängt, bleibt Uncini bewußtlos liegen. Geistesgegenwart beweist in dieser Situation Toni Merencino, im HB Gallina-Team für Public Relations und Pressearbeit zuständig: er hechtet über die Boxenmauer, birgt Uncini aus dem Gefahrenbereich und sorgt so dafür, daß sich der grauenvolle Unfall von Assen, bei dem Uncini von Gardners Vorderrad überrollt wurde und schwere Kopfverletzungen erlitt, nicht wiederholt.

Uncini zieht sich bei dem Sturz eine Gehirnerschütterung und eine Schulterverletzung zu.

Nach der Siegerehrung postieren sich die Fotografen mit gezückten Kameras erwartungsvoll am Swimmingpool im Fahrerlager und natürlich hat sich Randy Mamola schon für das präpariert, was er vorhat. In Shorts und barfuß schleicht sich der Kalifornier, der für jeden Jux und jede Tollerei zu haben ist, an den noch in volle Montur gekleideten Spencer heran, nimmt ihn auf die Schulter und schleppt ihn zum Pool. Dann folgt das obligate Tauchbad, das auf jeden Fall Mamola mehr Spaß macht als Spencer. Als der Doppelweltmeister in seinem klitschnassen Leder zu seinem Motorhome stiefelt, meint er, leicht gequält wirkend: »Jetzt ist der Lederanzug genauso zum auswringen wie letzten Sonntag in Silverstone.«

Toni Mang errang in Anderstorp vor Carlos Lavado und Fausto Ricci einen klaren und überzeugenden Sieg.

Gespanne: Fliegende Holländer

Um Weltmeister zu werden, hätten Werner Schwärzel und Fritz Buck diesen entscheidenden Lauf in Anderstorp gewinnen müssen – das aber scheitert an der überlegenen Schlagkraft der Titelverteidiger Egbert Streuer und Bernard Schnieders.

Schwärzel setzt sein Dreirad nach dem Start zwar an die Spitze und verteidigt sie sechs Runden lang gegen den Niederländer. Als den jedoch das Gefühl beschleicht, Schwärzel versuche ihn aufzuhalten, ändert er seine Taktik, so lange wie möglich hinter dem Deutschen zu bleiben und geht in Führung. Gegen die schnelle Barclay-Zigarre der ›fliegenden Holländer‹ hat Schwärzel dann keine Chance mehr; neun Sekunden trennen Schwärzel/Buck im Ziel von Streuer/Schnieders – beide Crews haben nun zwar die gleiche Anzahl Punkte, der Titel aber gehört Streuer/Schnieders, weil sie mehr Siege aufzuweisen haben.

Werner Schwärzel zögert als fairer Sportsmann nicht, seinen Bezwinger realistisch zu sehen: »Der Beste hat gewonnen – und das war eben der Streuer.«

Nach dem Ausfall von Rolf Biland und Kurt Waltisberg, die die Krauser in der neunten Runde mit defektem Getriebe beiseite stellen, gehört der dritte Platz den Briten Steve Webster/Tony Hewitt, die ihn sicher und ungefährdet ins Ziel bringen.

Alan Michel und sein Passagier Jean-Marc Fresc holen sich nach einer für sie enttäuschend verlaufenen Saison zum zweiten Mal Punkte, nämlich die acht

---

KLASSE 125 cm³ — 23 Runden = 92,713 km

	Fahrer	Land	Maschine	Zeit
1.	August Auinger	Österreich	MBA	44.54.00 = 123,8 km/h
2.	Pier Paolo Bianchi	Italien	MBA	45.01,07
3.	Fausto Gresini	Italien	Garelli	45.01,25
4.	Ezio Gianola	Italien	Garelli	45.06,85
5.	Jussi Hautaniemi	Finnland	MBA	45.07,02
6.	Domenico Brigaglia	Italien	MBA	45.38,59
7.	Johnny Wickström	Finnland	Tunturi	45.38,71
8.	Giuseppe Ascareggi	Italien	MBA	45.39,42
9.	Oliver Liegeois	Belgien	KLS	45.48,76
10.	Lucio Pietroniro	Belgien	MBA	45.51,37

11. Willy Perez (RA) Zanella; 12. Mickel Nielson (DK) MBA; 13. Peter Sommer (CH) MBA; 14. Hakan Olsson (S) Starol; 15. Henrik Rasmussen (DK) MBA; 16. Christoph Buerki (CH) MBA; **17. Willi Hupperich (D) Seel**; 18. M. Leitner (A) MBA; 19. Rune Zälle (S) MBA; 20. Franz Birrer (CH) MBA. Weitere 2 Fahrer im Ziel. 13 Fahrer nicht klassifiziert.

Schnellste Runde: Ezio Gianola (Garelli) in 1.53,81 = 127,5 km/h

Stand der Weltmeisterschaft — Pkt.

Fahrer	Maschine	Pkt.
Bianchi	MBA	99
Gresini	Garelli	94
Auinger	MBA	72
Gianola	Garelli	65
Kneubühler	MBA	50
Brigaglia	MBA	40
Selini	ABF	36
Pietroniro	MBA	25
Hautaniemi	MBA	23
Liegeois	KLS	19

Trainingszeiten

Gresini 1.44,19; Gianola 1.46,33; Auinger 1.46,93; Selini 1.47,44; Wickström 1.47,51; Hautaniemi 1.47,58; Kneubühler 1.47,59; Brigaglia 1.47,68; Bianchi 1.48,18; Liegeois 1.48,19.

KLASSE 250 cm³ — 25 Runden = 100,775 km

	Fahrer	Land	Maschine	Zeit
1.	Anton Mang	Deutschland	Honda	42.46,44 = 141,3 km/h
2.	Carlos Lavado	Venezuela	Yamaha	42.55,28
3.	Fausto Ricci	Italien	Honda	43,02,03
4.	Alan Carter	G-Britannien	Honda	43.21,58
5.	Jacques Cornu	Schweiz	Honda	43.22,91
6.	Pierre Bolle	Schweiz	Parisienne	43.24,49
7.	Donnie McLeod	G-Britannien	Armstrong	43.24,66
8.	Jean-Michel Mattioli	Frankreich	Yamaha	43.24,79
9.	Siegfried Minich	Österreich	Yamaha	43.27,03
10.	Niall MacKenzie	G-Britannien	Armstrong	43.27,93

11. Jean-Francois Balde (F) Pernod 43.28,32; 12. Roland Freymond (CH) Yamaha 43.35,14; **13. Reinhold Roth (D)** Römer 43.36,15; 14. Juan Carriga (E) Cobas 43.36,32; **15. Harald Eckl (D)** Römer 43.46,93. Weitere 13 Fahrer im Ziel. Acht Fahrer nicht klassifiziert.

Schnellste Runde: Anton Mang (Honda) in 1.41,64 = 141,64 km/h

Stand der Weltmeisterschaft — Pkt.

Fahrer	Maschine	Pkt.
Spencer	Honda	127
Mang	Honda	112
Lavado	Yamaha	79
Wimmer	Yamaha	69
Ricci	Honda	45
Reggiani	Aprilia	34
Carter	Honda	32
Roth	Römer	28
Cornu	Honda	25
Herweh	Real	23

Trainingszeiten

Lavado 1.41,26; Mang 1.41,72; Herweh 1.42,04; Carter 1.42,20; Guignabodet 1.42,26; Ricci 1.42,30; MacKenzie 1.42,40; Mattioli 1.42,41; Garriga 1.42,44; Cardus 1.42,65.

Zähler für den bravourös erfochtenen vierten Platz. Auch Rolf Steinhausen mit seinem Co Bruno Hiller sieht (nach dem zehnten Rang in Österreich) erstmals wieder die karierte Flagge, diesmal als fünfter und mit berechtigtem Stolz über seine persönliche gute Leistung.

Die Dramatik des an sich schon spannenden Rennens verstärken mehrere spektakuläre Zwischenfälle. So büssen Kumano/Diehl ihren sechsten Rang durch eine Moto Cross-Einlage ein und sichern sich nach scharfer Aufholjagd noch den einen WM-Punkt für den zehnten Platz.

Der britische Sonderling Derek Jones und sein Beifahrer Brian Ayres duellieren sich mit den Schweizer Brüdern Markus und Urs Egloff um Platz sechs, die sich im Versuch, Jones abzuschütteln, überschlagen, wobei der Fahrer unter dem Fahrzeug eingeklemmt wird. Das ist eine Situation ganz nach Jones exzentrischem Geschmack: er hält an, rennt zu dem verunglückten Dreirad, befreit Markus Egloff, rennt zurück zu seinem Fahrzeug, setzt das Rennen fort und geht als Dreizehnter ins Ziel!

Mit großem Abstand und als letzte nicht überrundete Crew kommen Theo Van Kempen/Gerald De Haas an sechster Stelle ins Ziel. Die weiteren Ränge belegen Van Drie/Colquhoun, Hügli/Paul, Christinat/Fahrni und Kumano/Diehl.

Nicht starten können die Gebrüder Zurbrügg, nachdem sie bei einem unverschuldeten Überschlag im freien Training am Sonntag Vormittag ihr Fahrzeug demolierten.

KLASSE 500 cm³

1. Freddie Spencer	USA	Honda	49.26,73 = 146,7 km/h
2. Eddie Lawson	USA	Yamaha	49.49,53
3. Ron Haslam	G-Britannien	Honda	50.04,64
4. Christian Sarron	Frankreich	Yamaha	50.18,97
5. Randy Mamola	USA	Honda	50.33,21
6. Didier de Radigues	Belgien	Honda	50.35,27
7. Mike Baldwin	USA	Honda	50.36,10
8. Raymond Roche	Frankreich	Yamaha	50.58,43
9. Thierry Espie	Frankreich	Chevallier	1 Runde zurück
10. Massimo Messere	Italien	Honda	1 Runde zurück

11. Eero Hyvarinen (SF) Honda; 12. Dave Petersen (GB) Honda; 13. Peter Linden (S) Honda; 14. Boet van Dulmen (NL) Honda; 15. Rob Punt (NL) Suzuki. Weitere neun Fahrer im Ziel. Zehn Fahrer nicht klassifiziert.

Schnellste Runde: Freddie Spencer (Honda) in 1.37,30 = 149,1 km/h

Stand der Weltmeisterschaft — Pkt.

Spencer	Honda	141
Lawson	Yamaha	118
Sarron	Yamaha	80
Haslam	Honda	67
Mamola	Honda	62
Gardner	Honda	61
De Radigues	Honda	47
Roche	Yamaha	42
McElnea	Suzuki	19
Van Dulmen	Honda	18

Trainingszeiten

Spencer 1.36,46; Lawson 1.36,56; Roche 1.37,53; Haslam 1.37,84; Sarron 1.37,85; Gardner 1.38,09; Mamola 1.39,28; De Radigues 1.39,39; McElnea 1.39,56; Baldwin 1.39,77.

KLASSE GESPANNE

23 Runden = 92,713 km

1. E. Streuer / B. Schnieders	NL	LCR Yam	39.21,83 = 141,3 km/h
2. W. Schwärzel / F. Buck	D	LCR Yam	39.30,53
3. S. Webster / T. Hewitt	GB	LCR Yam	39.37,71
4. A. Michel / J.-M. Fresc	F	LCR Yam	40.11,38
5. R. Steinhausen / B. Hiller	D	ARO	40.36,13
6. T. van Kempen / G. de Haas	NL	LCR	40.52,93
7. H. van Drie / J. Colquhoun	NL/GB	LCR-Yam	1 Runde zurück
8. H. Hugli / P. Karl	CH	LCR	1 Runde zurück
9. H. Christinat / M. Farhni	CH	LCR Yam	1 Runde zurück
10. M. Kumano / H. Diehl	J/D	LCR	1 Runde zurück

11. T. Smith / P. Brown (GB) Yamaha; 12. R. Progin / Y. Hunziker (CH) Seymaz; 13. D. Jones / B. Ayres (GB) LCR; 14. R. Larsson / R. Gunnhammar (S) LCR Yam; Zwei Runden zurück: 15. D. Bingham / J. Bingham (GB) Padgett LCR. Sechs Fahrer nicht klassifiziert.

Schnellste Runde: R. Biland / K. Waltisperg (Krauser) in 1.40,59 = 144,3 km/h

Stand der Weltmeisterschaft — Pkt.

Schwärzel	73
Streuer	73
Biland	50
Webster	32
Zurbrügg	26
Kumano	19
Abbott	13
Michel	13
Egloff	12
Barton	11

Trainingszeiten

Biland 1.39,44; Streuer 1.39,98; Schwärzel 1.40,52; Egloff 1.40,64; Webster 1.40,67; Michel 1.41,14; Zurbrügg 1.41,44; Kumano 1.42,26; Jones 1.42,55; Steinhausen 1.43,62.

Grand Prix San Marino
Autodromo Santamonica, 1. September

Zuschauer: 30 000
Wetter: sonnig, 28 Grad
Streckenlänge: 5,245 km

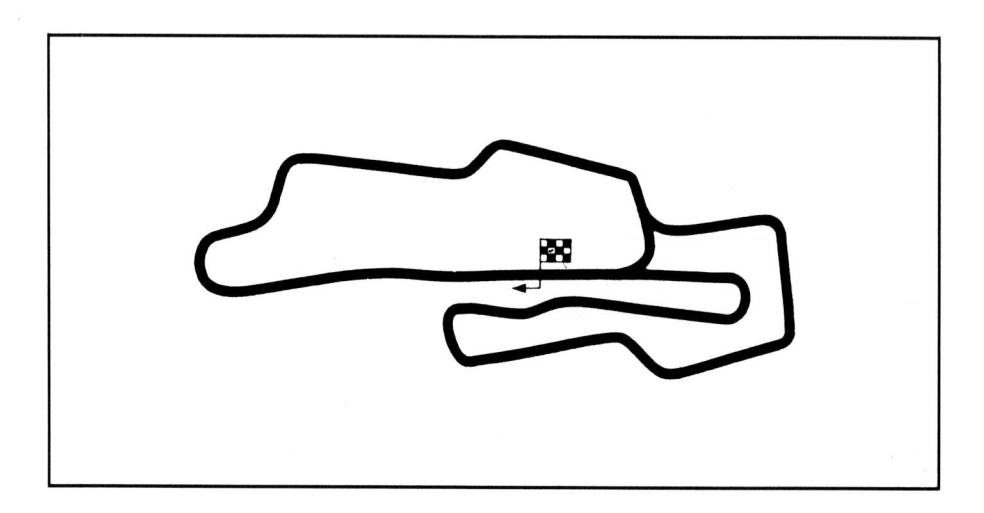

Zwei Tage nachdem Freddie Spencer in Anderstorp seinen zweiten WM-Titel errungen hatte, lud Sponsor Rothmans ins noble Tower Hotel in London zur Siegesfeier. Bei Champagner und Lachshäppchen gab sich der Doppelweltmeister gelöst und posierte später bereitwillig für die Fotografen vor der berühmten Tower-Bridge, wo sich sofort eine Menge Touristen ansammelte und um Autogramme bat. Eine ebenfalls anwesende Amerikanerin mußte allerdings erst fragen, wer das überhaupt sei, um den sich hier alles drehe. Kurioserweise kam sie aus Shreveport – aber Freddie Spencer war ihr kein Begriff: »Ein Motorradrennfahrer? Nie von ihm gehört. Bei uns sind nur Footballspieler bekannt.«

Spencer ertrug den Rummel um seine Person geduldig, doch war ihm anzumerken, daß er ihm doch ziemlich unangenehm war: »Ein Rennen ist mir lieber als diese Zurschaustellerei. Jedenfalls freue ich mich schon jetzt darauf, in Misano noch einmal zwei Siege einzuheimsen – das wäre für mich der würdige Abschluß dieser Saison.«

Doch dazu sollte es nicht kommen. Am Montag (einen Tag vor seinem geplanten Abflug nach Italien) brach sich Spencer beim Krafttraining den Daumen, den er schon in Spanien und dann wieder in Silverstone gebrochen hatte. Sein Arzt, eine auf Sportverletzungen spezialisierte Kapazität, stellte ihn vor die Alternative, entweder in Misano fahren zu können oder in der Woche darauf beim Japan-Grand Prix, bei dem Honda aus Prestigegründen unbedingt Spencer am Start sehen wollte. So entschied sich der Doppelweltmeister dafür, auf den Saisonabschluß in Misano zu verzichten und statt dessen für das (für Honda ungeheuer wichtige) Rennen in Suzuka wieder einigermaßen fit zu sein.

Daß der Grand Prix von San Marino im Autodromo Santamonica in Misano ausgetragen wurde und nicht wie ursprünglich geplant in Imola, hatte seinen Grund in den Umbauarbeiten, die die FIM nach dem schweren Sturz von Lorenzo Ghiselli aus Sicherheitsgründen gefordert hatte. Zwar erklärte sich der Eigentümer von Imola (eine Finanzgesellschaft) dazu bereit, doch wurden die Arbeiten durch nötig gewordene Grundstücksankäufe von Anrainern und vor allem eine schleppende

Ezio Gianola auf der 125 cm³-Garelli und Maurizio Vitali auf der MBA (39) leisteten in Misano tatkräftig Schützenhilfe.

Abwicklung der Baumaßnahmen so hinausgezögert, daß die FIM im Juli die Verlegung des Grand Prix nach Misano erzwang. Am 23. August erklärten die Imola-Eigner ihre Rennstrecke für »wieder frei zur Benutzung«, wären also rechtzeitig vor Trainingsbeginn fertig gewesen. Für die – nach ihrer Auffassung ungerechtfertigte und voreilige – Verlegung nach Misano wollen die Imola-Leute nun eine Schadenersatzklage einreichen, bei der es um Millionenbeträge geht…

Ebenfalls einen großen Betrag, nämlich 100000 Mark, kassierte Kenny Roberts für zweitägige Testfahrten, die er in der dritten Augustwoche in Misano unternahm. Die Gebrüder Castiglioni, Eigentümer von Cagiva, ließen es sich diese Summe kosten, um endlich hieb- und stichfeste Beweise über das Potential ihrer Rennmaschine zu bekommen. Roberts absolvierte an die hundert Runden mit der neuen C10V und ordnete immer wieder Änderungen an Fahrwerk und Dämpfung an. Dabei half er der bulligen, schweren Cagiva offenbar so auf die Sprünge, daß er mit seiner besten Rundenzeit von 1.21,86 Minuten nur knapp unter dem Vorjahresrekord blieb, den ›Fast‹ Freddie Spencer mit 1.21,34 aufgestellt hatte. Interessierter Beobachter bei diesem Test war übrigens Roberto Gallina. Die Castiglionis umwerben das italienische Tuner-As ja schon lange und weil Gallina in letzter Zeit seine Zukunft mit Suzuki-Maschinen immer düsterer sieht und wohl auch befürchtet, daß sein Sponsor HB wegen der Erfolglosigkeit seines Teams nach dieser Saison die Zusammenarbeit nicht mehr fortsetzt, wäre es gut vorstellbar, daß Gallina zu Cagiva ›emigriert‹. Franco Uncini, auf einen möglichen Wechsel zu Cagiva angesprochen, gab jedenfalls seine Bereitwilligkeit dazu klar zu erkennen: »Warum denn nicht? Wenn mein Freund Kenny mit der C10 so schnell sein kann, könnte Gallina mit seinen Fertigkeiten sicher noch enorm viel aus dem Motor herausholen und eine abgespeckte Version zu einem interessanten Gerät machen.«

Welche Pläne Roberto Gallina für nächstes Jahr hat, ist noch ziemlich ungewiß. Immerhin weiß er, daß das bei Suzuki in der Entwicklung befindliche neue Triebwerk ein Vierzylinder-Motor in V-Anordnung ist. Ungewiß ist allerdings, wann er fertig sein wird – und welche Fahrer Gallina einsetzt. Sein Wunschpilot für 1986 war Wayne Gardner, dem er eine Offerte machte und ihn einlud, sich bei seinem Besuch (anläßlich des Suzuka-Rennens) im Werk selbst vom augenblicklichen Entwicklungsstand der Maschine ein Bild zu machen. Seine zweite Wunschvorstellung war Randy Mamola, der wenig später zu Kenny Roberts ging. Diese beiden waren auch die Favoriten bei HB für eine weitere Zusammenarbeit mit Suzuki und Gallina…

Der alljährliche Fahrer-Transfer war in Misano bereits in vollem Schwung. Gerüchte, welcher Fahrer zu welchem Team wechseln würde und welche Sponsoren wieviel in wen investieren würden, schwirrten allenthalben im Fahrerlager. Einen zusätzlichen Akzent setzte dabei Kenny Roberts mit seiner Ankündigung, nächstes Jahr wieder ein Team aufstellen zu wollen, für dessen Finanzierung die Zigarettenmarke Lucky Strike (die wie HB zum BAT-Konzert gehört) sorgen wolle. Als Fahrer wolle er entweder Eddie Lawson, Randy Mamola oder Wayne Gardner und als zweiten entweder Wayne Rainey, Mike Baldwin oder Kevin Schwantz.

Gardner unterschrieb allerdings eine Woche später (anläßlich des Suzuka-Rennens, das er gewann, nachdem Spencer nach einem Trainingssturz am Freitag nicht hatte starten können) in Japan einen neuen Vertrag bei Honda, wo man offenbar Wind von seiner Gallina-Offerte bekommen hatte, und Lawson sicherte sich Agostini wieder.

Daß Giacomo Agostini ein ungemein cleverer Mann ist, dem in punkto ausgebuffter Taktik so schnell keiner das Wasser reichen kann, wird aus folgendem deutlich: während Kenny Roberts fest damit rechnet, von Yamaha absolutes Spitzenmaterial zur Verfügung gestellt zu bekommen, hatte Agostini schon ein Papier in Händen, das ihm bestätigt, das Exklusivrecht auf das einzige offizielle Yamaha-Werksteam zu besitzen. Außerdem ließ sich Agostini von Yamaha die Zusicherung geben, auch die 250er V2-Werksmaschinen in einem zweiten Marlboro-Team unter seiner Regie einsetzen zu dürfen. Roberts bekommt (wie auch Christian Sarron) zwar auch Werksmaschinen – auf Leasing-Basis. Erhebt sich die Frage, ob Yamaha zur Zeit überhaupt die Kapazitäten hat, zehn (!) Werks-Racer, also zwei pro Fahrer, zu produzieren. Trotz seiner Differenzen mit Eddie Lawson war sich Agostini bewußt, mit dem Kalifornier den einzigen Piloten zu haben, der Spencer ungefähr ebenbürtig ist. Um Lawson nun nicht eventuell an Roberts zu verlieren, reagierte Agostini schnell: bei Marlboro sicherte man Lawson eine generöse Steigerung seines Fixums zu und so zögerte der Vizeweltmeister nicht, am Freitag vor dem Rennen einen neuen Vertrag für das Marlboro-Agostini-Team zu unterschreiben.

Bei der abendlichen Saisonabschluß-Party, zu der Marlboro in einen feudalen Nightclub geladen hatte, demonstrierten Lawson und Agostini deshalb lange nicht mehr erlebte herzliche Eintracht. Agostini versorgte seinen Fahrer – der noch vor wenigen Wochen kaum mehr ein Wort mit ihm gesprochen hatte – höchstpersönlich vom kalten Buffet und Lawson verhehlte keineswegs, über den Vertragsabschluß glücklich zu sein: »Ich wäre ungern von Yamaha weggegangen. Jetzt bin ich auch finanziell zufrieden und recht zuversichtlich, was unser Betriebsklima für nächstes Jahr betrifft.«

Randy Mamola kam verspätet nach Misano, dafür aber in Begleitung seiner neuen Freundin, die er als Hostess bei Rothmans kennengelernt hatte. Statt wie gewöhnlich zu strahlen, machte der stämmige Kalifornier jedoch einen recht matten Eindruck. Kein Wunder: Mamola litt an einer bösen Magengripe; hohes Fieber schwächte ihn zusätzlich. Er verlor mehrere Kilo Gewicht, hatte aber immer noch so viel Kraft, daß er im Abschlußtraining am Samstag eine haarsträubende Situation ohne Sturz bezwingen konnte. Bei zirka 160 km/h brach ausgangs der Curva Cesenatico die Honda aus, legte sich fast breitseits um, schnellte mit einem gewaltigen Satz mit beiden Rädern in die Luft und katapultierte Mamola nach links aus dem Sattel. Der ließ jedoch keine Hand vom Lenker, geriet aber nun mit dem Oberkörper *vor* die Frontpartie, während beide Beine hoch in die Luft geschleudert wurden. Wie ein versierter Rodeoreiter versuchte Mamola, die wild bockende Maschine wieder unter sich zu zwingen, wurde dabei auf die rechte Maschinenseite ge-

Erste Runde der 250er: Lavado (3) bedrängt Ricci; Mattioli, Mang, Herweh, Sarron, MacKenzie, McLeod und Roth folgen.

worfen, geriet mit beiden Füßen auf den Asphalt, rannte mit einigen Riesensätzen neben der Maschine her und brachte die Honda endlich, im Gras (!) wieder unter Kontrolle – und fuhr weiter, als sei nichts geschehen. Allerdings lieferte er kurz darauf, mit zitternden Knien, die Maschine an der Box ab und war selbst fassungslos, als er im Monitor die Fernsehbilder seines Husarenstücks beobachten konnte, die für RAI offenbar so sensationell waren, daß sie sie immer wieder über den Bildschirm flimmern ließen.

80 cm³:
Krauser Markenweltmeister

Weil die Miniracer als letzte des Tages starten, sind die Tribünen fast leer – die Zuschauer bereits wieder auf dem Weg zum Strand oder auf der Heimreise. Daß die kleinste Hubraumklasse auf so geringes Publikumsinteresse stößt, dürfte die FIM irgendwann zum Handeln zwingen; bleibt nur zu hoffen, daß die Verantwortlichen des Motorradsport-Dachverbandes in diesem Fall nicht – wie schon so oft – nur eine halbherzige Entscheidung treffen.

Das Hauptaugenmerk bei den 80ern liegt auch in Misano auf der Auseinandersetzung zwischen Stefan Dörflinger, dem schon feststehenden neuen Weltmeister, und dem ›Vize‹, dem jungen Spanier Jorge Martinez. Mit einer Neuerung allerdings: Krauser möchte unbedingt auch die Markenweltmeisterschaft sicherstellen und zu diesem Zweck setzt man den Engländer Ian McConnachie hier auf eine der Werksmaschinen, nämlich das Vorjahresmodell Dörflingers.

Der selbstbewußte 20jährige aus der Grafschaft Derbyshire, Sohn eines Herzchirurgen, absolviert einen prächtigen Start und führt die erste Runde (»Das war das tollste Gefühl, das ich je empfand«, begeistert sich McConnachie später), bis Jorge Martinez mit der Derbi an ihm vorbeizieht. McConnachie verdrängt den Spanier einige Runden später hinter sich und beeindruckt dabei durch die glatte Selbstverständlichkeit, mit der er agiert. Martinez aber greift ihn dann mit solch wütender Verbissenheit an, daß McConnachie lieber den ihm sicheren zweiten Platz nach Hause fährt und Krauser mit den noch notwendigen Punkten beglückt. Stefan Dörflinger hält sich aus dem Duell um die Spitze heraus und sorgt für ungefährdete zehn weitere Punkte – womit Krausers Rechnung aufgeht.

Der Niederländer Hans Spaan, seit seinem schweren Sturz in Mugello erstmals wieder dabei, belegt mit der Hu-Vo-Casal den vierten Platz. Temperamentvoll geführt wird der Kampf um die Plätze dahinter: Gerd Kafka huscht mit der Seel noch kurz vor dem Ziel an Manuel Herreros auf der zweiten Derbi vorbei und bestätigt damit seinen dritten Tabellenrang. Der Italiener Vincenzo Sblendorio steuert seine Mancini auf Platz sieben ins Ziel; Gerhard Waibel mit der Seel-Real auf Platz acht ist dagegen weit abgeschlagen, aber immer noch sicher vor Theo Timmer und Juan Bolart auf den Plätzen neun und zehn.

Angel Nieto bringt die dritte Derbi (die er auch nächstes Jahr wieder fährt) nicht ins Ziel, er scheidet in der 13. Runde mit defektem Motor aus. Rainer Kunz ist in ein Duell mit Gerd Waibel verstrickt, als er wegen eines Bremsfehlers seine Ziegler wegwerfen muß – damit ist es finito für den Mann aus Mühlacker.

125 cm³: Wachablösung

Die einzige noch offene Entscheidung, die um den Titel in der Achtelliterklasse, eröffnet das Programm. Allerdings steht schon vor dem Rennen fest, daß der neue Weltmeister auf jeden Fall ein Italiener auf einem italienischen Motorrad sein wird, denn für den Titel kommen nur noch Pierpaolo Bianchi auf MBA und Fausto Gresini auf Garelli in Frage.

Während jedoch Bianchi ganz auf sich allein gestellt ist, kann sein Herausforderer Gresini sich auf die Schützenhilfe von zwei Freunden verlassen: neben seinem regulären Teamkollegen Ezio Gianola soll auch Garelli-Werksfahrer Maurizio Vitali für den effektivsten Begleitschutz sorgen. Garelli Team Italia-Manager Eugenio Lazzarini hält allerdings nichts davon, Vitali – in diesem Jahr eigentlich ›exklusiv‹ in der 250er Klasse eingesetzt – auf eine 125er Garelli zu setzen: »Mauro kennt diese Maschine überhaupt nicht und käme mit ihr sicher nicht so gut zurecht wie mit seiner vertrauten MBA.« So tritt die skurrile Situation ein, daß sich der diesjährige MBA-Werksfahrer Bianchi in Misano mit der Attacke von Vitali auf einer letztjährigen Werks-MBA konfrontiert sieht, die noch in dessen Besitz ist. Natürlich war man bei MBA stocksauer über diesen Schachzug der Garelli-Leute.

Bianchi geht sehr zuversichtlich ins Rennen; er verläßt sich auf seine Erfahrung und das Wissen, immerhin mit fünf Punkten Vorsprung im Vorteil zu sein: »Ich bin zwar allein gegen alle, aber den zweiten Platz werde ich schon schaffen.«

Bianchi startet sehr gut und nach wenigen hundert Metern setzt er sich bereits an die Spitze des Feldes. Seine Jäger formieren sich hinter ihm: Gresini vor Gianola und Vitali. Letzterer ist nach seinen Sturzverletzungen, die ihn zwangen, erst auf die Grand Prix von Jugoslawien, Holland und Belgien und dann auf England und Schweden zu verzichten, wieder in Topform. Bereits in der nächsten Runde gelingt es Gresini, sich dank seiner verwegenen Fahrweise vor Bianchi zu schieben; er forciert sein Tempo ohne Unterlaß und mit solchem Nachdruck, daß er bald weit vor dem Feld liegt.

Zunächst kann Bianchi die zweite Position halten, kann es aber nicht verhindern, daß Gianola und Vitali ihn in die Zwickmühle nehmen. Er wehrt sich mit allen ihm zur Verfügung stehenden Mitteln – da bleibt ihm in der 20. Runde fast das Herz stehen: sein Motor setzt aus. Bianchi rutscht an die vierte Stelle ab, absolviert noch zwei kläglich langsame Runden – und scheidet in der 23. Runde mit defekter Zündung aus. Tief enttäuscht verkriecht er sich dann in seinem Caravan; er will nicht zuschauen müssen, wie Gresini Weltmeister wird.

Fünf Runden später ist es soweit: Fausto Gresini geht als Sieger über die Linie und wird vom Garelli-Clan frenetisch bejubelt. Als der zierlich gebaute Italiener mit dem Jungengesicht sich später im Pressezentrum den Fragen der einheimischen Journalisten stellt, will er sich an der Theke dort ein Glas Sekt holen – das aber verweigert ihm die ausschenkende Hostess: »An Kinder und Jugendliche darf ich keinen Alkohol ausschenken!« Gresini ist 24 Jahre alt...

Mit großem Abstand zu den führenden vier Kämpfern duellieren sich Bruno Kneubühler und Gustl Auinger. Der Österreicher vermag sich dabei zwar lange Zeit vor dem Schweizer zu halten, im Ziel aber hat doch Kneubühler die Nase vorn; aber mit den diesmal

Raymond Roche vermochte mit der Yamaha nicht so zu beeindrucken wie im Vorjahr auf der Honda.

erkämpften sechs Punkten sichert sich Auinger endgültig den dritten Platz in der Weltmeisterschaft.

Domenico Brigaglia belegt den sechsten Platz, knapp vor Olivier Liegeois. Jussi Hautaniemi, Gastone Grasetti und Johnny Wickström fighten um den achten Platz und überqueren die Linie in dieser Reihenfolge, wobei Wickström mit nur $1/100$ Sekunde hinten ist.

250 cm³: Großartiger Reggiani

Lokalmatador Fausto Ricci hat sich für ›seinen‹ Lauf viel vorgenommen und prescht auch gleich in Führung. Aber schon nach einer Runde verweist ihn Carlos Lavado hinter sich, der so entfesselt um den »Gokart-Kurs« (so Lavado) donnert, daß niemand mehr die Chance hat, an ihn heranzukommen. Auf der durch unzählige Bodenwellen und stellenweise sehr rutschigen Belag recht tückischen Strecke beweist der Venezolaner mit seiner ›alten‹ Yamaha (die neue V2-Maschine wurde anschließend an Schweden nach Japan zurückgeschickt), daß er nach wie vor zur Elite zählt: über sechs Sekunden trennen Lavado im Ziel vom Zweiten.

Bisher brauchte sich übrigens Lavado keine Sponsorsorgen zu machen, denn sein Team-Venemotos (Generalimporteur von Yamaha für Lateinamerika) war finanziell gut gestellt. Die allgemeine Kostenexplosion führte nun aber auch bei Venemotos dazu, nach einem zweiten Finanzier Ausschau zu halten. Lavado: »Falls wir niemanden finden, muß ich eventuell bei Agostini anklopfen.«

Ricci verteidigt die zweite Position bis zur siebten Runde, hinter ihm folgen im dichten Pulk Jean-Michel Mattioli, Toni Mang und Manfred Herweh. Nach einer ein wenig verhaltenen Anfangsphase schießt in der fünften Runde Loris Reggiani zu der Spitzengruppe auf und bewegt sich dabei so brillant und einsatzfreudig, daß ihm nicht mehr anzumerken ist, daß er sich erst vor zwei Monaten in Belgien die Hüfte gebrochen hatte.

Ricci muß erst Mattioli vorbei lassen, dann Mang. Bei Halbdistanz reißt Mang den zweiten Platz an sich, den er

> **TERMINKALENER 1986**
>
> *4. Mai*
> Spanien (Jarama)
> 80, 125, 250, 500 cm³
>
> *18. Mai*
> Italien (Monza)
> 80, 125, 250, 500 cm³
>
> *24./25. Mai*
> Deutschland (Nürburgring)
> 80, 125, 250, 500 cm³,
> Gespanne
>
> *8. Juni*
> Österreich (Salzburgring)
> 80, 125, 250, 500 cm³,
> Gespanne
>
> *15. Juni*
> Jugoslawien (Rijeka)
> 80, 125, 250, 500 cm³
>
> *28. Juni*
> Holland (Assen)
> 80, 125, 250, 500 cm³,
> Gespanne
>
> *6. Juli*
> Belgien (Francorchamps)
> 125, 250, 500 cm³, Gespanne
>
> *20. Juli*
> Frankreich (Paul Ricard)
> 125, 250, 500 cm³, Gespanne
>
> *3. August*
> England (Silverstone)
> 80, 125, 250, 500 cm³,
> Gespanne
>
> *9./10. August*
> Schweden (Anderstorp)
> 125, 250, 500 cm³, Gespanne
>
> *24. August*
> San Marino (Misano)
> 80, 125, 250, 500 cm³
>
> *28. September*
> Deutschland (Hockenheim)
> 80, 125 cm³, Gespanne

anschließend souverän ausbaut und mit deutlichem Abstand zu dem Pulk hinter ihm bis ins Ziel hält. Damit schließt der Bayer die Weltmeisterschaft mit nur drei Punkten minus zu Freddie Spencer ab. Vielleicht hat er damit geliebäugelt, durch einen Sieg sogar punktgleich zu ziehen (an Spencers Titel hätte sich nichts geändert, weil er mehr Siege hat), aber unnötiges Risiko geht Mang nicht ein: »Nach einem elenden Rutscher gleich am Anfang wollte ich auf jeden Fall heil ankommen.«

Etwa ab der halben Distanz plagen Reggiani ziemliche Schmerzen: »Aber ich habe sie ignoriert und nur daran gedacht, meinen sechsten Tabellenrang zu verteidigen.« Tapfer schlägt er sich über die restlichen Runden und sichert sich den großartigen dritten Platz – vier Sekunden vor Manfred Herweh, der wiederum nur ganz knapp vor dem beeindruckend agierenden jungen Franzosen Mattioli als vierter beendet und sich damit für nächstes Jahr die Startnummer acht sichert.

Fausto Ricci bringt seine Honda auf Rang sechs und beklagt im Ziel Probleme mit den Bremsen. Ein zweiter Pulk balgt sich rundenlang hinter ihm um die letzten WM-Punkte: Carlos Cardus geht vor Dominique Sarron, Reinhold Roth (der sich zeitweise bis an siebte Stelle vorgearbeitet hat) und Stephane Mertens in die letzte Runde, in der Mertens sich noch an dem Römer-Mann vorbeischiebt und ihm endlich ›nur‹ den zehnten Platz läßt.

Sein Teamkamerad Harald Eckl gibt in der 22. Runde auf, weil ihn sein bei einem Trainingssturz lädierter Knöchel schmerzt; Alan Carter wirft aus dem gleichen Grund in der 18. Runde das Handtuch und Pierre Bolle muß noch in der drittletzten Runde ausscheiden, weil die Zündung der Parisienne defekt wird. Sein Teamkamerad Jacques Cornu dagegen bringt seine Honda nach schlechtem Start noch auf Rang 16.

500 cm³:
Glänzendes Finale für Lawson

Etwas betreten, wie sehr Kenny Roberts ihn blamiert hatte, nimmt Cagiva-Fahrer Marco Lucchinelli seine Trainingszeit zur Kenntnis: 1.23,06, also die 14. Zeit. Virginio Ferrari – hier in seinem ersten diesjährigen Grand Prix auf der neuen Cagiva – erreicht mit 1.22,86 die zwölfte Zeit, allerdings nur unter Einsatz seiner letzten Reserven: »Dazu muß ich weit über das Limit gehen, das halte ich nicht ein ganzes Rennen lang durch.«

Tatsächlich fallen beide Cagivas zeitig aus. Ferrari startet schlecht, bewegt sich im Hinterfeld und gibt wegen defekter Zündung nach fünf Runden auf, Lucchinelli scheidet in der 13. Runde aus, als ein Auspuffrohr abbricht – schade für ihn, denn er hat sich rundenlang tapfer an sechster Stelle geschlagen.

Durch die Abwesenheit Spencers fühlt sich Eddie Lawson vom Erfolgszwang befreit, der ihn sonst knebelt und leicht verbissen ständig in die Defensive zwingt. Locker und gelöst erwartet er den Start und absolviert ihn dann geradezu bilderbuchmäßig. »Ich glaube, daß mir ein Start noch niemals so gut gelungen ist wie heute!« Wie ein Geschoß donnert er sofort in Führung und legt ein solches Tempo vor, daß ihn bald ein großer Abstand vom Feld trennt. Überlegen und ungeheuer souverän legt Lawson die 35 Runden-Distanz zurück und beendet seine Saison, wie er sie begann: mit dem Sieg: »Nur dazwischen lief es nicht nach Wunsch.«

Mit dem bravourös erkämpften zweiten Platz sicherte sich Wayne Gardner im Finallauf noch den vierten Tabellenplatz.

Nach einigem Geplänkel mit Didier de Radigues und Randy Mamola beansprucht Wayne Gardner ab der siebten Runde die zweite Position und verteidigt sie überlegen bis ins Ziel. Für den Australier bedeuten das die ersten Punkte seit dem Grand Prix in Belgien: »Ich dachte schon, ich hätte nur noch Pech!«

Didier de Radigues muß dann schon aus dem Rennen, weil sein Motor streikt (Kurbelwellenlagerschaden); sein französischer Teamkollege Christian LeLiard befindet sich da schon in den Boxen: an seiner Elf 2 sind die Bremsen am Ende.

Randy Mamola leidet noch unter seiner Magengrippe und hat Mühe, nicht die Konzentration zu verlieren. Tapfer hält er sich auf dem dritten Platz und realisiert damit nach seinem Sieg in Assen und dem dritten Platz in Le Mans wieder ein Spitzenergebnis.

Ein nationales Duell fechten Raymond Roche und Christian Sarron aus. Ab der sechsten Runde sind sie in einen Zweikampf um Platz vier verstrickt, den Sarron noch in der letzten Runde wenige hundert Meter vor dem Ziel abrupt beendet, als er nach der Carro-Kurve stürzt.

Nach einem für ihn untypisch schlechten Start rangiert Ron Haslam ständig hinter den beiden Franzosen, profitiert von Sarrons Abgang und läuft als fünfter ein.

Ein Quartett fightet um die Ränge dahinter: Mike Baldwin, Gustl Reiner, Rob McElnea und Franco Uncini und ihnen folgt das Trio Fabio Biliotti, Sito Pons und Paul Lewis.

Im letzten Viertel kann Biliotti sich aus seiner Dreiergruppe lösen, wobei er fährt als gäbe es für ihn kein Morgen – und katapultiert sich mit einem waghalsigen Manöver in die Vierergruppe um Reiner. Dadurch werden die Positionen noch einmal neu verteilt: am Ende schlägt Uncini Reiner mit einer Sekunde, der wiederum Baldwin ebenfalls mit einer Sekunde und Biliotti und McElnea müssen in der vorletzten Runde noch die Überrundung hinnehmen.

Klasse 80 cm³   22 Runden = 76,736 km

1. Jorge Martinez	Spanien	Derbi	33.59,94 = 135,420 km/h
2. Ian McConnachie	G-Britannien	Krauser	34.02,88
3. Stefan Dörflinger	Schweiz	Krauser	34.31,54
4. Hans Spaan	Niederlande	HuVo-Casal	34.51,98
5. Gerd Kafka	Österreich	Seel	34.52,65
6. Manuel Herreros	Spanien	Derbi	34.52,69
7. Vincenzo Sblendorio	Italien	Faccioli	34.53,01
8. Gerhard Waibel	Deutschland	Seel	35.08,63
9. Theo Timmer	Niederlande	HuVo-Casal	35.15,37
10. Juan Bolart	Spanien	Autisa	35.26,98

Eine Runde zurück: 11. Francisco Torrontequi (E) Cobas; 12. Richard Bay (D) Rupp; 13. Zdravko Matulja (YU) Ziegler; 14. Johann Auer (D) Eberhardt; 15. Kees Besseling (NL) Special. Weitere fünf Fahrer im Ziel. 12 Fahrer nicht klassifiziert.

Schnellste Runde: Ian McConnachie (Krauser) in 1.30,99 = 138,002 km/h (neuer Rekord).

Trainingszeiten: Martinez 1.31,39; Dörflinger 1.31,70; McConnachie 1.32,06; Koster 1.32,09; Spaan 1.33,04; Nieto 1.33,57; Timmer 1.34,23; Kunz 1.34,52; Waibel 1.34,55; Bolart 1.34,95.

Klasse 125 cm³   28 Runden = 97,664 km

1. Fausto Gresini	Italien	Garelli	40.48,04 = 143,621 km/h
2. Ezio Gianola	Italien	Garelli	41.09,44
3. Maurizio Vitali	Italien	MBA	41.09,46
4. Bruno Kneubühler	Schweiz	LCR	41.28,75
5. August Auinger	Österreich	MBA	41.29,06
6. Domenico Brigaglia	Italien	MBA	41.49,07
7. Olivier Liegeois	Belgien	KLS	41.51,95
8. Jussi Hautaniemi	Finnland	MBA	41.54,49
9. Gastone Grassetti	Italien	MBA	41.55,15
10. Johnny Wickström	Finnland	MBA	41.55,16

11. Jean-Claude Selini (F) MBA 42.12,97; 12. Willy Perez (RA) Zanella 42.13,39; 13. Thierry Feuz (CH) MBA 42.14,09; 14. Lucio Pietroniro (B) 42.14,71; Eine Runde zurück: 15. Norbert Peschke (D) MBA. Elf weitere Fahrer im Ziel. Zehn Fahrer nicht klassifiziert.

Schnellste Runde: Bruno Kneubühler (LCR) in 1.25,14 = 147,484 km/h (neuer Rekord).

Trainingszeiten: Gresini 1.25,78; Vitali 1.26,59; Bianchi 1.27,03; Brigaglia 1.27,09; Gianola 1.27,38; Liegeois 1.27,38; Chili 1.27,87; Kneubühler 1.28,41; Auinger 1.28,53; Selini 1.28,60.

Klasse 250 cm³   30 Runden = 104,640 km

1. Carlos Lavado	Venezuela	Yamaha	41.57,99 = 149,605 km/h
2. Anton Mang	Deutschland	Honda	42.04,47
3. Loris Reggiani	Italien	Aprilia	42.11,35
4. Manfred Herweh	Deutschland	Real	42.15,23
5. J. Michel Mattioli	Frankreich	Yamaha	42.17,85
6. Fausto Ricci	Italien	Honda	42.26,30
7. Carlos Cardus	Spanien	Cobas	42.35,44
8. Stephane Mertens	Belgien	Yamaha	42.36,73
9. Dominique Sarron	Frankreich	Honda	42.37,22
10. Reinhold Roth	Deutschland	Römer	42.37,60

11. Antonio Neto (BR) Cobas 42.42,13; 12. Jean Foray (F) Yamaha 42.51,78; 13. Stefano Caracchi (I) MBA 42.52,11; 14. Juan Garriga (E) Cobas 42.52,46; 15. Marcellino Lucchi (I) Malanca 42.52,78. Elf weitere Fahrer im Ziel. Zehn Fahrer nicht klassifiziert.

Schnellste Runde: Carlos Lavado (YV) in 1.22,46 = 152,277 km/h (neuer Rekord).

Trainingszeiten: Lavado 1.22,55; Ricci 1.23,05; Reggiani 1.23,42; Herweh 1.23,49; Neto 1.23,58; Mattioli 1.23,61; Sarron 1.23,61; Mang 1.23,68; Rademeyer 1.23,73; McLeod 1.23,83.

Klasse 500 cm³   35 Runden = 122,086 km

1. Eddie Lawson	USA	Yamaha	47.34,44 = 153,966 km/h
2. Wayne Gardner	Australien	Honda	47.51,96
3. Randy Mamola	USA	Honda	47.56,05
4. Raymond Roche	Frankreich	Yamaha	48.02,53
5. Ron Haslam	G-Britannien	Honda	48.37,79
6. Franco Uncini	Italien	Suzuki	48.52,71
7. Gustav Reiner	Deutschland	Honda	48.53,58
8. Mike Baldwin	USA	Honda	48.54,66
9. Fabio Biliotti	Italien	Honda	1 Runde zurück
10. Rob McElnea	G-Britannien	Suzuki	1 Runde zurück

11. Sito Pons (E) Suzuki; 12. Massimo Messere (I); 13. Wolfgang von Muralt (CH) Suzuki; 14. Dave Petersen (ZA) Honda; 15. Paul Lewis (AUS) Suzuki. Acht weitere Fahrer im Ziel. Zehn Fahrer nicht klassifiziert.

Schnellste Runde: Eddie Lawson in 1.20,46 = 156,063 km/h (neuer absoluter Rundenrekord).

Trainingszeiten: Lawson 1.19,63; Gardner 1.20,49; Sarron 1.20,57; Haslam 1.20,71; Mamola 1.21,03; De Radigues 1.21,36; Roche 1.21,85; Reiner 1.22,20; Baldwin 1.22,63; Uncini 1.22,75.

Endstand der WM-Punktewertung

Klasse 80 cm³

				E	D	I	JU	NL	F	SM		
1.	Stefan Dörflinger	Schweiz	Krauser	12	15	10	15	12	12	10	=	88
2.	Jorge Martinez	Spanien	Derbi	15	–	15	12	10	–	15	=	67
3.	Gerd Kafka	Österreich	Seel	8	10	–	6	15	3	6	=	48
4.	Miguel Herreros	Spanien	Derbi	10	–	12	10	8	–	5	=	45
5.	Gerhard Waibel	Deutschland	Seel Real	5	12	–	8	1	6	3	=	35
6.	Ian McConnachie	England	Krauser	–	8	8	3	–	2	12	=	33
7.	Theo Timmer	Niederlande	HuVo Casal	6	3	–	4	5	1	2	=	21
8.	Henk Van Kessel	Niederlande	HuVo Casal	–	–	–	2	6	10	–	=	18
9.	Paul Rimmelzwaan	Niederlande	Harmsen	4	–	6	1	–	4	–	=	15
10.	Angel Nieto	Spanien	Derbi	–	–	–	–	–	15	–	=	15

Jean Velay (F) GMV 14 Punkte; Hans Spaan (NL) HuVo Casal 13; Juan Bolart (E) Autisa 9; **Stefan Prein (D)** HuVo Casal 6; Serge Julin (B) Casal 6; **Reiner Kunz (D)** Ziegler 5; Ricardo Gil Blanco (E) Derbi 5; **Richard Bay (D)** Rupp-EB 4; **Reinhard Koberstein (D)** Seel 4; Vincenzo Sblendorio (I) Mancini 4; Giuliano Tabanelli (I) BBFT 3; Jamie Lodge (GB) Krauser 2; Kees Besseling (NL) CJB 2; **Bernd Rossbach (D)** HuVo Casal 1; **Günther Schirnhofer (D)** Krauser 1 Punkt.

Klasse 125 cm³

				E	D	I	A	NL	B	F	GB	S	SM		
1.	Fausto Gresini	Italien	Garelli	12	12	–	15	10	15	12	8	10	15	=	109
2.	Pierpaolo Bianchi	Italien	MBA	15	10	15	8	15	6	6	12	12	–	=	99
3.	August Auinger	Österreich	MBA	–	15	–	12	3	8	4	15	15	6	=	78
4.	Ezio Gianola	Italien	Garelli	8	–	12	10	12	–	15	–	8	12	=	77
5.	Bruno Kneubühler	Schweiz	LCR	5	4	8	6	5	12	10	–	–	8	=	58
6.	Domenico Brigaglia	Italien	MBA	10	8	–	–	–	4	8	5	5	5	=	45
7.	Jean-Claude Selini	Frankreich	MBA	6	–	6	1	8	–	5	10	–	–	=	36
8.	Jussi Hautaniemi	Finnland	MBA	–	–	4	–	6	1	–	6	6	3	=	26
9.	Lucio Pietroniro	Belgien	MBA	–	–	10	4	–	10	–	–	1	–	=	25
10.	Olivier Liegeois	Belgien	KLS	–	5	–	5	–	3	1	3	2	4	=	23

Johnny Wickström (SF) Tunturi 17 Punkte; **Gerhard Waibel (D)** Spezial 10; Maurizio Vitali (I) MBA 10; Willy Perez (RA) Zanella 9; Giuseppe Ascareggi (I) MBA 6; Hakan Olsson (S) Starol 5; **Willi Hupperich (D)** Seel 4; Andres Sanchez (E) MBA 4; Luca Cadalora (I) MBA 4; Mike Leitner (A) MBA 3; Esa Kytola (SF) MBA 3; Thierry Feuz (CH) MBA 3; Jacques Hutteau (F) MBA 2; Gastone Grasetti (I) MBA 2; Michel Escudier (F) GMV 1; Mick McGarrity (GB) MBA 1 Punkt.

Marken-Weltmeisterschaft

80 cm³: Krauser / 125 cm³: MBA / 250 cm³: Honda / 500 cm³: Honda / Gespanne: LCR Yamaha.

Klasse 250 cm³

			SA	E	D	I	A	JU	NL	B	F	GB	S	SM		
1. Freddie Spencer	USA	Honda	15	2	12	15	15	15	15	15	15	8	–	–	=	127
2. Anton Mang	Deutschland	Honda	12	10	10	6	12	–	10	10	12	15	15	12	=	124
3. Carlos Lavado	Venezuela	Yamaha	8	15	–	12	2	12	–	12	6	–	12	15	=	94
4. Martin Wimmer	Deutschland	Yamaha	6	12	15	–	8	8	12	8	–	–	–	–	=	69
5. Fausto Ricci	Italien	Honda	2	–	–	10	10	–	–	–	10	3	10	5	=	50
6. Loris Reggiani	Italien	Aprilia	–	–	2	8	6	10	8	–	–	–	–	10	=	44
7. Alan Carter	England	Honda	–	8	8	2	–	–	–	2	–	4	8	–	=	32
8. Manfred Herweh	Deutschland	Real	–	–	–	–	–	–	–	5	8	10	–	8	=	31
9. Reinhold Roth	Deutschland	Römer	–	6	–	3	–	4	3	–	–	12	–	1	=	29
10. Jacques Cornu	Schweiz	Honda	1	–	–	4	–	2	6	–	4	2	6	–	=	25

Jacques Bolle (CH) Parisienne 22 Punkte; Carlos Cardus (E) Cobas 21; Jean-Michel Mattioli (F) Yamaha 19; Donnie McLeod (GB) Armstrong 14; Mario Rademeyer (SA) Yamaha 10; Miguel Reyes (E) Cobas 9; Siegfried Minich (A) HH Yamaha 9; Juan Garriga (E) Cobas 8; Jean-Francois Baldé (F) Pernod-Yamaha 8; Stephane Mertens (B) Yamaha 8; Dominique Sarron (F) Honda 7; Hans Lindner (A) Rotax 5; Maurizio Vitali (I) Garelli 5; Roland Freymond (CH) Yamaha 5; **Harald Eckl (D)** Römer 5; Jean Foray (F) Chevallier 4; August Auinger (A) Beko-Bartol 3; Thierry Rapicault (F) Yamaha 1; Jean Guignabodet (F) MIG 1; Patrick Igoa (F) Honda 1; Joey Dunlop (GB) Honda 1; Niall Mackenzie (GB) Armstrong 1.

Klasse 500 cm³

			SA	E	D	I	A	JU	NL	B	F	GB	S	SM		
1. Freddie Spencer	USA	Honda	12	15	12	15	15	12	–	15	15	15	15	–	=	141
2. Eddie Lawson	USA	Yamaha	15	12	8	12	12	15	–	12	8	12	12	15	=	133
3. Christian Sarron	Frankreich	Yamaha	5	10	15	6	10	6	–	10	–	10	8	–	=	80
4. Wayne Gardner	Australien	Honda	10	8	5	10	–	10	10	8	–	–	–	12	=	73
5. Ron Haslam	England	Honda	8	3	10	5	–	8	12	5	6	–	10	6	=	73
6. Randy Mamola	USA	Honda	6	–	3	8	8	–	15	–	10	6	6	10	=	72
7. Raymond Roche	Frankreich	Yamaha	–	6	–	4	1	5	–	6	12	5	3	8	=	50
8. Didier de Radigues	Belgien	Honda	4	5	6	1	5	4	5	4	–	8	5	–	=	47
9. Rob McElnea	England	Suzuki	–	4	2	6	3	4	–	–	–	–	–	1	=	20
10. Boet Van Dulmen	Niederlande	Honda	–	–	1	–	3	–	8	2	–	4	–	–	=	18

Mike Baldwin (USA) Honda 18 Punkte; Alfonso Pons (E) Suzuki 11; Pierre-Etienne Samin (F) Honda 11; **Gustav Reiner (D)** Honda 10; Franco Uncini (I) Suzuki 8; Fabio Biliotti (I) Honda 5; Thierry Espie (F) Chevallier 3; Mile Pajik (NL) Honda 3; Takazumi Katayama (Jap) Honda 3; Roger Burnett (GB) Honda 3; Tadahiko Taira (Jap) Yamaha 2; Henk van der Mark (NL) Honda 2; Neil Robinson (GB) Suzuki 2; Dave Petersen (SA) Honda 1; Rob Punt (NL) Suzuki 1; Paul Lewis (GB) Suzuki 1; Massimo Messere (I) Honda 1.

Gespanne

			D	A	NL	B	F	S		
1. Egbert Streuer/Bernard Schnieders	Niederlande	LCR Yam	10	8	10	15	15	15	=	73
2. Werner Schwärzel/Fritz Buck	Deutschland	LCR Yam	15	12	12	10	12	12	=	73
3. Rolf Biland/Kurt Waltisperg	Schweiz	Krauser	8	15	15	12	–	–	=	50
4. Steve Webster/Tony Hewitt	England	LCR Yam	12	10	–	–	–	10	=	32
5. Alfred Zurbrügg/Manfred Zurbrügg	Schweiz	LCR Yam	6	6	8	2	4	–	=	26
6. Masato Kumano/Helmut Diehl	Japan/D	Toshiba	–	2	–	6	10	1	=	19
7. Alain Michel/Jean-Marc Fresc	Frankreich	LCR Yam	5	–	–	–	–	8	=	13
Steve Abbott/Shaun Smith	England	Ham Yam	–	–	5	8	–	–	=	13
9. Markus Egloff/Urs Egloff	Schweiz	LCR	3	–	–	4	5	–	=	12
10. Hans Hügli/Andreas Schütz	Schweiz	LCR	4	3	–	1	–	3	=	11

Mick Barton/Simon Birchall (GB) LCR 11 Punkte; Frank Wrathall/Phil Spendlove (GB) Seymaz 8; **Rolf Steinhausen/Bruno Hiller (D)** Aro 8; Hein Van Drie/Iain Colquhoun (NL/GB) LCR Yamaha 8; Hans Christinat/Markus Fahrni (CH) LCR Yamaha 8; Derek Bayley/Brian Nixon (GB) LCR Yamaha 7; Theo Van Kempen/Geral de Haas (NL) LCR 7; Derek Jones/Brian Ayres (GB) LCR 6; Martin Kooji/Raimon van der Groep (NL) Kova-Yamaha 3; Luigi Casagrande/Yvan Nydegger (CH) Seymaz 3; Wolfgang Stropek/Hans-Peter Demling (A) LCR 2; Graham Gleeson/Kerry Chapman (GB) LCR 2; Dennis Bingham/Julia Bingham (GB) LCR 1 Punkt.

Insider lesen...

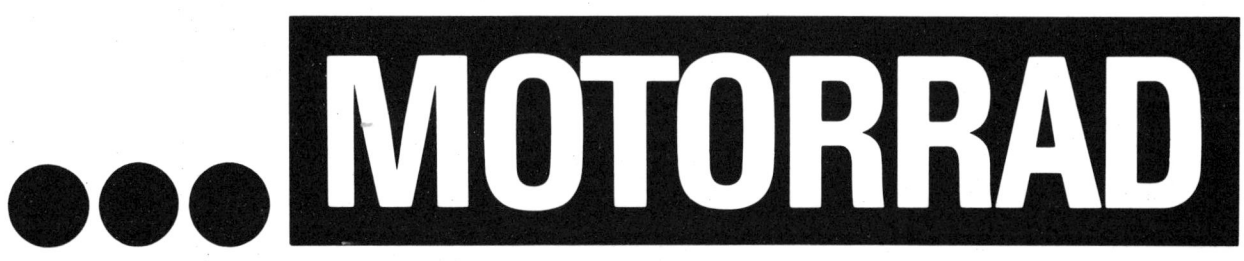

...MOTORRAD
Europas größte Motorrad-Zeitschrift

Rennsport-Faszination

DIE HONDA-MOTORRAD-STORY
Von Peter Carrick
Die erste zusammenfassende Übersicht über den in der Geschichte der Motorrad-Industrie einmaligen Aufstieg einer Marke zur Führungsposition auf allen Weltmärkten. Aber diese Geschichte ist mehr als die Dokumentation des beispiellosen kommerziellen Erfolges eines Mannes und des von ihm gegründeten Unternehmens. Es ist die Story des modernen Motorradbaus und des heutigen Motorrad-Rennsports.
208 Seiten, 100 Abbildungen, gebunden, DM 28,-

DIE GESCHICHTE DER MV AGUSTA MOTORRÄDER
Die umfassende Geschichte einer legendären Motorrad-Marke
Von Peter Carrick
MV Agusta-Motorräder – dies ist ihre Entwicklungs- und Renngeschichte. Plastisch dargestellt von Peter Carrick, der mit tiefgehenden Detailkenntnissen den stürmischen Entwicklungsweg der MV Agusta-Viertakt-Rennmaschinen der verschiedenen Klassen nachzeichnet mit allen technischen Daten und Details.
192 Seiten, 84 Abbildungen, gebunden, DM 36,-

FASZINATION MOTORRAD GESPANNE
Seitenwagen-rennen auf der Straße – im Gelände – auf der Bahn
Von H.G. Isenberg und H. Rebholz
...faszinierende Einblicke, Hintergründe, Modelle, Technik und Menschen, die Gespanne lieben. Mit authentischem Bildmaterial, ergänzt durch sehr sorgfältig recherchierte Texte. Schwerpunkt ist der Gespann-Sport in all seinen Variationen. Im Anhang eine umfassende Auflistung aller in Deutschland erhältlichen Gespanne.
Ein neues, feuriges Buch mit brillanten Fotos.
176 Seiten, 204 Abbildungen, davon 36 farbig, geb., DM 38,-

DUCATI-MOTORRÄDER
Von Alan Cathcart
Erstmals die vollständige, aufregende Geschichte der Ducati-Motorräder und der Menschen, die mit ihnen zu tun hatten. In mühevoller Kleinarbeit hat der Autor alle Einzelheiten zusammengestellt, kaum bekannte Motorräder wiederentdeckt und auch manch unverständlich erscheinende firmenpolitische Entscheidung in den richtigen Zusammenhang gesetzt.
Aber das wichtigste sind die Motorräder selbst – eine Revue hinreißender italienischer Technologie.
Ca. 230 Seiten, zahlreiche Abb., gebunden, ca. DM 45,-

YAMAHA WEG ZUR WELTSPITZE
Von Ted Macauley
In dieser neuen, reich bebilderten Yamaha-Story werden nicht nur die Leistungen jener Männer beschrieben, die mit der Marke Yamaha Furore machten; es wird vielmehr das faszinierende Gesamtbild eines Unternehmens gezeichnet, dessen Herzstück die Blütezeit des Grand Prix-Sports ist.
Dieses Buch ist mehr als eine Firmenchronik – es ist ein Stück faszinierender Motorrad-Geschichte.
264 Seiten, 151 Abbildungen, gebunden, DM 38,-

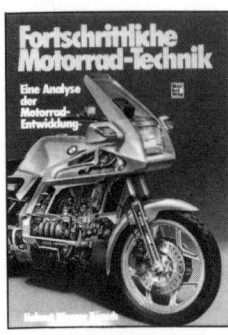

FORTSCHRITTLICHE MOTORRAD-TECHNIK
Eine Analyse der Motorrad-Entwicklung
Von Helmut Werner Bönsch
Der Autor, Ingenieur und anerkannter Fachmann, der in jahrelanger Arbeit die Technik des Motorrades entscheidend mitgeprägt hat, untersucht in seinem neuen Buch mit der ihm eigenen Methodik die Entwicklung der modernen Motorrad-Technik. Vor- und Nachteile der einzelnen Bauarten im Motorenbau werden verglichen.
286 Seiten, 402 Abbildungen, gebunden, DM 44,-

DER RICHTIGE DREH
»Besser fahren als die Anderen«
Das Handbuch für Motorrad-Rennfahrer **Von Keith Code**
Randbemerkungen und Kommentare von Eddie Lawson
Das neue, leicht verständliche Handbuch, das dem Motorradfahrer alles erklärt, um erfolgreich an Rennen teilzunehmen und sein fahrerisches Können zu verbessern... auch für den Alltagsfahrer von großem Interesse.
In England und USA bereits ein großer Erfolg!
136 Seiten, 96 Abb., Checkliste im Anhang, Großformat, gebunden, DM 34,-

DAS MOTORRAD-RENNSPORTBUCH
Technik – Fahrer – Erfolge
Von Vic Willoughby
In dieser neuen, bestechend aufgemachten Dokumentation aus der Feder eines Insiders und Kenners der Materie wird die Entwicklung des Renngeschehens seit den dreißiger Jahren bis zum heutigen Tag untersucht und eindrucksvoll beschrieben und illustriert.
Mit vielen Darstellungen der Maschinen und Motoren.
270 Seiten, 224 Abbildungen, davon 17 in Farbe, Großformat, gebunden, DM 48,-

DIE STARS DER MOTORRAD-WM
50 Fahrer aller Klassen: Wie sie wurden, was sie sind
Von Johannes Damm
Wer über die Stars der Motorrad-WM aus jeder Klasse wissen möchte, wie sie wurden, was sie sind – für den ist dieser aktuelle Report bestimmt. Er informiert eingehend über den sportlichen Werdegang der Rennfahrer und auf welchen Maschinen sie ihre bisherigen Erfolge errungen haben.
104 Seiten, 106 Abbildungen, gebunden, nur DM 16,-

MOTORRAD-ASSE
Die großen Grand Prix-Fahrer unserer Zeit
Von U. Schwab und J. Nowitzki
Die besten Grand Prix-Fahrer unserer Tage haben das Thema zu diesem Buch geliefert. Der Weg ihrer Karriere, die Eigenheiten ihres Fahr- und auch Lebensstils, ihre Berufspflichten als Profi-Rennfahrer werden ausführlich beschrieben.
Zahlreiche Anekdoten illustrieren das außergewöhnliche Leben außergewöhnlicher Männer.
120 Seiten, 61 Abb., zum Teil doppelseitig, davon 10 farbig, Großformat, gebunden, DM 36,-

SELBSTVERSTÄNDLICH AUS DEM MOTORBUCH VERLAG
POSTFACH 1370 · 7000 STUTTGART 1